普通高等学校“十四五”规划船舶与海洋工程学科
精品教材

轮机工程仿真技术基础及应用

主　编　唐国元　王建军

华中科技大学出版社
中国·武汉

内 容 简 介

本书围绕轮机工程仿真技术，介绍了计算机仿真技术的基础理论知识，及其在轮机工程中的具体应用方法。本书重点介绍了作为仿真技术基础的数值积分法与离散相似法等系统仿真方法，以及仿真技术在轮机工程中的具体应用，包括船舶运动建模与仿真、船舶动力装置的数学模型与仿真、水面无人艇动力系统匹配建模与仿真、水面无人艇主动力装置仿真与轨迹跟踪控制仿真；最后介绍了水面无人艇联合仿真与试验。

全书共 9 章，在素材选取和体系构造上，能满足船舶与海洋工程学科高年级本科生和研究生的教学需要。本书也可供从事船舶与海洋装备开发研究、设计及生产的工程技术人员参考。

图书在版编目(CIP)数据

轮机工程仿真技术基础及应用/唐国元，王建军主编. —武汉：华中科技大学出版社，2021.11
ISBN 978-7-5680-7613-5

Ⅰ.①轮… Ⅱ.①唐… ②王… Ⅲ.①轮机-仿真 Ⅳ.①U676.4

中国版本图书馆 CIP 数据核字(2021)第 218990 号

轮机工程仿真技术基础及应用 唐国元 王建军 主编
Lunji Gongcheng Fangzhen Jishu Jichu ji Yingyong

策划编辑：万亚军
责任编辑：邓 薇
封面设计：原色设计
责任监印：周治超
出版发行：华中科技大学出版社(中国·武汉) 电话：(027)81321913
武汉市东湖新技术开发区华工科技园 邮编：430223
录 排：华中科技大学惠友文印中心
印 刷：武汉科源印刷设计有限公司
开 本：787mm×1092mm 1/16
印 张：10
字 数：258 千字
版 次：2021 年 11 月第 1 版第 1 次印刷
定 价：29.80 元

华中出版

本书若有印装质量问题，请向出版社营销中心调换
全国免费服务热线：400-6679-118 竭诚为您服务

普通高等学校“十四五”规划船舶与海洋工程学科精品教材

序

海洋是孕育生命的“摇篮”，也是养育生命的“牧场”，人类社会发展的历史进程与海洋息息相关。自古以来，人类在利用海洋获得“鱼盐之利”的同时，也获得了“舟楫之便”，仅海上运输一项，就占到了目前国际贸易总运量的2/3以上。而今随着科学技术的发展，海洋油气开发、海洋能源开发、海水综合利用和海洋生物资源开发及保护等拉开了21世纪——海洋新世纪的帷幕。传统的船舶工程因海洋开发而焕发青春，越来越明朗地成为21世纪一道亮丽的风景线。

船舶与海洋工程学科是一个有着显著应用背景的学科。大型船舶和海上石油钻井平台是这个学科工程应用的两个典型标志。它们就如同海上的城市，除了宏大的外观，其上也装备有与陆上相类似的设施，如电站及电网系统、起吊设备、生活起居设施、直升机起降平台等，还装备有独特的设施，如驾控室、动力装置、推进系统、锚泊设备等。因此，该学科与其他相关学科有着密切的联系，如土木工程、动力工程及工程热物理、机械工程、电气工程、控制科学与工程等学科。将现代化的船舶与海洋工程的产品称为集科技大成之作，毫不夸张。

为了满足船舶与海洋工程学科本科生的学习需要，我们在多年教学、科研工作的基础上，参考兄弟院校的相关教材及国内外有关资料文献，编写了本套教材。本套教材涵盖了船舶与海洋工程专业和轮机工程专业的主要学习课程，包括船舶与海洋工程概论、轮机工程概论、船舶流体力学、船舶设计原理、船舶与海洋工程结构力学、船舶摇摆与操纵、海洋平台设计原理、海洋资源与环境、舰船电力系统及自动装置、船舶动力装置原理与设计、深海机械与电子技术、舰船液压系统等。本套教材的编写，旨在为船舶与海洋工程学科相关专业的本科生提供系统的学习教材，同时也向从事造船、航运、海洋开发的科技工作者及对船舶与海洋工程知识有兴趣的广大读者提供一套系统介绍船舶与海洋工程知识的参考书。

教材建设是高校教学中的基础性工作，是一项长期的工作，需要不断吸取人才培养模式和教学改革成果，吸取学科和行业的知识、新技术、新成果。本套教材的编写出版只是对近年来华中科技大学船舶与海洋工程学院教学改革的初步总结，还需要各位专家、同行提出宝贵意见，以进一步修订、完善，不断提高教材质量。

华中科技大学船舶与海洋工程学科精品教材编写组

2014年8月

前　言

随着我国轮机工程装备愈发趋向无人化与智能化，仿真技术在轮机工程装备的设计、制造、控制以及人员培训中的作用越发重要，仿真技术手段与平台也不断丰富与强大。目前的智能船舶与数字孪生等新兴概念与计算机仿真技术紧密相关，仿真技术是其重要的基础技术之一。时代的进步对轮机工程仿真技术提出了更高的要求，推动着轮机工程学科的不断发展。

当前，随着全球船海产业向数字化、智能化、绿色环保方向发展以及我国海洋强国战略的落地实施，海洋自主/无人系统智能装备这一技术领域已被列入轮机工程的前沿热点技术，海洋无人系统智能装备已经成为世界各国军民领域进行科技创新的角逐焦点，因此，我国与世界各国均在加强政策规划并予以重点扶持。海洋装备的数字化、智能化、无人化与计算机仿真技术息息相关，仿真技术贯穿智能装备的设计、制造、控制与运维等各个方面。因此，基于上述背景，本书将计算机仿真技术的基础理论知识与水面船及其动力装置的仿真相结合，介绍仿真技术在轮机工程领域的具体应用方法。

全书共9章。第1章为绪论。第2章与第3章介绍计算机仿真技术的基础理论知识，主要包括数值积分法的系统仿真与离散相似法的连续系统仿真。第4章介绍船舶运动建模与仿真。第5章介绍船舶动力装置的数学模型与仿真。第6、7、8、9章介绍了仿真技术在海洋无人艇上的应用，包括水面无人艇动力系统匹配建模与仿真、水面无人艇主动力装置仿真、水面无人艇轨迹跟踪控制仿真，以及水面无人艇联合仿真与试验。

本书由唐国元、王建军担任主编，可作为普通高校船舶与海洋工程专业高年级本科生、研究生的专业教材，也可供相关工程技术人员参考。

本书承蒙多位同行的帮助，谨在此一并表示深切的谢意。

限于编者的学识与水平，加上仿真技术的内容包罗万象且不断发展和创新，疏漏和不妥之处在所难免，敬请读者批评指正。

编　者

2021年8月于华中科技大学

目　　录

第1章　绪　　论

1.1　引　　言

在对系统进行分析、设计和预测的过程中，一方面要运用理论知识对系统进行分析，另一方面还要对系统进行试验研究。由于现代系统结构复杂，因此很难用解析方法进行分析，多采用试验研究方法。对于已经存在的系统，可在实际系统上进行试验研究。但是，在实际系统上进行试验研究，往往危险性大，或者不经济，或者周期太长，或者不可能，因此，一种在系统模型上进行试验研究的方法——仿真——得以产生。现代仿真技术和计算机的发展与应用密切相关。计算机仿真将系统模型变换为仿真模型，然后计算机运行这个仿真模型来研究系统的行为和它的特性。由于计算机仿真能为系统的试验研究提供"活的数学模型"，因此凡是需要用模型进行试验的系统，都可以用计算机仿真来研究其各种特性，优化系统参数。对于尚未存在的系统，用计算机仿真可设计出合理优化的系统方案。计算机仿真还能实现与实物连接在一起的实时仿真和超实时仿真。对于离散事件系统，这些系统一般规模庞大、结构复杂，且很难用解析方法进行分析，而用计算机来仿真这类系统，则大大促进了对这类系统的研究。

计算机仿真技术经历了模拟计算机仿真、混合计算机仿真、专用数字计算机仿真、通用数字计算机仿真、基于网络的分布仿真等阶段，目前已进入高性能计算机仿真阶段。计算机仿真技术是以计算机科学、系统科学、控制理论以及与应用领域有关的专业技术为基础，以计算机为工具，利用系统模型对实际的或设想的系统进行分析与研究的一门新兴技术。现代计算机仿真技术综合集成了计算机、网络、图形图像、多媒体、软件工程、信息处理、自动控制等多个高新技术领域的知识，是系统分析与研究的重要手段。仿真技术在工程系统中的应用效果明显，首先用于航空、宇航和核工业部门，目前已广泛用于其他各个科学技术领域，例如钢铁、电力、化工、石油、机械、能源、交通等。在非工程系统中，仿真技术在工业管理、经济、社会、生态、海洋、气象等方面也均有广泛的应用。人们逐步认识到，仿真已成为继理论分析和实物试验之后，认识客观世界规律性的强有力的手段。它可以把复杂系统的运行过程放在实验室中进行，在辅助决策、计划优化、管理调度、方案比较、规划制订、军事训练、投资风险分析、辅助设计以及谈判策略确定等方面均有巨大的应用潜力。

在计算机出现以前，人们只采用物理仿真，那时仿真技术附属在其他有关学科中。随着计算机仿真的发展，大量共同性的理论问题、方法问题和技术问题得以提出，于是仿真就逐渐成为一门独立的学科。现在国际上有专门的计算机仿真协会，美国、英国、日本等国也都有类似的仿真协会，中国自动化学会(CAA)也设有系统仿真专业委员会。

1.2　系统、系统模型、系统仿真

仿真技术是研究系统的重要手段，它与系统和系统模型密切相关，在具体讨论仿真时，先要回顾一下系统和系统模型。

1.2.1 系统

随着现代科学技术的发展,系统的含义变得很广泛。对于一套电动机的闭环调速装置,它由电动机、测速元件、比较元件、放大器和控制器等组成,可以说,它是一个电动机的闭环调速系统。对于一个工厂,它由管理机构、生产车间、仓库和销售部门所组成,可以称它为一个工厂系统。

上述两个系统的物理性质、功能和构成截然不同,然而它们却具有以下共性。

(1) 系统是实体的集合。所谓实体,是指组成系统的具体对象,例如,电动机的闭环调速系统中的电动机、测速元件、比较元件,工厂系统中的管理机构、生产车间、仓库等都是实体。系统中的各个实体既具有一定的相对独立性,又相互联系构成一个整体,即系统。

(2) 组成系统的实体具有一定的属性。所谓属性,是指实体所具有的全部有效特性(如状态、参数等)。在电动机的闭环调速系统中,电压、电流、转速偏差等都是属性;工厂系统的属性有人员的数量、职能范围,机器设备的数量与类型等。

(3) 系统处在活动之中。所谓活动,是指实体随时间推移而发生的属性变化。例如,电动机的闭环调速系统中的主要活动是控制转速的变化,而工厂系统中的主要活动有原材料的输入、产品的输出、人员的调配等。

各种系统,不论是简单的还是复杂的,总是由一些实体组成的,而每一实体又有其属性,整个系统有其主要活动。因此,实体、属性和活动构成了系统的三大要素。

系统的分类方法很多。按其状态变化的性质可把系统分为连续系统、离散系统(采样系统)和离散事件系统。对于连续系统,它的状态变化是连续的。对于离散系统,它的状态变化也是连续的,只是其中某些部分是在离散的时间点上对输入和输出采样。对于离散事件系统,这些系统的状态,在发生某个事件时才发生变化,而事件是在离散的时间点上发生的,很多情况下是随机的。

研究系统首先需要描述这个系统。如何描述系统不但与系统本身有关,还与研究者的目的和观点有关,只有对系统做了深入了解后,才能描述系统。研究系统主要包括三个方面的内容。

(1) 系统分析。对于已存在的系统,首先认识这个系统,再建立系统的模型,分析系统的动特性和静特性,求出感兴趣的系统性能指标。

(2) 系统综合与设计。对于尚未存在的系统,根据对系统性能的要求,设计和综合出一个系统,使其动特性、静特性和某些其他性能符合研究者的要求。

(3) 系统预测。对于已存在的系统,在分析的基础上随着内外因素的变化,预测系统将来的行为和特性。

1.2.2 系统模型

系统的内在联系怎样?它与外界的关系怎样?这些要用系统模型来描述。一个真实的系统,它的内在联系以及它和外界的关系,一般是很复杂的,用系统模型完全准确地描述是很困难的,只能近似地描述。建立在“物理属性相似”基础上的物理模型,例如用于水洞、风洞试验的各种缩比实物模型,以及各种物理效应设备,如各种转台、负载模拟器、各种人感系统等,用它来描述真实系统的逼真感较强。但随着系统复杂性增加,建立物理模型所需费用也增加,同时要修改参数或改变结构都很困难,因此,将系统的内在联系和它与外界的关系抽象为数学模型，这是当今使用最广泛的描述方法。一般说来，数学模型可以描述为：对于现实世界的一个特定对象，为了一个特定目的，根据对象特有的内在规律，做出一些必要的简化假设，运用适当的数学工具，得到的一个数学结构。对系统数学模型的研究可以揭示实际系统的内在运动和系统的动态特性。

对于不同类型的系统，数学模型使用的数学工具有显著的不同，同一种系统也可以用多种数学模型来描述。下面简要介绍计算机仿真常用的系统模型。

1. 连续系统

连续系统常用三种数学模型。

(1) 微分方程模型。系统输入 $u(t)$ 和系统输出 $y(t)$ 之间的关系表示为下列微分方程：

$$\frac{d^n y}{dt^n}+a_1\frac{d^{n-1}y}{dt^{n-1}}+\cdots+a_n y=b_0\frac{d^m u}{dt^m}+b_1\frac{d^{m-1}u}{dt^{m-1}}+\cdots+b_m u \tag{1-1}$$

(2) 传递函数模型。系统输入的拉普拉斯变换 $u(s)$ 与输出的拉普拉斯变换 $y(s)$ 之间的关系表示为下列传递函数：

$$G(s)=\frac{y(s)}{u(s)}=\frac{b_0 s^m+b_1 s^{m-1}+\cdots+b_m}{s^n+a_1 s^{n-1}+\cdots+a_n} \tag{1-2}$$

(3) 状态空间模型。系统的状态用一组状态量表示，各状态量之间以及状态量与输入输出之间的关系用一组状态方程和输出方程表示为

$$\left.\begin{aligned}\dot{\boldsymbol{x}}&=\boldsymbol{Ax}+\boldsymbol{Bu}\\ \boldsymbol{y}&=\boldsymbol{Cx}+\boldsymbol{Du}\end{aligned}\right\} \tag{1-3}$$

式中：$\boldsymbol{x}$——状态向量；

$\boldsymbol{u}$——输入向量。

$\boldsymbol{y}$——输出向量。

2. 离散系统

离散系统也常有三种数学模型。

(1) 差分方程模型。在离散的时间点上系统输入 $u(k)$ 和输出 $y(k)$ 之间的关系表示为下列差分方程：

$$\sum_{k=0}^{N}a_k y(n-k)=\sum_{r=0}^{M}b_r u(n-r),a_0=1 \tag{1-4}$$

(2) 脉冲传递函数模型。系统输入输出的 Z 变换之间的关系表示为

$$H(z)=\frac{y(z)}{u(z)}=\frac{b_0 z+b_1 z^{-1}+\cdots+b_m z^{-m}}{z+a_1 z^{-1}+\cdots+a_n z^{-n}} \tag{1-5}$$

(3) 离散状态方程模型。系统的状态用一组离散状态量表示，各离散状态量之间以及离散状态量与离散输入输出量之间的关系用一组离散状态方程和离散输出方程表示：

$$\left.\begin{aligned}\boldsymbol{x}(k+1)&=\boldsymbol{\Phi x}(k)+\boldsymbol{\Phi}_{\mathrm{m}}\boldsymbol{u}(k)\\ \boldsymbol{y}(k+1)&=\boldsymbol{Gx}(k+1)\end{aligned}\right\} \tag{1-6}$$

式中：$\boldsymbol{x}(k)$——离散状态向量；

$\boldsymbol{u}(k)$——离散输入向量；

$\boldsymbol{y}(k)$——离散输出向量。

3. 离散事件系统

分析离散事件系统与分析上述两类系统有显著的不同。用于描述上述两类系统的数学模型均不能用于离散事件系统。离散事件系统的模型可用事件发生的流程图来表示。

上述三类系统的数学模型是进行计算机仿真的基础，因此建立系统的数学模型对计算机仿真是至关重要的。建立系统的数学模型大致有三种方法：

(1) 理论推导方法。根据系统作用原理，推导出系统的数学模型。要采用这种方法，必须对系统的内部过程有深刻的了解。

(2) 试验方法。根据系统的输入输出数据，经分析和处理建立系统的数学模型。要采用这种方法，对于其内部过程不太了解的系统是很有效的，但必须能获得系统的输入输出数据。

(3) 理论推导与试验相结合的方法。

系统模型建立后，还需对其进行验证和修改，而仿真则是很重要的手段。

1.2.3　系统仿真

在系统研究中，建立系统模型是重要的一步。建立了系统模型之后，紧接着就要对系统模型进行分析研究，得出系统的动静态过程及其特性。而这一点往往是系统研究中最主要的目的。简单的系统可用数学分析方法分析它的数学模型，或者就直接在系统上进行试验研究。复杂的系统很难用这些方法进行研究，因此采用仿真技术。早期采用物理仿真来研究系统，比如：用于土木建筑、水利工程、船舶、飞机的比例仿真，用于电力系统的动态模拟实验。这种物理仿真的真实感强，但花费大，试验周期长，修改模型不方便。

随着计算机的引入又发展了数值计算方法。计算机求解复杂系统的数学模型功能强，因此现在主要采用计算机仿真。但是计算机一般不能直接运行数学模型，而需要采用某些数值计算方法或模拟机将其转换为仿真模型，然后仿真模型在计算机上运行。因此，仿真模型是在计算机上能够计算的模型。这样，系统、模型、计算机就构成计算机仿真的三个基本要素，把它们联系起来实现仿真要经过三个基本过程：建立系统模型、建立仿真模型、仿真运行（实验）。其关系如图 1-1 所示。

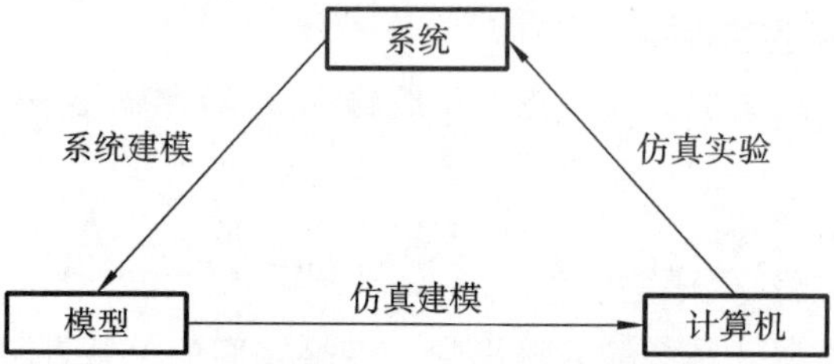

图 1-1　计算机仿真三要素及三个基本过程

建立系统模型不是一次就可以成功的，而需反复几次的试验和修改才能逼近真实系统。有了计算机仿真，就可用仿真的办法对系统模型、仿真模型进行验证和修改，其过程如图 1-2 所示。可见计算机仿真又是建立系统模型的重要手段。

在某些系统研究中，还把数学模型（计算机仿真）和物理模型（物理仿真）以及一部分实物联合在一起实验，称为数学-物理仿真。综合以上所述，物理仿真、计算机仿真以及数学-物理仿真都是在系统模型上进行试验研究，因此都称为系统仿真。当今计算机仿真应用极为广泛，故本书重点讲授计算机仿真技术（简称仿真）。

1.2.4　系统仿真的基本内容

系统仿真的内容很广泛，分类尚不统一。它的基本内容可概括为五个方面：模拟计算机仿

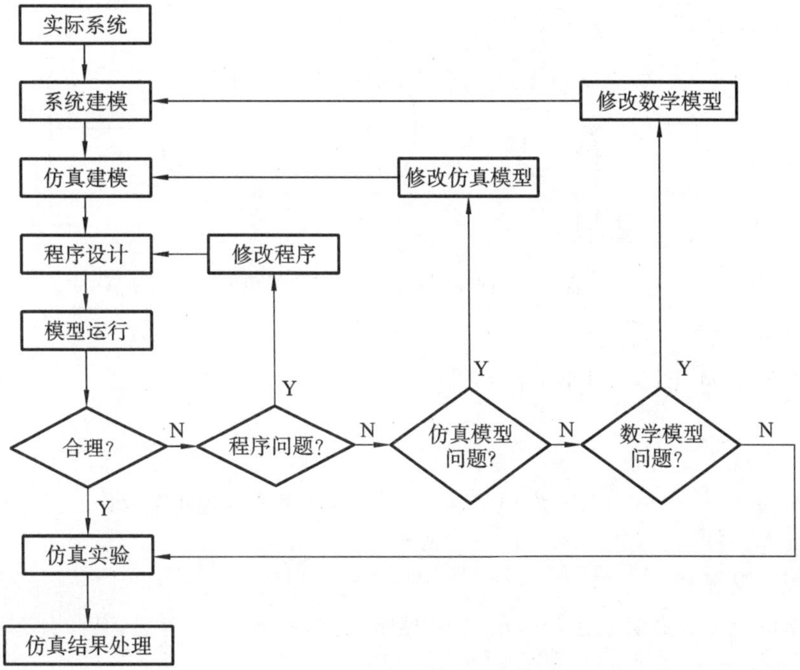

图 1-2　系统仿真的一般过程

真、数字计算机仿真、模拟计算机和数字计算机混合仿真、数字计算机仿真软件和训练仿真器。

1. 模拟计算机仿真

模拟计算机仿真是以“数学模型相似”为基础的仿真方法。它应用电子器件模拟数学上的基本运算环节，做成各种运算器，如积分器、加法器、乘法器、函数发生器等。这些运算器的输入输出是电压，它类似于数学上基本运算环节的状态量和输出输入变量。对系统进行仿真时，其仿真步骤如下：

(1) 建立系统的数学模型。

(2) 用逐阶递降的方法(视数学模型的形式而定)将系统的数学模型变换为仿真模型，再选择合适的时间和幅度比例尺，画出仿真模型框图。

(3) 将各运算器按仿真模型框图排列整合。

(4) 通电运行，得出响应。

在通电运行时，模拟计算机各运算器是并行运算的，并且运算速度很高，可用于实时仿真，甚至超实时仿真。模拟计算机仿真的不足之处是运算精度较低，对于求解线性常微分方程，其整机解题精度只能达到 5%；求解非线性常微分方程时，精度还要低。

2. 数字计算机仿真

数字计算机只能在离散的点上算出计算值，很适用于计算差分方程，因此仿真离散系统很方便。对于连续系统，通过建立适当的仿真模型，数字计算机也可以仿真。

例 1-1　电枢控制式直流电动机电路如图 1-3 所示。

现以电动机轴的角速度 ω 为输出，以电枢控制电压 e_a 为输入，用数字计算机仿真这个系统。

(1) 建立数学模型。

因为电动机是电枢控制的，激磁回路电流 i_g 不变，激磁磁通恒定。根据直流电动机工作

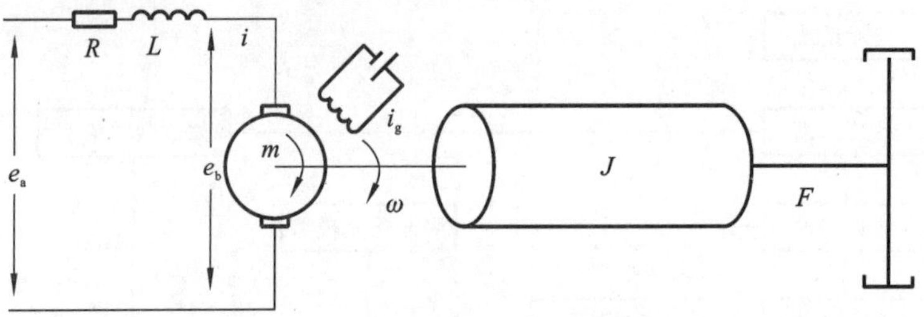

图 1-3　电枢控制式直流电动机电路

原理，可列出四个方程。

电动机的转矩 m 正比于电枢电流 i，即

$$m=ki \tag{1-7}$$

式中：k——电动机力矩常数。

当电动机转动时，电枢中的感应电势 e_b（反电势）正比于角速度 ω，即

$$e_b=p\omega \tag{1-8}$$

式中：p——反电势常数。

电枢回路的电流 i 由电枢控制电压 e_a 来控制，也与反电势 e_b 有关，其微分方程为

$$L\frac{\mathrm{d}i}{\mathrm{d}t}+Ri+e_b=e_a \tag{1-9}$$

式中：L——电枢电感；

R——电枢电阻。

在驱动回路中，电枢电流产生的转矩 m 用来克服系统的惯性和摩擦，其角速度 ω 的微分方程为

$$J\frac{\mathrm{d}\omega}{\mathrm{d}t}+F\omega=m \tag{1-10}$$

式中：J——转动惯量；

F——摩擦系数。

在式(1-7)至式(1-10)这四个方程中，取电枢电流 i 和角速度 ω 为两个状态量，消去中间变量 m 和 e_b，经整理可得系统状态方程：

$$\left.\begin{aligned}\frac{\mathrm{d}\omega}{\mathrm{d}t}&=-\frac{F}{J}\omega+\frac{k}{J}i\\ \frac{\mathrm{d}i}{\mathrm{d}t}&=-\frac{R}{L}i-\frac{p}{L}\omega+\frac{1}{L}e_a\end{aligned}\right\} \tag{1-11}$$

因为系统的输出 y 就是角速度 ω，故输出方程为

$$y=\omega \tag{1-12}$$

式(1-11)和式(1-12)就是该系统的数学模型。

(2) 建立仿真模型。

显然，方程(1-11)和方程(1-12)不能直接在数字计算机上计算。为建立仿真模型可采用某种数值法。现采用欧拉法，对应于方程(1-11)的欧拉积分公式为

$$\left.\begin{aligned}\omega(n+1)&=\omega(n)+h\left[-\frac{F}{J}\omega(n)+\frac{k}{J}i(n)\right]=\omega(n)+hf_1(n)\\ i(n+1)&=i(n)+h\left[-\frac{R}{L}i(n)-\frac{p}{L}\omega(n)+\frac{1}{L}e_a(n)\right]=i(n)+hf_2(n)\end{aligned}\right\} \tag{1-13}$$

离散输出方程为

$$y(n+1)=\omega(n+1) \tag{1-14}$$

欧拉积分公式是差分方程，其中 h 是计算步长，$f_1(n)$是角速度 ω 在第n 点的导数值，即角速度 ω 曲线在第 n 点的斜率；$f_2(n)$是电流 i 在第 n 点的导数值，即电流 i 曲线在第 n 点的斜率。方程(1-13)是方程(1-11)的离散化。故欧拉公式表示用折线方程代替曲线进行近似计算。它根据第 n 点状态量的值和该点斜率的值算出第 $n+1$ 点的值，然后算出第 $n+2$ 点的值；如此迭代下去，就可算出各点状态量的值和输出值。这是微分方程的一种数值解法，因此方程(1-13)和方程(1-14)可作为该例的仿真模型。

仿真模型不是唯一的，采用不同的数值计算方法，仿真模型就不一样。

(3) 设计程序上机调试。

根据方程(1-13)和方程(1-14)首先设计仿真程序框图，并根据程序框图写出程序，上机调试，获得仿真结果。

当今连续系统已广泛地采用数字计算机仿真。因数字计算机只能计算离散点的值，故连续系统模型必须离散化。离散化的方法主要有两大类，一类是数值积分法，如欧拉法、龙格-库塔法、阿达姆斯法等；另一类是离散相似法，如离散状态法、图斯汀法等。另外还有一些其他的方法。使用不同的方法，建立的仿真模型形式不一样，精度也有所差别，要求选择的步长也不同。数字计算机能存储信息，逻辑判断能力强，对非线性、延迟等环节仿真很方便。因数字计算机可以用许多位表示一个数，故其仿真的精度很高。数字计算机除用于连续系统仿真和离散系统仿真外，还用于离散事件系统仿真。

例 1-2 某电话系统，有 N 部电话机，有 M 根连接线，现用数字计算机仿真。

电话呼叫在离散时刻发生。只有在起点电话和终点电话都有空，同时又有空的连接线时，一对电话才能接通。电话呼叫是随机的，但服从一定的概率分布。通话时间的长短也是随机的，也服从某种概率分布。当呼叫电话到来，就发生一次事件。如果电话接通，则又发生一次事件，此时电话呼叫成功；若无法接通，则呼叫失败。对电话系统仿真一段时间 T，求得呼叫次数、成功次数、失败次数、通话时间等，就可了解该电话系统忙闲的情况、需求的情况，从而进一步研究和改善这个系统。离散事件系统一般用事件发生的流程图来描述，数字计算机仿真也按流程图来仿真。

3. 模拟计算机与数字计算机混合仿真

模拟计算机(模拟机)处理的是连续量，其仿真速度较快；数字计算机(数字机)仿真功能强，精度高。为发挥这两种计算机仿真的优点，产生了两种计算机的混合仿真。混合计算机中的模拟机主要担负快速运算工作，而其中的数字机起着中央处理机的作用，对整个计算机系统进行管理和控制。模拟机产生的连续量与数字机产生的离散数字量之间要有界面连接以进行模一数转换和数一模转换。

对于既包含连续部分又包含离散部分的系统，如计算机控制的过程系统，采用混合计算机仿真则很方便。由于模拟机仿真过程速度较快，因此数字机与模拟机的中间界面必须实现数字信号与模拟信号的高速转换以及信息的精确传递。一般而言，仿真对数字机的实时性要求很高，故数字机部分采用的算法和语言均要采用快速仿真方法。

4. 数字计算机仿真软件

对系统研究的工程人员来说，他们主要关心的是研究系统本身。他们把仿真只是作为一种研究系统的工具或手段，因此数字计算机仿真软件要满足他们使用的要求和便于使用。数字计算机仿真软件可分为数字仿真程序包和数字仿真语言。

数字仿真程序包是数字计算机仿真软件的初级形式，一般用高级语言编写，如 BASIC、FORTRAN 语言等。它能将输入的系统模型转换成仿真模型，能提供多种数值计算方法，能将仿真结果显示、打印或绘成图形，能计算或统计仿真系统的性能指标等。它具备系统仿真的主要功能，能用于实际系统仿真。它是依据所用语言和系统的仿真模型而编制的数字计算机仿真程序；有些常用的通用程序编成子程序，以便重复调用，对专门问题则编成应用子程序，存于程序库中，组成数字仿真程序包，以供研究系统工作者使用。数字仿真程序包是数字计算机仿真软件的基础，它要求计算机的资源不多，占用内存不大，便于移植和推广使用，便于修改和扩充。因此开发数字仿真程序包仍是一项有价值的工作，特别是开发、引进新的算法，采用新的结构的数字仿真程序包，将会促进数字计算机仿真软件的发展。

为了使数字计算机仿真软件具有更大的通用性、使用更加灵活，相关研究人员发展了数字计算机仿真软件的高级形式——数字仿真语言。数字仿真语言除包含了数字仿真程序包的功能外，还包含有翻译程序，功能更全面。它定义了一套仿真语言，要求用户按仿真语言的语法来编写仿真程序，将仿真程序输入计算机后，翻译程序就将仿真程序翻译成某种算法语言，进行编译链接，然后运行。因此数字仿真语言只要求用户懂得仿真语言和编写仿真程序，其应用的灵活性大。

近年来，数字计算机仿真软件充分吸收了仿真方法学、计算机、网络、图形、图像、多媒体、软件工程、人工智能等技术所取得的成果，得到了很大的发展。仿真软件的发展历程包括：程序编程阶段、仿真程序包及初级仿真语言、完善的商品化的高级仿真语言、一体化建模与仿真环境、智能化建模与仿真环境，以及支持分布式仿真的综合仿真环境。在轮机工程仿真研究中，常用的仿真软件平台主要有以下几种。

1）MATLAB/Simulink

MATLAB 具有强大的数值计算能力，包含各种工具箱，其程序不能脱离 MATLAB 环境而运行，所以严格来讲，MATLAB 不是一种计算机语言，而是一种高级的科学分析与计算软件。Simulink 是 MATLAB 最重要的组件之一，它提供一种动态系统建模、仿真和综合分析的集成环境。在该环境中，不需大量书写程序，而只需要通过简单直观的鼠标操作，就可构造出复杂的系统，是一个实现动态系统建模、仿真和分析的软件包，被广泛应用于非线性系统、数字控制及数字信号处理的建模和仿真中。

2）MODELICA 语言

MODELICA 语言是面向对象的物理系统建模语言，适用于多领域的大型复杂系统的建模仿真。MODELICA 通过代数和微分方程模拟物理系统，实现了无因果建模，可以自动产生高效的代码，快捷地实现模型间的通信，并且真正实现了模型的再利用，提高了建模效率。同时，MODELICA 支持非线性连续系统仿真和离散事件仿真，在系统建模和仿真方面都用面向对象的系统分析方法和程序设计思想，更贴近人的思维方式，实现了多领域复杂系统的高效建模和仿真。

3）SimuWorks

SimuWorks 是我国自主研发的大型科学计算与仿真支撑平台。它由仿真引擎 SimuEngine、图形化建模工具 SimuBuilder、模块资源管理器 SimuManager、模块资源库 SimuLib 及其他仿真功能软件组成，可为各种过程工业系统的大型科学计算、动态特性建模研究、仿真系统开发、优化设计与验证等，提供一体化的、全过程的开发、调试和运行支撑功能。

该软件已成功应用于军事作战系统仿真、武器装备系统仿真，以及能源、电力、交通和经济等多个领域，在国内仿真领域处于领先水平。

5. 训练仿真器

训练仿真器是一整套供专业人员进行训练的模拟设备，它不是实际系统的设备，而是模拟实际系统的设备。它由计算机、自动化装置，以及各种工程的、物理的设备和仪器构成。对于舰船训练仿真器，当驾驶员在训练仿真器上操作时，它能模仿操作实际舰船的各种运动和环境，模仿风、浪、声音和出现各种故障等。这样，一个初学驾驶员，开始可先在训练仿真器上实习操作，等操作熟练之后，再出海到实际的舰船上操作。因此训练仿真器是一个综合性的仿真系统，它用到计算机仿真，也用到物理仿真，是一个人-机系统。

采用训练仿真器进行训练，效果显著。如今已使用的有飞行训练仿真器、汽车训练仿真器、核电站仿真器、战术训练仿真器、舰船训练仿真器和经济管理仿真器等。

1.2.5 系统仿真的应用与发展

系统仿真在系统研究、人员训练等方面都有十分重要的用途。本书从以下几方面阐述应用系统仿真的重要意义。

(1) 经济。在真实系统上进行实验，特别是在大型系统上进行实验的成本十分高昂，而采用仿真技术进行实验，成本可以大大降低，仿真设备可以重复使用，改变结构和参数非常容易，可以缩短实验周期。

(2) 安全。对尚不可靠的系统，或危险性较大的系统，如核电站、载人宇宙飞行器，往往不允许直接进行试验，而采用仿真技术进行实验，则可保证人身安全，还可节省实验费用。

(3) 优化设计。对于尚未存在的系统，要进行系统设计，可以先设计出系统模型，用仿真反复进行试验，找出最优的系统结构和参数。这样可以优化系统设计，提高设计水平。

(4) 预测。对于社会、经济、管理等方面的非工程系统，由于其规模及复杂程度巨大，直接试验几乎不可能，这时通过仿真技术的应用可以获得对系统的某种超前认识。

(5) 训练和教育。对于军事指挥官，可以用战术训练仿真器进行战术仿真实验，以训练指挥官指挥战争的才能；应用交通管理仿真器进行试验，可以培养和训练交通人员的专业才能；应用核电站仿真器进行仿真实验，可以培养和训练核电站技术人员的操作和管理业务的能力。所以训练仿真器对于培养、训练才能将会发挥越来越大的作用。

系统仿真已广泛用于许多领域。在航天工业，阿波罗登月计划曾成功地应用了系统仿真手段，为系统的可靠实现提供了重要保证。其仿真系统包括混合计算机、运动仿真器、月球仿真器、驾驶舱、视景系统等许多仿真设施。在航空工业，波音、空客等超音速客机和亚音速客机都有专用的飞行仿真器。它包括计算机系统、六自由度运动系统、视景系统等。在核能工业，核电站大都建有用于操作训练的仿真器，许多仿真系统的操作部分与真实的操作系统完全一致，而对象部分，包括反应堆、涡轮发电机及其他装置则用计算机来仿真。在一般工业部门，如冶金部门，在研究设计、制造新型热连轧机和冷连轧机时，也先后建立了热连轧机和冷连轧机的专用仿真系统，这类仿真系统主要是利用一套仿真软件在中型计算机上进行连轧生产工艺及控制系统的研究。在非工程领域，系统仿真在近十年来有了较大的发展。例如建立我国人口模型，预测未来一百年我国人口发展的趋势，从而提出计划生育的控制策略，这对于推动我国的人口控制工作具有重要意义。

系统仿真随着计算机技术的发展已形成一门新兴的学科。仿真用计算机经过模拟计算机、数字计算机、混合计算机至今已发展到全数字并行处理机；仿真软件也由数值计算方法、仿真程序、仿真语言逐步扩大和丰富。在国外，仿真软件非常活跃，品种繁多。在我国，当前应根据我国的国情，确定我国语言规范和通用仿真语言，以便推广应用，提高工作效率。

1.3 本章小结

在系统的物理模型上进行试验研究，就称为物理仿真。将系统的数学模型转换为在计算机上能够计算的仿真模型，在计算机上进行试验研究，就称为计算机仿真，又称为数学仿真。将物理模型、数学模型以及一部分实物联合在一起进行试验研究，称为数学-物理仿真。物理仿真、计算机仿真以及数学-物理仿真统称为系统仿真。随着计算机仿真的发展，系统仿真已发展为一门独立的学科，是一门综合性很强的学科。系统仿真对于系统分析、设计、综合、训练人员和教育等方面都有很重要的用途，它已广泛应用于各个科学技术领域。

第 2 章　数值积分法的系统仿真

2.1　数值积分法

系统仿真可以分为连续系统仿真和离散系统仿真两大类。过程控制系统、调速系统、随动系统等系统称为连续系统，它们共同之处是系统状态变化在时间上是连续的。连续系统的动态特性一般可用一个高阶微分方程来描述，也可用一组状态方程及其输出方程来描述。如果是用传递函数描述，那么也可把传递函数变换为一组状态方程及其输出方程。因此，要在数字计算机上仿真这类系统，就要对常微分方程求数值解。求数值解的方法称为数值计算方法。数值计算方法中，对常微分方程求数值解的一个重要方法是数值积分法。本节阐述系统仿真中常用的数值积分法。

2.1.1　欧拉法

设有一个一阶常微分方程：

$$y'(t)=f[t,y(t)] \tag{2-1}$$

其初始条件为

$$y(t)|_{t=0}=y(0)=y_0$$

要求解这类常微分方程虽然有解析方法，但在数字计算机上要靠数值解法。所谓数值解法，就是在一系列离散时刻 $t_1,t_2,\cdots,t_n$ 的点上求出函数 $y(t)$ 的近似值 $y_1,y_2,\cdots,y_n$。在计算机上采用这种解法时，它有个基本特征，即具有递推性，它根据第 i 点或第 i 点以前数点的值（y_i 或 $y_i,y_{i-1},\cdots$）推出第 $i+1$ 点的值 y_{i+1}。假设公式(2-1)中待求函数 $y(t)$ 的曲线如图 2-1 所示。

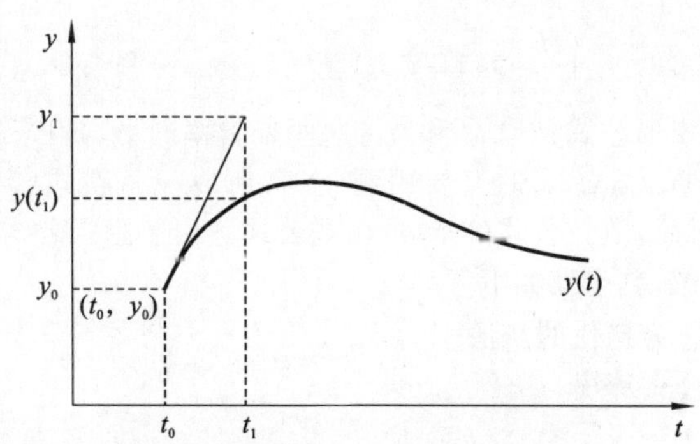

图 2-1　欧拉法中待求函数的曲线

$y(t)$ 通过初始点 (t_0,y_0)，这点的斜率为 $f(t_0,y_0)$。如果 $\Delta t(\Delta t=t_1-t_0)$ 足够小，那么在 (t_0,y_0) 附近，曲线 $y(t)$ 可近似用切线来表示，其切线方程为

$$y=y_0+f(t_0,y_0)(t-t_0) \tag{2-2}$$

当 $t=t_1$ 时，可得 $y(t_1)$ 的近似值 y_1：

$$y_1 = y_0 + f(t_0, y_0)(t_1 - t_0) \approx y(t_1) \tag{2-3}$$

当 $t=t_2$ 时，可得 $y(t_2)$ 的近似值 y_2：

$$y_2 = y_1 + f(t_1, y_1)(t_2 - t_1) \approx y(t_2) \tag{2-4}$$

重复上述做法，当 $t=t_{n+1}$ 时，可得 $y(t_{n+1})$ 的近似值 y_{n+1}：

$$y_{n+1} = y_n + f(t_n, y_n)(t_{n+1} - t_n) \approx y(t_{n+1}) \tag{2-5}$$

方程(2-5)就是著名的欧拉公式。令 $h=t_{n+1}-t_n$，h 称为计算步长。

由式(2-5)可见，利用欧拉公式计算 y_{n+1} 时，只用到前一步的结果 y_n。这样，当给定 t_0 时刻的值 y_0 时，应用欧拉公式就可一步一步地推算下去。所以欧拉公式属于单步法。显然，欧拉法是简单地用折线来近似实际的曲线，故又称其为折线法。欧拉法的精度当然很低，当步长增大时，误差会显著增加。

2.1.2 预报-校正法

欧拉法虽然比较粗糙，但几何意义很明显，对其进行改进，建立一种预报-校正系统。

对方程(2-1)两边进行积分：

$$\int_{t_0}^{t} \frac{\mathrm{d}y}{\mathrm{d}t}\mathrm{d}t = \int_{t_0}^{t} f[t, y(t)]\mathrm{d}t \tag{2-6}$$

可得

$$y(t) = y_0 + \int_{t_0}^{t} f[t, y(t)]\mathrm{d}t \tag{2-7}$$

当 $t=t_1$ 时，

$$y(t_1) = y_0 + \int_{t_0}^{t_1} f[t, y(t)]\mathrm{d}t \tag{2-8}$$

改进欧拉法则是用矩形面积代替式(2-8)等号右边第二项的积分，即

$$\int_{t_0}^{t_1} f[t, y(t)]\mathrm{d}t \approx \frac{h}{2}[f(t_0, y_0) + f(t_1, y_1)] \tag{2-9}$$

其中 $h=t_1-t_0$，这时积分公式可近似写成

$$y_1 = y_0 + \frac{h}{2}[f(t_0, y_0) + f(t_1, y_1)] \approx y(t_1) \tag{2-10}$$

对于第 n 点，则有

$$y_{n+1} = y_n + \frac{h}{2}[f(t_n, y_n) + f(t_{n+1}, y_{n+1})] \approx y(t_{n+1}) \tag{2-11}$$

这就是梯形公式。可见梯形公式是取 t_n 和 t_{n+1} 这两点斜率的平均值来近似作为该步长的斜率值，但在计算点 t_{n+1} 的 $f(t_{n+1}, y_{n+1})$ 时又要用到 y_{n+1}，所以 y_{n+1} 在式(2-11)中是隐函数，式(2-11)是隐式公式。与此对照，欧拉公式(2-5)是显式公式。由于隐式公式右端包含未知数 y_{n+1}，因此可以采用迭代法求解，其步骤如下。

(1) 先给定一个值作为迭代的初值 y_{n+1}^0。

(2) 反复代入梯形公式算出：

$$y_{n+1}^1 = y_n + \frac{h}{2}[f(t_n, y_n) + f(t_{n+1}, y_{n+1}^0)]$$

$$y_{n+1}^2 = y_n + \frac{h}{2}[f(t_n, y_n) + f(t_{n+1}, y_{n+1}^1)]$$

$$\vdots$$

$$y_{n+1}^{k+1} = y_n + \frac{h}{2}[f(t_n, y_n) + (t_{n+1}, y_{n+1}^k)]$$

(3) 每迭代一次，判断 y_{n+1} 后一点与前一点的值之差是否小于给定的误差 ε，即

$$|y_{n+1}^{k+1}-y_{n+1}^{k}|<\varepsilon?$$

若小于 ε，就以 y_{n+1}^{k+1} 作为所求的解；否则，继续迭代下去。

可以证明，当 h 足够小时，这个迭代过程是收敛的，即当 $k\to\infty$ 时，$y_{n+1}^{k+1}\to y_{n+1}$。

显然，由于迭代过程要反复计算多次 $f(t,y)$ 函数，计算量大，很费时间。为简化计算，研究人员提出了预报-校正法。预报-校正法的步骤如下。

(1) 用欧拉公式(2-5)算出预报值 y_{n+1}^{0}，即

$$y_{n+1}^{0}=y_n+hf(t_n,y_n) \tag{2-12}$$

(2) 用梯形公式算出校正值 y_{n+1}，即

$$y_{n+1}=y_n+\frac{h}{2}[f(t_n,y_n)+f(t_{n+1},y_{n+1}^{0})] \tag{2-13}$$

y_{n+1} 即为所求的解。式(2-12)和式(2-13)称为预报-校正公式。它们也可合并为一个公式：

$$y_{n+1}=y_n+\frac{h}{2}\{f(t_n,y_n)+f[t_{n+1},y_n+hf(t_n,y_n)]\} \tag{2-14}$$

不过根据之后的误差分析可以看出，预报公式(2-12)的精度低，校正公式(2-13)的精度高，两个公式的精度不匹配。为此，我们考虑另外一种欧拉公式，将它作为预报公式。在 t_n 点列出一阶微分方程：

$$y'(t_n)=f[t_n,y(t_n)]$$

用中心差商 $\frac{y_{n+1}-y_{n-1}}{2h}$ 近似代替导数 $y'(t_n)$，且 $y_n=y(t_n)$，可得

$$y_{n+1}=y_{n-1}+2hf(t_n,y_n) \tag{2-15}$$

式(2-15)称为两步欧拉公式，因为在计算 y_{n+1} 时，要用到前两步的信息 y_{n-1} 和 y_n。凡计算 y_{n+1} 时，需用到前面几步信息的方法，称为多步法；若只用到前一步的信息 y_n，则称为单步法。可以证明，两步欧拉公式(2-15)的精度与梯形公式(2-13)的精度同阶，因此联合两步欧拉公式和梯形公式，可得新的预报-校正公式：

$$\left.\begin{aligned}&\text{预报}\quad y_{n+1}^{0}=y_{n-1}+2hf(t_n,y_n)\\&\text{校正}\quad y_{n+1}=y_n+\frac{h}{2}[f(t_n,y_n)+f(t_{n+1},y_{n+1}^{0})]\end{aligned}\right\} \tag{2-16}$$

上述用两步欧拉公式预报、用梯形公式校正的方法只是预报-校正法的一种。一般地，用显式公式预报、用隐式公式校正，就组成预报-校正法。

2.1.3 截断误差

由欧拉公式和梯形公式算出的 y_{n+1} 值是有误差的，误差的数量级用泰勒级数来分析。假定在点 t_n，数值公式使用的 y_n 是准确的，即 $y_n=y(t_n)$，现跨出一步到 t_{n+1}，此时微分方程的准确解设为 $y(t_{n+1})$。现将 $y(t_{n+1})$ 在点 t_0 处展开为泰勒级数，可得

$$y(t_{n+1})=y(t_n)+hf[t_n,y(t_n)]+\frac{h^2}{2!}f'[t_n,y(t_n)]+\frac{h^3}{3!}f''[t_n,y(t_n)]+\cdots \tag{2-17}$$

若用欧拉公式计算，则 $y_{n+1}=y_n+hf(t_n,y_n)$，由于 $y_n=y(t_n)$，因此准确解与数值解之差为

$$y(t_{n+1})-y_{n+1}=\frac{h^2}{2!}f'[t_n,y(t_n)]+\frac{h^3}{3!}f''[t_n,y(t_n)]+\cdots=O(h^2) \tag{2-18}$$

可见欧拉公式计算函数 $y(t)$ 时只截取泰勒级数中 h^2 项以前的两项，而 h^2 项及其以后的项均丢掉了，所以欧拉公式每计算一步，其截断误差为 h 的二阶无穷小量 $O(h^2)$，其精度为一阶。

对于两步欧拉公式(2-15)，考虑 $y_{n-1}=y(t_{n-1})$ 和 $y_n=y(t_n)$，现将 y_{n-1} 在点 t_n 向后用泰勒公式展开，即

$$y_{n-1}=y(t_n)+(t_{n-1}-t_n)f[t_n,y(t_n)]+\frac{1}{2!}(t_{n-1}-t_n)^2f'[t_n,y(t_n)]$$
$$+\frac{1}{3!}(t_{n-1}-t_n)^3f''[t_n,y(t_n)]+\cdots$$

代入式(2-15)，并与式(2-17)相减，又因为 $t_{n-1}-t_n=-h$，可得

$$y(t_{n+1})-y_{n+1}=\frac{1}{3}h^3f''[t_n,y(t_n)]+\cdots=O(h^3)$$

因此两步欧拉公式(2-15)的截断误差为三阶无穷小量 $O(h^3)$，其精度为二阶。两步欧拉公式比欧拉公式的精度提高了一阶。

对于梯形公式(2-11)，现考虑用欧拉公式(2-12)预报。当 t 在一个步长内连续变化时($t_n\leqslant t\leqslant t_{n+1}$)，预报公式写成连续形式为

$$y^0(t)=y_n+(t-t_n)f(t_n,y_n)$$

显然

$$\frac{\mathrm{d}y^0(t)}{\mathrm{d}t}=f(t_n,y_n)$$

$$\frac{\mathrm{d}^2y^0(t)}{\mathrm{d}t^2}=0$$

现将 $f(t_{n+1},y_{n+1}^0)$ 在点(t_n,y_n)处展开成泰勒级数：

$$f(t_{n+1},y_{n+1}^0)=f(t_n,y_n)+h[f_t'(t_n,y_n)+f_y'(t_n,y_n)f(t_n,y_n)]+O(h^2)$$

代入式(2-13)，得

$$y_{n+1}=y_n+hf(t_n,y_n)+\frac{h^2}{2}[f_t'(t_n,y_n)+f_y'(t_n,y_n)f(t_n,y_n)]+O(h^3) \tag{2-19}$$

而式(2-17)也可写成

$$y(t_{n+1})=y(t_n)+hf[t_n,y(t_n)]+\frac{h^2}{2}\{f_t'[t_n,y(t_n)]+f_y'[t_n,y(t_n)]f[t_n,y(t_n)]\}+O(h^3) \tag{2-20}$$

将式(2-19)与式(2-20)比较，其等号右边第一、二、三项分别相等，由于

$$\frac{\mathrm{d}^2y^0(t)}{\mathrm{d}t^2}=\frac{\mathrm{d}f(t_n,y_n)}{\mathrm{d}t}=0$$

而准确解

$$\frac{\mathrm{d}^2y(t)}{\mathrm{d}t^2}=\frac{\mathrm{d}f[t,y(t)]}{\mathrm{d}t}$$

一般不为 0，因此式(2-19)中的 $O(h^3)$ 与式(2-20)中的 $O(h^3)$ 一般不相等，所以

$$y(t_{n+1})-y_{n+1}=O(h^3)$$

即梯形校正公式(2-13)的截断误差为 h 的三阶无穷小量，具有二阶精度，比欧拉公式提高了一阶。同理，若用两步欧拉公式预报，亦可得到同样的结论。

2.1.4 龙格-库塔法

对于微分方程：

$$y'(t)=f[t,y(t)]$$
$$y(t_0)=y_0$$

现在在一个步长 h 的区间$[t_n,t_{n+1}]$上考虑其差商，根据中值定理，则有

$$\frac{y(t_{n+1})-y(t_n)}{h}=y'(t_n+\theta h),\quad 0\leqslant\theta\leqslant 1$$

于是得到

$$y(t_{n+1})=y(t_n)+hf[t_n+\theta h,y(t_n+\theta h)] \tag{2-21}$$

记 $\overline{K}=f[t_n+\theta h,y(t_n+\theta h)]$，$\overline{K}$ 称为在区间$[t_n,t_{n+1}]$上的平均斜率。将欧拉公式(2-5)及梯形公式(2-11)与式(2-21)对照，可以得知：因欧拉公式仅取一点 t_n 的斜率值 $f(t_n,y_n)$作为平均斜率 $\overline{K}$ 的近似值，故精度低；而梯形公式取区间$[t_n,t_{n+1}]$上两个点的斜率值，然后将它们加权平均并作为平均斜率 $\overline{K}$ 的近似值，计算精度提高了一阶，因此可以在区间$[t_n,t_{n+1}]$上多预报几个点的斜率值，构造出具有更高精度的计算公式，这就是龙格-库塔(Runge-Kuta，RK)法的基本思想。

现在在区间$[t_n,t_{n+1}]$上取三个点 t_n,t_{n+p},t_{n+q}，设它们的斜率值分别为 K_1,K_2,K_3，取其加权平均作为平均斜率的近似值，得计算公式：

$$y_{n+1}=y_n+h(\lambda_1K_1+\lambda_2K_2+\lambda_3K_3)$$

式中：

$$\left.\begin{aligned}K_1&=f(t_n,y_n)\\K_2&=f(t_{n+p},y_n+phK_1)\\K_3&=f[t_{n+q},y_n+qh(rK_1+SK_2)]\end{aligned}\right\} \tag{2-22}$$

在这组方程中，有 λ_1、λ_2、λ_3、p、q、r、S 七个待定参数。可以运用泰勒展开式，经过较复杂的运算，使其截断误差为 $O(h^4)$，即具有三阶精度，则必须满足：

$$\left.\begin{aligned}&r+S=1\\&\lambda_1+\lambda_2+\lambda_3=1\\&\lambda_2p+\lambda_3q=\frac{1}{2}\\&\lambda_2p^2+\lambda_3q^2=\frac{1}{3}\\&\lambda_3pqS=\frac{1}{6}\end{aligned}\right\} \tag{2-23}$$

式(2-23)中有七个未知数，只有五个方程。若给定两个未知数，就可解出其余五个未知数。

式(2-22)和式(2-23)联立称为三阶龙格-库塔公式。现给定 $p=\frac{1}{2}$，$q=1$，由式(2-23)解得 $\lambda_1=\frac{1}{6}$，$\lambda_2=\frac{2}{3}$，$\lambda_3=\frac{1}{6}$，$S=2$，$r=-1$，于是可得常用的一种三阶龙格-库塔公式：

$$\left.\begin{aligned}&y_{n+1}=y_n+\frac{h}{6}(K_1+4K_2+K_3)\\&K_1=f(t_n,y_n)\\&K_2=f(t_{n+\frac{1}{2}},y_n+\frac{h}{2}K_1)\\&K_3=f(t_{n+1},y_n-hK_1+2hK_2)\end{aligned}\right\}\tag{2-24}$$

同理,可以导出四阶龙格-库塔(RK4)公式,使其截断误差为$O(h^5)$,具有四阶精度。最常用的一种四阶龙格-库塔公式为

$$\left.\begin{aligned}&y_{n+1}=y_n+\frac{h}{6}(K_1+2K_2+2K_3+K_4)\\&K_1=f(t_n,y_n)\\&K_2=f(t_{n+\frac{1}{2}},y_n+\frac{h}{2}K_1)\\&K_3=f(t_{n+\frac{1}{2}},y_n+\frac{h}{2}K_2)\\&K_4=f(t_{n+1},y_n+hK_3)\end{aligned}\right\}\tag{2-25}$$

由式(2-25)可看出,相较于三阶龙格-库塔公式,四阶龙格-库塔公式是在区间$[t_n,t_{n+1}]$上取四个点,只是第二点和第三点重合在一点$(t_n+\frac{1}{2}h)$上。四阶龙格-库塔公式已具有较高的精度,可以满足大部分实际问题的求解要求,但是其每推进一步,要计算四个点的K值,即对一阶微分方程等号右端的函数$f(t,y)$要进行四次计算,计算时间显然增加了。

根据龙格-库塔法的基本思想,还可以导出更高阶的龙格-库塔公式,各种龙格-库塔公式可写成如下的一般形式:

$$\left.\begin{aligned}&y_{n+1}=y_n+h\sum_{i=1}^{q}c_iK_i\\&K_i=f(t_{n+p_i},y_n+p_ih\sum_{j=1}^{i-1}r_{ij}K_j)\\&i=1,2,\cdots,q\end{aligned}\right\}\tag{2-26}$$

式中:c_i,r_{ij}均为加权系数。

当$q=1$时,可得一阶龙格-库塔公式:

$$y_{n+1}=y_n+hK_1$$

即欧拉公式。

当$q=2$时,可得其中一种二阶龙格-库塔公式:

$$\left.\begin{aligned}&y_{n+1}=y_n+h(\frac{1}{2}K_1+\frac{1}{2}K_2)\\&K_1=f(t_n,y_n)\\&K_2=f(t_{n+1},y_n+hK_1)\end{aligned}\right\}$$

即梯形公式。

可见一般形式的龙格-库塔公式包含了欧拉公式和梯形公式。一般地,对于一阶公式,至少要计算一次微分方程等号右端的函数$f(t,y)$,而二阶公式需要计算两次,三阶公式与四阶公式分别需要计算三次与四次。

对各种龙格-库塔公式，在计算 y_{n+1} 时只用到前一点 y_n 的值，而不直接用到更前几点的值，所以龙格-库塔法是单步法，它只要给定初始值，就可自启动依次计算下去。

2.1.5　微分方程组的解法

前面讨论三种数值积分法时，都是针对单个微分方程，但是只要把式(2-1)的变量 y 和函数 f 理解为向量，前面讨论的各种数值计算公式就很容易推广到一阶微分方程组的情形。现以四阶龙格-库塔法求解两个一阶微分方程组为例，说明微分方程组的解法。设

$$y_1'(t)=f_1[t,y_1(t),y_2(t)]$$
$$y_2'(t)=f_2[t,y_1(t),y_2(t)]$$

且

$$y_1(t_0)=y_{10}$$
$$y_2(t_0)=y_{20}$$

其四阶龙格-库塔法的计算公式为

$$y_{1,n+1}=y_{1,n}+\frac{h}{6}(K_{11}+2K_{12}+2K_{13}+K_{14})$$

$$y_{2,n+1}=y_{2,n}+\frac{h}{6}(K_{21}+2K_{22}+2K_{23}+K_{24})$$

式中：

$$K_{11}=f_1(t_n,y_{1,n},y_{2,n})$$
$$K_{21}=f_2(t_n,y_{1,n},y_{2,n})$$
$$K_{12}=f_1(t_{n+\frac{1}{2}},y_{1,n}+\frac{h}{2}K_{11},y_{2,n}+\frac{h}{2}K_{21})$$
$$K_{22}=f_2(t_{n+\frac{1}{2}},y_{1,n}+\frac{h}{2}K_{11},y_{2,n}+\frac{h}{2}K_{21})$$
$$K_{13}=f_1(t_{n+\frac{1}{2}},y_{1,n}+\frac{h}{2}K_{12},y_{2,n}+\frac{h}{2}K_{22})$$
$$K_{23}=f_2(t_{n+\frac{1}{2}},y_{1,n}+\frac{h}{2}K_{12},y_{2,n}+\frac{h}{2}K_{22})$$
$$K_{14}=f_1(t_{n+1},y_{1,n}+hK_{13},y_{2,n}+hK_{23})$$
$$K_{24}=f_2(t_{n+1},y_{1,n}+hK_{13},y_{2,n}+hK_{23})$$

注意，在计算 K 值时，必须按次序计算。

2.1.6　阿达姆斯法

阿达姆斯法的基本思想：在计算 y_{n+1} 时，充分利用前面已经求出的若干点值(如 y_n，y_{n-1}，y_{n-2}，…)的信息，以期提高计算的精度，因此阿达姆斯法是多步法。可以通过基于数值积分或基于泰勒级数展开来导出阿达姆斯公式。具体推导过程本书不叙述，只给出最终的公式。

1. 阿达姆斯隐式与显式公式

四阶阿达姆斯显式公式，也称外推公式，具体为

$$y_{n+1}=y_n+\frac{h}{24}[55f(t_n,y_n)-59f(t_{n-1},y_{n-1})+37f(t_{n-2},y_{n-2})-9f(t_{n-3},y_{n-3})] \quad (2\text{-}27)$$

四阶阿达姆斯隐式公式，也称内插公式，具体为

$$y_{n+1}=y_n+\frac{h}{24}[9f(t_{n+1},y_{n+1})+19f(t_n,y_n)-5f(t_{n-1},y_{n-1})+f(t_{n-2},y_{n-2})] \quad (2\text{-}28)$$

阿达姆斯法不能自启动，开始几步要用另外的单步法计算。此外，计算过程中要改变步长，不方便。

2. 阿达姆斯预报-校正公式

由于阿达姆斯显式公式是外推公式，其精度和稳定性都比隐式公式差，而隐式公式需用迭代法求解，迭代过程耗费机时较多，因此，高效率的方法是用阿达姆斯显式公式进行预报，用隐式公式进行校正。预报-校正时，显式和隐式公式的阶数要一致。

四阶阿达姆斯预报-校正公式如下：

$$\left.\begin{aligned}&\text{预报}\quad y_{n+1}^0=y_n+\frac{h}{24}[55f(t_n,y_n)-59f(t_{n-1},y_{n-1})+37f(t_{n-2},y_{n-2})-9f(t_{n-3},y_{n-3})]\\&\text{校正}\quad y_{n+1}=y_n+\frac{h}{24}[9f(t_{n+1},y_{n+1}^0)+19f(t_n,y_n)-5f(t_{n-1},y_{n-1})+f(t_{n-2},y_{n-2})]\end{aligned}\right\} \quad (2\text{-}29)$$

和前述几种数值积分法一样，只要把式(2-1)中的 y 和函数 f 看成向量，阿达姆斯显式和隐式公式及预报-校正公式就可推广到一阶微分方程组的情形。

2.1.7 误差分析

前面讨论的各种数值积分公式的截断误差，都是假定在前几步的值 $y_i(i=0,1,2,\cdots,n)$ 为微分方程精确解的前提下推进到 $n+1$ 步时产生的误差，故这种误差称为局部截断误差。当从微分方程的初值问题($t=t_0,y(t_0)=y_0$)开始，由某个积分公式经 $n+1$ 步准确计算(每一步都没有舍入)，得到 $\overline{y}_{n+1}$ 时，微分方程的真解 $y(t_{n+1})$ 与 $\overline{y}_{n+1}$ 之差为整体截断误差。显然整体截断误差包含各局部截断误差，也包含前面各步的局部截断误差在逐步计算中的积累。

除此之外，各种公式都是通过具体的计算机进行计算的，计算机的字长总是有限，计算时要进行舍入。设计算机在第 $n+1$ 步算出来的实际值为 y_{n+1}，那么积分公式的真解 $\overline{y}_{n+1}$ 与 y_{n+1} 之差称为舍入误差。

这样，利用数值积分法求解常微分方程的初值问题时，数值解 y_{n+1} 与真解 $y(t_{n+1})$ 的误差可归结为两部分，即

$$y(t_{n+1})-y_{n+1}=[y(t_{n+1})-\overline{y}_{n+1}]+(\overline{y}_{n+1}-y_{n+1})=\varepsilon_{n+1}+e_{n+1} \quad (2\text{-}30)$$

式中：$\varepsilon_{n+1}=y(t_{n+1})-\overline{y}_{n+1}$，$\varepsilon_{n+1}$ 就是整体截断误差；

$e_{n+1}=\overline{y}_{n+1}-y_{n+1}$，$e_{n+1}$ 就是舍入误差。

舍入误差与使用的具体计算机有关，计算机字长愈长，舍入误差愈小。因此，作为误差估计，最根本的任务是估计整体截断误差。不过估计整体截断误差很不容易，但局部截断误差与整体截断误差有密切关系，因而，要构造高精度的数值计算方法，主要考虑局部截断误差。

2.2 误差估计与变步长算法

根据前面讨论的各种数值积分法，单从每一步看，步长越小，截断误差就越小，精度就越高。但是随着步长的减小，在一定的时间范围内要完成的步数就增加了。这样，计算量增加，计算速度慢；不仅如此，步长的减小还可能导致舍入误差的严重积累，精度降低。因此，对于微

分方程的数值解法，选择合适的步长是必须考虑的问题。因为步长的大小既影响精度，又影响计算速度，故对其的分析比较复杂。如果要求不高，在控制系统中往往根据实际经验，对四阶龙格-库塔法一般选取固定步长为

$$h=\frac{1}{5\omega_c}\left(或\frac{t_c}{10},\frac{t_n}{40}\right)$$

式中：ω_c——系统开环频率特性的剪切频率；

t_c——系统在阶跃函数作用下的上升时间；

t_n——系统在阶跃函数作用下的过渡过程时间；

若系统中有小闭环，则 ω_c，t_c，t_n 按反应最快的小闭环考虑。

2.2.1　误差估计

对于一个实用的仿真程序，它既要满足一定的精度要求，又要求计算量尽可能小，这样，在计算过程中，步长就需要不断改变。要实现步长的自动改变，就要求每推进一步有一个误差估计，以便确定下一步的步长。

现考虑用四阶龙格-库塔法计算，先以 h 为步长，从 t_n 点出发，算出一个近似值，记为 $y_{n+1}^{(h)}$，因为是四阶精度，其局部截断误差为 $O(h^5)$，故有

$$y(t_{n+1})-y_{n+1}^{(h)}\approx Ch^5 \tag{2-31}$$

然后将步长折半，取 $\frac{h}{2}$ 为步长，从 t_n 计算两步到 t_{n+1}，求得一个近似值，记为 $y_{n+1}^{(\frac{h}{2})}$。因为按 $\frac{h}{2}$ 每计算一步的局部截断误差为 $C\left(\frac{h}{2}\right)^5$，故有

$$y(t_{n+1})-y_{n+1}^{(\frac{h}{2})}\approx 2C\left(\frac{h}{2}\right)^5 \tag{2-32}$$

将式(2-32)与式(2-31)相除，得

$$\frac{y(t_{n+1})-y_{n+1}^{(\frac{h}{2})}}{y(t_{n+1})-y_{n+1}^{(h)}}\approx\frac{1}{16}$$

由此得事后估计式为

$$y(t_{n+1})-y_{n+1}^{(\frac{h}{2})}\approx\frac{1}{15}\left[y_{n+1}^{(\frac{h}{2})}-y_{n+1}^{(h)}\right] \tag{2-33}$$

步长折半前后两次计算的偏差记为

$$\delta=\left|y_{n+1}^{(\frac{h}{2})}-y_{n+1}^{(h)}\right| \tag{2-34}$$

即误差估计，据此 δ 就可确定下一步的步长。

这种误差估计方法每推进一步要三次调用积分子程序，计算量甚大。另一种误差估计的算法称为龙格-库塔-默森(Runge-Kuta-Merson，RKM)法，其计算量较小。

为估计龙格-库塔法的误差，先用四阶龙格-库塔-默森法计算，再用一个低阶(低一阶)公式计算，这两个公式的 K 值相同，则两个公式计算结果之差就看作误差。

默森在 1957 年提出的 RKM 法是典型的利用误差值来控制步长的调整步长方法。默森首先给出了一个四阶龙格-库塔公式：

$$y_{n+1}=y_n+\frac{h}{6}(K_1+4K_4+K_5) \tag{2-35}$$

式中：

$$K_1 = f(t_n, y_n)$$

$$K_4 = f\left[t_n + \frac{h}{2}, y_n + \frac{h}{8}(K_1 + 3K_3)\right]$$

$$K_5 = f\left[t_n + h, y_n + \frac{h}{2}(K_1 - 3K_3 + 4K_4)\right]$$

其中，

$$K_2 = f\left(t_n + \frac{h}{3}, y_n + \frac{h}{3}K_1\right)$$

$$K_3 = f\left[t_n + \frac{h}{3}, y_n + \frac{h}{6}(K_1 + K_2)\right]$$

另外，用上面的系数可以导出一个三阶的龙格-库塔公式，即

$$\hat{y}_{n+1} = y_n + \frac{h}{6}(3K_1 - 9K_3 + 12K_4) \tag{2-36}$$

现用式(2-36)与式(2-35)做 δ 误差估计，δ 被用于确定下一步的步长，误差 δ 为

$$\delta = \hat{y}_{n+1} - y_{n+1} = \frac{h}{6}(2K_1 - 9K_3 + 8K_4 - K_5) \tag{2-37}$$

公式(2-35)至公式(2-37)构成了龙格-库塔-默森法(RKM3-4)，该算法有四阶计算精度、三阶估计误差，对于一般的仿真问题已满足要求，因此应用极为广泛；其缺点是计算量大，每次需计算 5 次导函数 f，比普通的 RK4 法多出 1/4 的计算量。

1978 年，夏普勒提出 RKS3-4 公式时，它每步只计算 4 次微分方程右函数 f，却能获得四阶精度和三阶误差估计。其计算公式为

$$y_{n+1} = y_n + \frac{h}{8}(K_1 + 3K_2 + 3K_3 + K_4) \tag{2-38}$$

式中：

$$K_1 = f(t_n, y_n)$$

$$K_2 = f(t_n + \frac{h}{3}, y_n + \frac{h}{3}K_1)$$

$$K_3 = f\left[t_n + \frac{h}{3}h, y_n + \frac{h}{3}(-K_1 + 3K_2)\right]$$

$$K_4 = f[t_n + h, y_n + h(K_1 - K_2 + K_3)]$$

另外引入一个三阶公式：

$$\hat{y}_{n+1} = y_n + \frac{h}{32}(3K_1 + 15K_2 + 9K_3 + K_4 + 4K_5) \tag{2-39}$$

式中：K_1, K_2, K_3, K_4 与式(2-38)的相同，而

$$K_5 = f\left[t_n + h, y_n + \frac{h}{8}(K_1 + 3K_2 + 3K_3 + K_4)\right]$$

这个 K_5 恰好是下一步计算 y_{n+1} 时式(2-38)的 K_1，因此只在第一步要多算一次 f，以后每步只计算 4 次 f。RKS3-4 法的误差估计为

$$\delta = \hat{y}_{n+1} - y_{n+1} = \frac{h}{32}(-K_1 + 3K_2 - 3K_3 - 3K_4 + 4K_5) \tag{2-40}$$

2.2.2 变步长控制策略

上述误差估计都是绝对误差，但动态过程变化量的范围很广，为适应步长控制，误差表

示为

$$e=\frac{\delta}{|y_n|+1} \tag{2-41}$$

由式(2-41)可知，当 y_n 的绝对值很大时，e 是相对误差，而当 y_n 的绝对值很小时，e 就成了绝对误差。这样，就避免了当 y_n 的绝对值很小时，e 变得过大。

每一步积分和误差估计 δ 求得后，先按式(2-41)计算误差 e，同时预先给定最大、最小误差分别为 $E_{\max}$，$E_{\min}$。为避免过大的步长和过小的步长，还给定最大步长和最小步长分别为 $h_{\max}$，$h_{\min}$。

步长控制的策略可表示如下：

(1) 当 $|e|>E_{\max}$，且 $h_n>h_{\min}$ 时，步长减半，即取 $h_n=\frac{1}{2}h_n$，本步重算一次。若减半后的 $h_n<h_{\min}$，则重算步长 $h_n=h_{\min}$。

(2) 当 $|e|<E_{\min}$，且 $h_n<h_{\max}$ 时，本步的计算有效，下一步计算的步长加倍，即取 $h_{n+1}=2h_n$。若 $h_{n+1}>h_{\max}$，则取 $h_{n+1}=h_{\max}$。

(3) 当 $E_{\min}\leqslant|e|\leqslant E_{\max}$ 时，或者，$|e|<E_{\min}$，且 $h_n\geqslant h_{\max}$ 时，或者，$|e|>E_{\max}$，但 $h_n\leqslant h_{\min}$ 时，本步有效，下一步步长不变，即取 $h_{n+1}=h_n$。

这种步长控制方法简便易行，每步附加的计算量不大，称为半分法。

但是半分法步长控制中，步长增减振荡的次数较多，所取步长不是最优步长。在动态计算中，最理想的目标应该是，既要达到精度要求，又要计算速度快。因此，在截断误差不超过最大允许误差 $E_{\max}$ 的前提下，步长应该尽可能大。这样在规定的仿真时间内，步数就少了，计算速度就加快了；同时步数少了，累积误差又会减少，于是又提高了精度。

综上，在截断误差不超过最大允许误差的前提下，实现最大步长控制是最佳方案，此法就称为最优步长法。下面来分析最优步长法的策略。

据前段误差估计分析，RKM3-4 法的误差估计是三阶的。对第 n 步的步长 h_n，则

$$\delta=O(h_n^4)\approx Ch_n^4$$

取式(2-41)的表示式，则为

$$e=\frac{\delta}{|y_n|+1}\approx C'h_n^4 \tag{2-42}$$

因最大允许误差 $E_{\max}$ 是给定的，在同一时间点它对应的步长设为 h_m，则有

$$E_{\max}\approx C'h_m^4 \tag{2-43}$$

取式(2-42)与式(2-43)的比值：

$$\mathrm{EG}=\left|\frac{e}{E_{\max}}\right|=\frac{h_n^4}{h_m^4}$$

所以得

$$h_m=\frac{1}{\sqrt[4]{\mathrm{EG}}}h_n \tag{2-44}$$

当 EG>1 时，显然计算误差超过允许误差，要减少步长重算一次，步长最好就刚减少到 h_m。但考虑到计算中会有误差，为可靠起见，则取小于 1 的系数 VR 乘以 h_m 为重算时的步长，即

$$h_n=h_m\cdot\mathrm{VR}$$

如果 EG<1，显然，计算误差可以允许再大些，因而步长还可加大些，最好就增加到 h_m 时作为下一步的步长，即

$$h_{n+1}=h_m \cdot \mathrm{VR}$$

现将式(2-44)代入,得

$$h_{n+1}=\sqrt[4]{\frac{\mathrm{VR}^4}{\mathrm{EG}}}h_n \tag{2-45}$$

从式(2-45)可知,当 $\mathrm{EG}=\mathrm{VR}^4$ 时,步长不变,即 $h_{n+1}=h_n$。当 $\mathrm{VR}^4<\mathrm{EG}\leqslant 1$ 时,步长 h_{n+1} 反而会减小,这是不希望的,因此仍取步长不变。另外,为防止步长过小,限定一个最小步长 $0.001h_{\max}$。

这样可得最优步长策略如下：

(1) 当 $\mathrm{EG}>1$ 时,重算一次,重算步长取 $h_n=\frac{1}{\sqrt[4]{\mathrm{EG}}}\cdot h_n\cdot \mathrm{VR}$,若 $h_n<0.001h_{\max}$,则 $h_n=0.001h_{\max}$。

(2) 当 $\mathrm{EG}<\mathrm{VR}^4$ 时,本步有效,取 $h_{n+1}=\frac{1}{\sqrt[4]{\mathrm{EG}}}\cdot h_n\cdot \mathrm{VR}$,若 $h_{n+1}>h_{\max}$,则 $h_{n+1}=h_{\max}$。

(3) 当 $\mathrm{VR}^4\leqslant\mathrm{EG}\leqslant 1$ 时,本步有效,下一步步长不变,即 $h_{n+1}=h_n$。

系数 VR 是一个经验值,VR 过大,改变步长时逼近 h_m 的能力强,但步长增减振荡的次数增加;VR 过小,步长增减的次数较少,但取最优步长的能力差。一般取 $\mathrm{VR}=0.95\sim0.98$。

第 3 章　离散相似法的连续系统仿真

3.1　连续系统的离散化模型

对于连续系统仿真，除上一章介绍的数值积分方法，研究者还广泛采用另一类数字仿真算法，称为离散相似法。离散相似法是先对连续系统进行离散化，得到等价的离散化模型，再对等价的离散化模型进行仿真计算。离散相似法有好几种具体方法，一种是先对连续系统的状态空间模型进行离散化，得到离散状态空间模型，再用离散状态空间模型进行仿真计算；另一种是先对连续系统的传递函数进行离散化，得到脉冲传递函数(Z 传递函数)，并将其转换为差分方程，再用差分方程进行仿真计算。

设有一连续系统如图 3-1(a)所示，其输入为 $u^0(t)$，输出为 $y(t)$。现用周期为 T 的采样开关将输入和输出离散化，要求离散化后的输出 $y^*(t)$在采样时刻的值等同于原输出 $y(t)$在同一时刻的值。

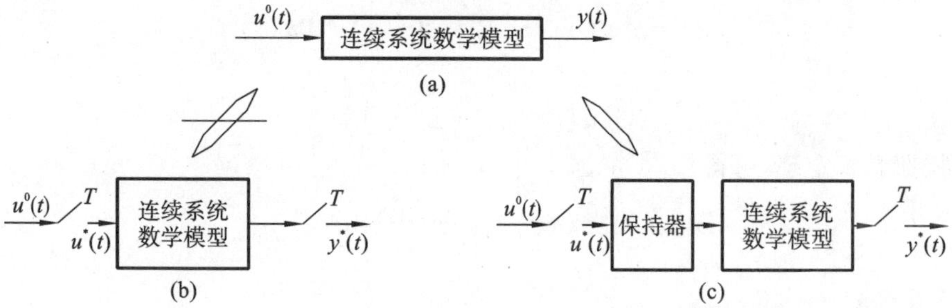

图 3-1　连续系统离散化示意图

显然，如果仅仅在系统的输入和输出端加上采样开关，如图 3-1(b)所示，则在开关断开期间，连续系统无输入，而只在开关闭合的瞬时才有输入，这样其输出 $y^*(t)$当然不会等同于图 3-1(a)中的 $y(t)$在采样瞬时的值。为使连续系统的输入端与图 3-1(a)中的连续输入保持一致，在采样开关和连续系统的输入端之间必须加一个保持器，如图 3-1(c)所示，这样，图3-1(c)中的 $y^*(t)$就可能等同于图 3-1(a)中的 $y(t)$在采样时刻的值，其近似的程度取决于采样周期 T 的大小和保持器的特性。在这里，保持器的作用是保持离散化后的输入 $u^*(t)$具有连续性，但保持的连续性只能与原输入 $u^0(t)$近似相同。从频率角度看，保持器是个低通滤波器，它滤去 $u^*(t)$中的高频部分，而保留主频部分。如果保持器是个理想滤波器，它就有可能无失真地复现 $u^0(t)$。所以图 3-1(c)就是图 3-1(a)的离散化模型。

3.1.1　离散状态方程模型

如果原连续系统的状态方程和输出方程为

$$\left.\begin{aligned} \boldsymbol{x}' &= \boldsymbol{A}\boldsymbol{x}+\boldsymbol{B}\boldsymbol{u} \\ \boldsymbol{y} &= \boldsymbol{C}\boldsymbol{x}+\boldsymbol{D}\boldsymbol{u} \end{aligned}\right\} \tag{3-1}$$

要把这个连续系统离散化，它的状态方程和输出方程也要转换成离散状态方程和离散输出方程。

首先对原连续系统的状态方程用拉普拉斯变换法求出它的解。方程(3-1)的拉普拉斯变换为(只取状态方程)

$$s\boldsymbol{x}(s)-\boldsymbol{x}(0)=\boldsymbol{A}\boldsymbol{x}(s)+\boldsymbol{B}\boldsymbol{u}(s)$$

稍加整理可得

$$(s\boldsymbol{I}-\boldsymbol{A})\boldsymbol{x}(s)=\boldsymbol{x}(0)+\boldsymbol{B}\boldsymbol{u}(s)$$

其中 $\boldsymbol{I}$ 是单位矩阵，再两边左乘矩阵$(s\boldsymbol{I}-\boldsymbol{A})$的逆矩阵$(s\boldsymbol{I}-\boldsymbol{A})^{-1}$，于是

$$\left.\begin{aligned}\boldsymbol{x}(s)&=(s\boldsymbol{I}-\boldsymbol{A})^{-1}\boldsymbol{x}(0)+(s\boldsymbol{I}-\boldsymbol{A})^{-1}\boldsymbol{B}\boldsymbol{u}(s)\\(s\boldsymbol{I}-\boldsymbol{A})^{-1}&=\frac{\boldsymbol{I}}{s}+\frac{\boldsymbol{A}}{s^2}+\frac{\boldsymbol{A}^2}{s^3}+\cdots\end{aligned}\right\}\tag{3-2}$$

它的拉普拉斯反变换为

$$L^{-1}[(s\boldsymbol{I}-\boldsymbol{A}^{-1})]=\boldsymbol{I}+\boldsymbol{A}t+\frac{\boldsymbol{A}^2t^2}{2!}+\frac{\boldsymbol{A}^3t^3}{3!}+\cdots=\mathrm{e}^{\boldsymbol{A}t}$$

在控制理论中，记

$$\boldsymbol{\Phi}(t)=\mathrm{e}^{\boldsymbol{A}t}=L^{-1}[(s\boldsymbol{I}-\boldsymbol{A})^{-1}]$$

$\boldsymbol{\Phi}(t)$称为状态转移矩阵，它描述了系统初始状态的转移。$\mathrm{e}^{\boldsymbol{A}t}$称为矩阵指数。

现对式(3-2)进行拉普拉斯反变换，得

$$\boldsymbol{x}(t)=\mathrm{e}^{\boldsymbol{A}t}\boldsymbol{x}(0)+L^{-1}[(s\boldsymbol{I}-\boldsymbol{A})^{-1}\boldsymbol{B}\boldsymbol{u}(s)]$$

因为

$$\boldsymbol{u}(t)=L^{-1}[\boldsymbol{u}(s)]$$

根据拉普拉斯卷积定理，可得

$$\boldsymbol{x}(t)=\mathrm{e}^{\boldsymbol{A}t}\boldsymbol{x}(0)+\int_0^t\mathrm{e}^{\boldsymbol{A}(t-\tau)}\boldsymbol{B}\boldsymbol{u}(\tau)\mathrm{d}\tau\tag{3-3}$$

或者写成

$$\boldsymbol{x}(t)=\boldsymbol{\Phi}(t)\boldsymbol{x}(0)+\int_0^t\boldsymbol{\Phi}(t-\tau)\boldsymbol{B}\boldsymbol{u}(\tau)\mathrm{d}\tau\tag{3-4}$$

式(3-3)或式(3-4)就是原连续系统状态方程的解。现在将原连续系统离散化，离散化模型如图 3-2 所示，其中 T 是采样周期。

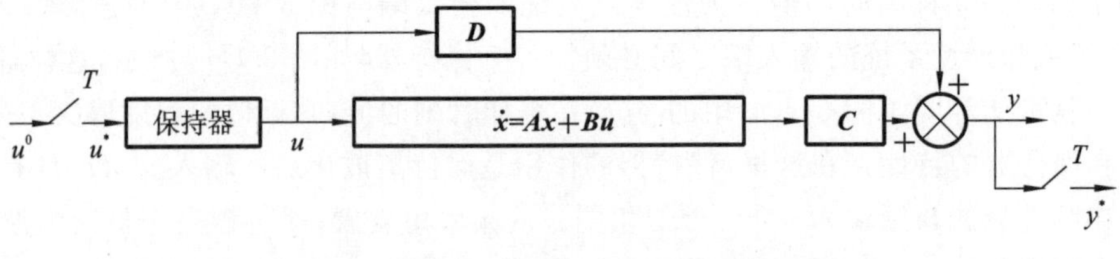

图 3-2　以状态空间表示的连续系统离散化

现以两个采样时刻 $t=(k+1)T$ 和 $t=kT$ 分别代入方程(3-3)得

$$\boldsymbol{x}[(k+1)T]=\mathrm{e}^{\boldsymbol{A}(k+1)T}\boldsymbol{x}(0)+\mathrm{e}^{\boldsymbol{A}(k+1)T}\int_0^{(k+1)T}\mathrm{e}^{-\boldsymbol{A}\tau}\boldsymbol{B}\boldsymbol{u}(\tau)\mathrm{d}\tau\tag{3-5}$$

$$\boldsymbol{x}(kT)=\mathrm{e}^{\boldsymbol{A}kT}\boldsymbol{x}(0)+\mathrm{e}^{\boldsymbol{A}kT}\int_0^{kT}\mathrm{e}^{-\boldsymbol{A}\tau}\boldsymbol{B}\boldsymbol{u}(\tau)\mathrm{d}\tau\tag{3-6}$$

式(3-6)两边乘以 $\mathrm{e}^{\boldsymbol{A}T}$，得

$$\mathrm{e}^{AT}\boldsymbol{x}(kT)=\mathrm{e}^{A(k+1)T}\boldsymbol{x}(0)+\mathrm{e}^{A(k+1)T}\int_0^{kT}\mathrm{e}^{-A\tau}\boldsymbol{Bu}(\tau)\mathrm{d}\tau \tag{3-6a}$$

式(3-5)减式(3-6a)得

$$\boldsymbol{x}[(k+1)T]=\mathrm{e}^{AT}\boldsymbol{x}(kT)+\mathrm{e}^{A(k+1)T}\int_{kT}^{(k+1)T}\mathrm{e}^{-A\tau}\boldsymbol{Bu}(\tau)\mathrm{d}\tau$$

现作变量置换：

$$\tau=kT+t,\mathrm{d}\tau=\mathrm{d}t$$

则

$$\boldsymbol{x}[(k+1)T]=\mathrm{e}^{AT}\boldsymbol{x}(kT)+\int_0^T\mathrm{e}^{A(T-t)}\boldsymbol{Bu}(kT+t)\mathrm{d}t \tag{3-7}$$

如果在图 3-2 中采用零阶保持器，那么

$$\boldsymbol{u}(kT+t)=\boldsymbol{u}(kT)$$

也就是在积分区间 $0\leqslant t\leqslant T$ 内，$\boldsymbol{u}(kT+t)$ 保持为常数 $\boldsymbol{u}(kT)$。这样式(3-7)可写成

$$\begin{aligned}\boldsymbol{x}[(k+1)T]&=\mathrm{e}^{AT}\boldsymbol{x}(kT)+\left[\int_0^T\mathrm{e}^{A(T-t)}\boldsymbol{B}\mathrm{d}t\right]\boldsymbol{u}(kT)\\&=\boldsymbol{\Phi}(T)\boldsymbol{x}(kT)+\boldsymbol{\Phi}_m(T)\boldsymbol{u}(kT)\end{aligned} \tag{3-8}$$

式中：

$$\boldsymbol{\Phi}(T)=\mathrm{e}^{AT}$$

$$\boldsymbol{\Phi}_m(T)=\int_0^T\mathrm{e}^{A(T-t)}\boldsymbol{B}\mathrm{d}t$$

如果时刻 kT 记作第 n 点，$(k+1)T$ 记作第 $n+1$ 点，那么式(3-8)又可写成

$$\boldsymbol{x}(n+1)=\boldsymbol{\Phi}(T)\boldsymbol{x}(n)+\boldsymbol{\Phi}_m(T)\boldsymbol{u}(n) \tag{3-9}$$

式(3-8)或式(3-9)就是原连续系统式(3-1)离散化时加零阶保持器的离散状态方程模型，系数 $\boldsymbol{\Phi}(T)$ 和 $\boldsymbol{\Phi}_m(T)$ 是采样周期 T 的函数，若 T 不变，则在计算过程中，它们均为某个常数。由离散状态方程模型可知，根据状态量和输入量在第 n 点的值 $\boldsymbol{x}(n)$ 和 $\boldsymbol{u}(n)$ 就可算出第 $n+1$ 点的状态量 $\boldsymbol{x}(n+1)$。这时，图 3-2 中的输出量 y^* 则容易算得，即

$$\boldsymbol{y}(n+1)=\boldsymbol{Cx}(n+1)+\boldsymbol{Du}(n+1)$$

因为是零阶保持器，所以

$$\boldsymbol{y}(n+1)=\boldsymbol{Cx}(n+1)+\boldsymbol{Du}(n) \tag{3-10}$$

如果在图 3-2 中采用一阶保持器，那么式(3-7)中的 $\boldsymbol{u}(kT+t)$ 则为

$$\boldsymbol{u}(kT+t)=\boldsymbol{u}(kT)+\frac{\boldsymbol{u}(kT)-\boldsymbol{u}[(k-1)T]}{T}t=\boldsymbol{u}(kT)+\boldsymbol{u}'(kT)t \tag{3-11}$$

也就是在积分区间 $0\leqslant t\leqslant T$ 内，$\boldsymbol{u}(kT+t)$ 保持线性增长。将式(3-11)代入式(3-7)，得

$$\begin{aligned}\boldsymbol{x}[(k+1)T]&=\mathrm{e}^{AT}\boldsymbol{x}(kT)+\left[\int_0^T\mathrm{e}^{A(T-t)}\boldsymbol{B}\mathrm{d}t\right]\boldsymbol{u}(kT)+\left[\int_0^T\mathrm{e}^{A(T-t)}\boldsymbol{B}t\mathrm{d}t\right]\boldsymbol{u}'(kT)\\&=\boldsymbol{\Phi}(T)\boldsymbol{x}(kT)+\boldsymbol{\Phi}_m(T)\boldsymbol{u}(kT)+\boldsymbol{\Phi}_p(T)\boldsymbol{u}'(kT)\end{aligned} \tag{3-12}$$

式中：

$$\boldsymbol{\Phi}_p(T)=\int_0^T\mathrm{e}^{A(T-t)}\boldsymbol{B}t\mathrm{d}t$$

式(3-12)也可写成

$$\boldsymbol{x}(n+1)=\boldsymbol{\Phi}(T)\boldsymbol{x}(n)+\boldsymbol{\Phi}_m(T)\boldsymbol{u}(n)+\boldsymbol{\Phi}_p(T)\boldsymbol{u}'(n) \tag{3-13}$$

式(3-12)或式(3-13)就是原连续系统离散化时加一阶保持器的离散状态方程模型。它的输出方程为

$$\boldsymbol{y}(n+1)=\boldsymbol{Cx}(n+1)+\boldsymbol{Du}(n+1) \tag{3-14}$$

因为是一阶保持器，故式中的 $\boldsymbol{u}(n+1)$ 为

$$\boldsymbol{u}(n+1)=\boldsymbol{u}(n)+\boldsymbol{u}'(n)T$$

这样，对于离散化时加一阶保持器，由状态量、输入量及其一阶导在第 n 点的值就可算出第 $n+1$ 点状态量的值，从而算出第 $n+1$ 点输出量的值。

上面讨论的离散状态方程模型与第 2 章讨论的数值积分法比较，它的突出特点是，每推进一步，即采样一次，只要采样周期 T 不变，方程(3-9)和方程(3-13)的系数 $\boldsymbol{\Phi}(T)$，$\boldsymbol{\Phi}_m(T)$ 和 $\boldsymbol{\Phi}_P(T)$ 是不变的。这样在仿真计算之前，就可先将 $\boldsymbol{\Phi}(T)$，$\boldsymbol{\Phi}_m(T)$ 和 $\boldsymbol{\Phi}_p(T)$ 计算好，仿真计算时，只要按式(3-9)或式(3-13)计算就行了，因此相比数值积分法，离散状态方程模型减少了计算工作量。连续系统离散化时所加的采样开关和保持器是虚构的，对实际的连续系统而言并不存在，只是为了使离散化后的系统与原连续系统在数学模型上等价。

3.1.2　脉冲传递函数(Z 传递函数)模型

记连续系统的传递函数为 $G_a(s)$，将其离散化，加入的保持器的传递函数设为 $G_h(s)$，得离散化模型如图 3-3 所示。

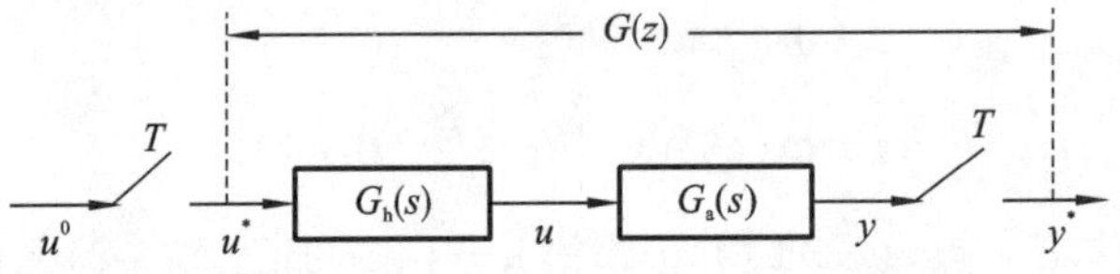

图 3-3　以传递函数表示的连续系统离散化模型

因 u^* 和 y^* 都是离散量，从 u^* 传递到 y^* 要用脉冲传递函数来描述。由控制理论可知，从 u^* 传递到 y^* 的脉冲传递函数 $G(z)$ 可表示为

$$G(z)=Z[G_h(s)G_a(s)]$$

求取脉冲传递函数 $G(z)$ 的一般步骤是，先求得系统的传递函数

$$G(s)=G_h(s)G_a(s)$$

再对 $G(s)$ 求 Z 变换。求 Z 变换可以查 Z 变换表，找出与 $G(s)$ 对应的脉冲传递函数 $G(z)$。也可以对 $G(s)$ 进行拉普拉斯反变换，求得脉冲响应函数

$$g(t)=L^{-1}[G(s)]$$

再按式(3-15)算出脉冲传递函数：

$$G(z)=\frac{y(z)}{u(z)}=\frac{b_0+b_1z^{-1}+b_2z^{-2}+\cdots+b_mz^{-m}}{1+a_1z^{-1}+a_2z^{-2}+\cdots+a_pz^{-p}} \tag{3-15}$$

因为 $z^{-1}=\mathrm{e}^{-sT}$，所以 z^{-k} 表示滞后 k 个采样周期 T。现对 $u^*(t)$、$y^*(t)$ 按式(3-15)展开，并记时刻 nT 为第 n 点，$(n-1)T$ 为第 $n-1$ 点，…，则有

$$\begin{aligned}y(n)=&\ b_0u(n)+b_1u(n-1)+b_2u(n-2)+\cdots+b_mu(n-m)\\&-a_1y(n-1)-a_2y(n-2)-\cdots-a_py(n-p)\end{aligned} \tag{3-16}$$

式(3-16)是高阶差分方程，根据此式即可进行仿真计算。由式(3-16)可知，计算第 n 点的 y，要用到第 n 点以前 m 个点的输入值和 p 个点的输出值。因此要设置两个存储区来存放第 n 点以前 m 个点的输入和 p 个点的输出。计算时，根据当前的输入值(第 n 点)并取出以前 m 个点的输入值和以前 p 个点的输出值按式(3-16)算出 $y(n)$。然后将算得的当前输出 $y(n)$ 和当前输入 $u(n)$ 存入，为下一步计算做好准备。

3.1.3　图斯汀法

上一小节讨论建立脉冲传递函数模型时，要加保持器，还要进行 Z 变换，使用这种方法，有时不大方便。使用图斯汀置换方法，将 z 置换 s，就可直接得到脉冲传递函数，在线性系统仿真中，这是较广泛使用的一种方法。

在拉普拉斯变换和 Z 变换之间，s 和 z 的关系为 $z=e^{sT}$。但是这是一种超越函数，直接用它来置换则较难。现从梯形公式出发来推导出一种置换公式。

设一阶微分方程为

$$y'(t)=f[t,y(t)]$$

则梯形积分公式为

$$y_{n+1}=y_n+\frac{T}{2}(f_n+f_{n+1})$$

式中的 T 是步长，也就是采样周期。现对两边进行 Z 变换，得

$$(z-1)y(z)=\frac{T}{2}(z+1)f(z)$$

因此

$$\frac{y(z)}{f(z)}=\frac{T(z+1)}{2(z-1)}$$

另一方面，因为 Z 变换就是离散形式的拉普拉斯变换，即

$$y(z)=y^*(s),f(z)=f^*(s)$$

而函数 $f(t)$ 又是 $y(t)$ 的导数，故

$$\frac{y(z)}{f(z)}=\frac{y^*(s)}{f^*(s)}=\frac{1}{s}=s^{-1}$$

所以得

$$s^{-1}=\frac{T}{2}\frac{z+1}{z-1} \tag{3-17}$$

或者写成

$$s=\frac{2}{T}\frac{z-1}{z+1} \tag{3-18}$$

反过来又可写成

$$z=\frac{1+\frac{T}{2}s}{1-\frac{T}{2}s} \tag{3-19}$$

式(3-17)和式(3-18)就是图斯汀置换公式，又称为双线性置换公式。

记 $s=\delta+j\Omega$，并将其代入式(3-19)，则有

$$|z|^2=\frac{\left(1+\frac{T}{2}\delta\right)^2+\left(\frac{T}{2}\Omega\right)^2}{\left(1-\frac{T}{2}\delta\right)^2+\left(\frac{T}{2}\Omega\right)^2} \tag{3-20}$$

由式(3-20)可知：若 $\delta<0$，则 $|z|<1$；若 $\delta=0$，则 $|z|=1$；若 $\delta>0$，则 $|z|>1$。这就是说，若用式(3-17)或式(3-18)置换 s，那么 s 平面上整个左半平面将映射到 z 平面的单位圆内，s 的右半平面则映射到 z 平面的单位圆外。因此，如果原连续系统 $G_a(s)$ 是稳定的，那么经过图斯汀置

换，得到的离散化系统 $G_a(z)$ 也必然稳定。可见这个结论与梯形积分公式的结论（梯形公式是恒稳公式）是一致的。

例 3-1 某一阶系统的传递函数是

$$G_a(s)=\frac{1}{\tau s+1}$$

试用图斯汀法求取脉冲传递函数并分析其稳定性。

解 以式(3-17)代入此一阶系统的传递函数，得

$$G_a(z)=\frac{\frac{1}{s}}{\tau+\frac{1}{s}}=\frac{\frac{T}{2}\frac{z+1}{z-1}}{\tau+\frac{T}{2}\frac{z+1}{z-1}}=\frac{\frac{T}{2\tau}(z+1)}{\left(1+\frac{T}{2\tau}\right)z+\left(\frac{T}{2\tau}-1\right)}=\frac{\left(\frac{T/2\tau}{1+T/2\tau}\right)(1+z^{-1})}{1-\left(\frac{1-T/2\tau}{1+T/2\tau}\right)z^{-1}}$$

可得差分方程：

$$y(n)=\left(\frac{1-\frac{T}{2\tau}}{1+\frac{T}{2\tau}}\right)y(n-1)+\left(\frac{\frac{T}{2\tau}}{1+\frac{T}{2\tau}}\right)[u(n)+u(n-1)]$$

由 $G_a(z)$ 的表达式知，它的极点为

$$z_{极点}=\frac{1-\frac{T}{2\tau}}{1+\frac{T}{2\tau}}$$

可见 $z_{极点}$ 位于单位圆内，并且

$$\lim_{T\to\infty}|z_{极点}|=1$$

因此，不管采样周期 T 取多大，上述差分方程都是稳定的。

例 3-2 超前-滞后环节的传递函数为

$$G_a(s)=\frac{k_0+k_1 s}{1+\tau s}$$

试用图斯汀法求其脉冲传递函数及差分方程。

解 现以式(3-18)置换 s，可得

$$G_a(z)=\frac{k_0+k_1\frac{2}{T}\frac{z-1}{z+1}}{1+\tau\frac{2}{T}\frac{z-1}{z+1}}=\frac{(k_0T+2k_1)z+(k_0T-2k_1)}{(T+2\tau)z+(T-2\tau)}$$

可得差分方程：

$$y(n)=\left(\frac{2\tau-T}{2\tau+T}\right)y(n-1)+\left(\frac{k_0T-2k_1}{2\tau+T}\right)u(n-1)+\left(\frac{k_0T+2k_1}{2\tau+T}\right)u(n)$$

图斯汀置换法比较简单实用，能保证稳定，具有一定的精度，计算速度快，很适合快速实时仿真。

3.1.4 根匹配法

根据传递函数 $G(s)$ 直接导出脉冲传递函数 $G(z)$，还有另一种方法，称为根匹配法。根匹配法的基本思想是使传递函数 $G(s)$ 与转换出来的脉冲传递函数 $G(z)$ 具有一一对应的零点和极点。

假定原连续系统的传递函数 $G(s)$ 以零点和极点的形式表示，即

$$G(s)=\frac{k(s-q_1)(s-q_2)\cdots(s-q_m)}{(s-p_1)(s-p_2)\cdots(s-p_n)},\quad n\geqslant m \tag{3-21}$$

那么，系统的特性就完全由增益 k、零点 $q_1,q_2,\cdots,q_m$，以及极点 $p_1,p_2,\cdots,p_n$ 所确定。在 z 平面上，若脉冲传递函数 $G(z)$ 的零点和极点以及增益 k_z 与 $G(s)$ 的一一对应，那么由 $G(z)$ 描述的系统特性必和 $G(s)$ 描述的一致。因为 $z=\mathrm{e}^{sT}$，故根据 $G(s)$ 零点和极点就可确定 $G(z)$ 的零点和极点，于是可得脉冲传递函数：

$$G(z)=\frac{k_z(z-\mathrm{e}^{q_1T})(z-\mathrm{e}^{q_2T})\cdots(z-\mathrm{e}^{q_mT})}{(z-\mathrm{e}^{p_1T})(z-\mathrm{e}^{p_2T})\cdots(z-\mathrm{e}^{p_nT})} \tag{3-22}$$

若 $n>m$，那么在 s 平面上，在无穷远处还存在着 $n-m$ 个零点，因此，在 z 平面上也存在着 $n-m$ 个相应的零点。设在 s 平面上这些零点位于负实轴的无穷远处，即 $s=-\infty$，那么在 z 平面上相应的零点则位于原点，即 $\mathrm{e}^{-\infty T}=0$，于是可得

$$G(z)=\frac{k_z(z-\mathrm{e}^{q_1T})(z-\mathrm{e}^{q_2T})\cdots(z-\mathrm{e}^{q_mT})z^{n-m}}{(z-\mathrm{e}^{p_1T})(z-\mathrm{e}^{p_2T})\cdots(z-\mathrm{e}^{p_nT})} \tag{3-23}$$

若 $G(s)$ 是稳定的，即它的极点全部位于 s 平面的左半平面，也就是极点 $p_1,p_2,\cdots,p_n$ 全部具有负实部，那么在 z 平面上的极点 $\mathrm{e}^{p_1T},\mathrm{e}^{p_2T},\cdots,\mathrm{e}^{p_nT}$ 全部位于单位圆内，也就是 $G(z)$ 必然是稳定的。因此采用根匹配法导出脉冲传递函数，若原系统是稳定的，则脉冲传递函数也必是稳定的，而与采样周期 T 无关。脉冲传递函数中的增益 k_z，可通过拉普拉斯变换和 Z 变换的终值定理来确定。

例 3-3　某系统的传递函数为

$$G(s)=\frac{1}{1+\tau s}$$

试用根匹配法求其脉冲传递函数及差分方程。

解　它的极点为 $p=-\frac{1}{\tau}$，在 z 平面上对应的极点则为 $\mathrm{e}^{-\frac{1}{\tau}T}$。于是得

$$G(z)=\frac{k_z}{z-\mathrm{e}^{-\frac{1}{\tau}T}}$$

利用终值定理分别求出该传递函数在单位阶跃作用下的终值：

$$\lim_{s\to0}\left[sG(s)\frac{1}{s}\right]=\lim_{s\to0}\left(s\,\frac{1}{1+\tau s}\,\frac{1}{s}\right)=1$$

$$\lim_{z\to1}\left[\frac{z-1}{z}G(z)\frac{z}{z-1}\right]=\lim_{z\to1}\frac{k_z}{z-\mathrm{e}^{-\frac{1}{\tau}T}}=\frac{k_z}{1-\mathrm{e}^{-\frac{1}{\tau}T}}$$

$G(s)$ 与 $G(z)$ 的终值应相等，故有

$$\frac{k_z}{1-\mathrm{e}^{-\frac{1}{\tau}T}}=1$$

解得

$$k_z=1-\mathrm{e}^{-\frac{1}{\tau}T}$$

因此

$$G(z)=\frac{1-\mathrm{e}^{-\frac{1}{\tau}T}}{z-\mathrm{e}^{-\frac{1}{\tau}T}}$$

因为在 s 平面无穷远处还有一个零点，故在 $z=0$ 处附加一个零点，于是得脉冲传递函数：

$$G(z)=\frac{z(1-e^{-\frac{1}{\tau}T})}{z-e^{-\frac{1}{\tau}T}}$$

再得到差分方程：

$$y(n)=e^{-\frac{1}{\tau}T}y(n-1)+(1-e^{-\frac{1}{\tau}T})u(n)$$

3.2　典型环节的离散化模型

从上一节可知，只要采样周期 T 不变，在计算过程中，差分方程的系数是不变的，因此在仿真计算之前，可一次算出差分方程的系数，即离散化模型的参数。而系统的结构往往是由一些典型环节组成，为此要先导出各个典型环节的离散化模型。

3.2.1　积分环节

(1) 积分环节的状态方程和输出方程分别为

$$x'(t)=ku(t)$$
$$y(t)=x(t)$$

现加入一阶保持器并离散化，如图 3-4 所示。

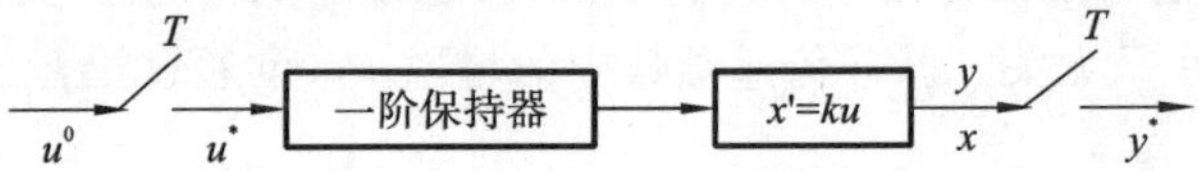

图 3-4　积分环节状态方程离散化框图

因只有一个状态量，现与方程(3-1)对照，则有 $A=0,B=k,C=1,D=0$。所以

$$\Phi(T)=e^{AT}=1$$
$$\Phi_m(T)=\int_0^T e^{A(T-t)}B\,dt=\int_0^T k\,dt=kT$$
$$\Phi_p(T)=\int_0^T e^{A(T-t)}Bt\,dt=\int_0^T kt\,dt=\frac{1}{2}kT^2$$

故离散状态方程和输出方程分别为

$$x(n+1)=x(n)+kTu(n)+\frac{1}{2}kT^2u'(n)$$
$$y(n+1)=x(n+1)$$

式中：

$$u'(n)=\frac{u(n)-u(n-1)}{T}$$

(2) 积分环节的传递函数为

$$G_a(s)=\frac{y(s)}{u(s)}=\frac{k}{s}$$

现加入零阶保持器并离散化，如图 3-5 所示，其中 $\frac{1-e^{-Ts}}{s}$ 为零阶保持器的传递函数。

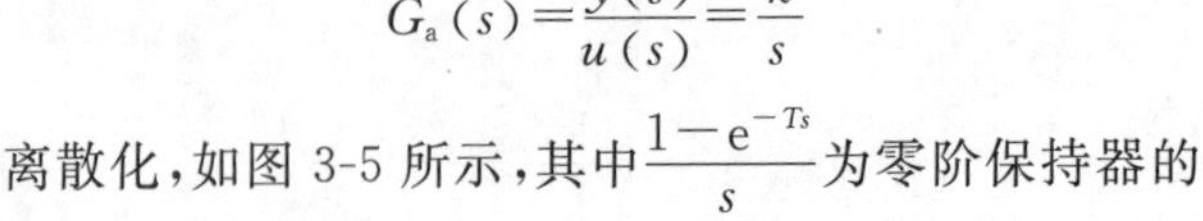

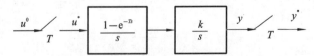

图 3-5　积分环节的传递函数离散化框图

故脉冲传递函数为

$$G(z)=\frac{y(z)}{u(z)}=Z\left[\frac{1-e^{-Ts}}{s}\frac{k}{s}\right]=Z\left[(1-e^{-Ts})\frac{k}{s^2}\right]=(1-z^{-1})\frac{kTz}{(z-1)^2}=\frac{kT}{z-1}$$

可得差分方程：

$$y(n+1)=y(n)+kTu(n)$$

3.2.2　比例加积分环节

(1) 比例加积分环节的状态方程和输出方程分别为

$$x'(t)=k_1u(t)$$

$$y(t)=x(t)+k_2u(t)$$

现加入一阶保持器并离散化，如图 3-6 所示。

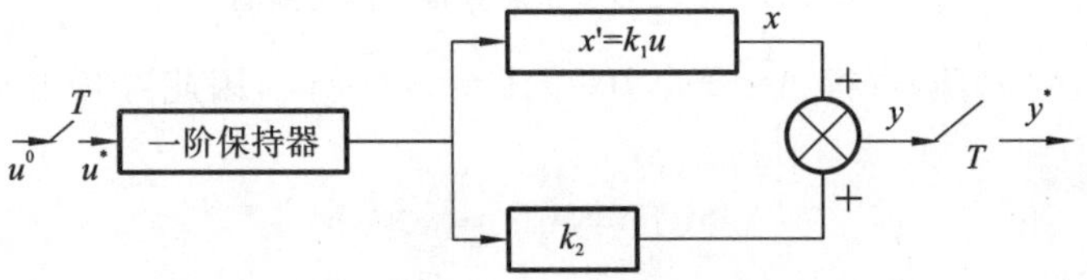

图 3-6　比例加积分环节状态方程离散化框图

因其状态方程和积分环节的状态方程完全一样，故离散状态方程的系数和积分环节的相同，即

$$\Phi(T)=1$$

$$\Phi_m(T)=k_1T$$

$$\Phi_p(T)=\frac{1}{2}k_1T^2$$

所以离散状态方程和输出方程分别为

$$x(n+1)=x(n)+k_1Tu(n)+\frac{1}{2}k_1T^2u'(n)$$

$$y(n+1)=x(n+1)+k_2u(n+1)$$

(2) 比例加积分环节的传递函数为

$$G_a(s)=\frac{k_1}{s}+k_2$$

现加入零阶保持器并离散化，如图 3-7 所示，其中$\frac{1-e^{-Ts}}{s}$为零阶保持器的传递函数。

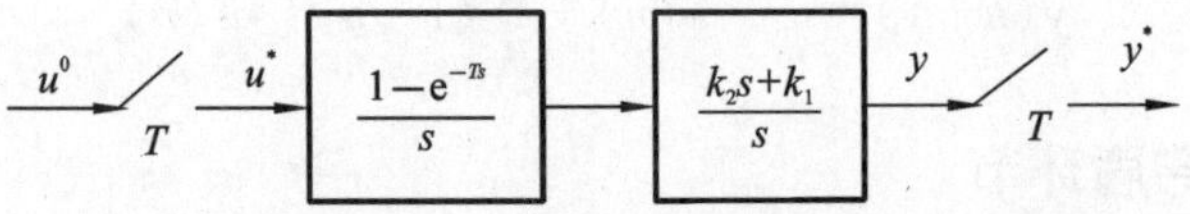

图 3-7　比例加积分环节的传递函数离散化框图

故脉冲传递函数为

$$G(z)=Z\left[\frac{1-e^{-Ts}}{s}\frac{k_2s+k_1}{s}\right]=Z\left[(1-e^{-Ts})\left(\frac{k_2}{s}+\frac{k_1}{s^2}\right)\right]$$

$$=(1-z^{-1})\left[\frac{k_2z}{z-1}+\frac{k_1Tz}{(z-1)^2}\right]=\frac{k_2z+k_1T-k_2}{z-1}$$

进一步变换为差分方程：

$$y(n+1)=y(n)+(k_1T-k_2)u(n)+k_2u(n+1)$$

3.2.3 惯性环节

（1）惯性环节的状态方程和输出方程分别为

$$x'(t)=-ax(t)+ku(t)$$

$$y(t)=x(t)$$

现加入一阶保持器并离散化，如图 3-8 所示。

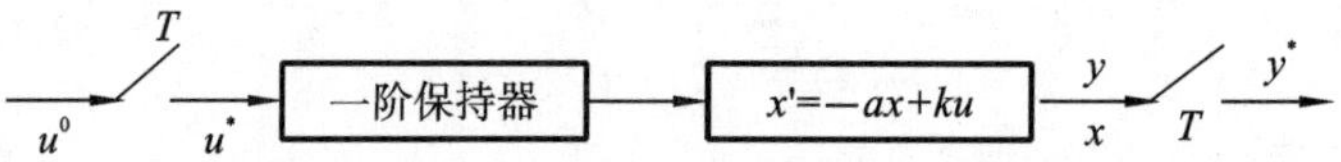

图 3-8　惯性环节状态方程离散化框图

与标准方程(3-1)对照，可得 $A=-a, B=k, C=1, D=0$。因此可算出离散状态方程的三个系数如下：

$$\Phi(T)=\mathrm{e}^{AT}=\mathrm{e}^{-aT}$$

$$\Phi_m(T)=\int_0^T \mathrm{e}^{-a(T-t)}k\,\mathrm{d}t=k\mathrm{e}^{-aT}\int_0^T \mathrm{e}^{at}\,\mathrm{d}t=\frac{k}{a}(1-\mathrm{e}^{-aT})$$

$$\Phi_p(T)=\int_0^T \mathrm{e}^{-a(T-t)}kt\,\mathrm{d}t=\frac{k}{a}\mathrm{e}^{-aT}\int_0^T t\,\mathrm{d}\mathrm{e}^{at}=\frac{k}{a}\mathrm{e}^{-aT}\left[t\mathrm{e}^{at}\Big|_0^T-\int_0^T \mathrm{e}^{at}\,\mathrm{d}t\right]$$

$$=\frac{k}{a}\mathrm{e}^{-aT}\left(T\mathrm{e}^{aT}-\frac{1}{a}\mathrm{e}^{aT}+\frac{1}{a}\right)=\frac{k}{a}T-\frac{k}{a^2}+\frac{k}{a^2}\mathrm{e}^{-aT}$$

所以离散状态方程和输出方程分别为

$$x(n+1)=\mathrm{e}^{-aT}x(n)+\frac{k}{a}(1-\mathrm{e}^{-aT})u(n)+\left(\frac{kT}{a}-\frac{k}{a^2}+\frac{k}{a^2}\mathrm{e}^{-aT}\right)u'(n)$$

$$y(n+1)=x(n+1)$$

（2）惯性环节的传递函数为

$$G_{\mathrm{a}}(s)=\frac{k}{s+a}$$

现加入零阶保持器并离散化。脉冲传递函数为

$$G(z)=Z\left[\frac{1-\mathrm{e}^{-Ts}}{s}\cdot\frac{k}{s+a}\right]=(1-z^{-1})\frac{k}{a}\frac{(1-\mathrm{e}^{-aT})z}{(z-1)(z-\mathrm{e}^{-aT})}=\frac{k}{a}\frac{1-\mathrm{e}^{-aT}}{z-\mathrm{e}^{-aT}}$$

进一步变换为差分方程：

$$y(n+1)=\mathrm{e}^{-aT}y(n)+\frac{k}{a}(1-\mathrm{e}^{-aT})u(n)$$

3.2.4 超前-滞后环节

（1）超前-滞后环节的传递函数为

$$G_{\mathrm{a}}(s)=\frac{k(s+b)}{s+a}$$

现加零阶保持器并离散化，其脉冲传递函数为

$$G(z)=\left[\frac{1-\mathrm{e}^{-Ts}}{s}\frac{k(s+b)}{s+a}\right]=Z\left\{(1-\mathrm{e}^{-Ts})\left[\frac{k}{s+a}+\frac{kb}{s(s+a)}\right]\right\}$$

$$= k(1-z^{-1})\left[\frac{z}{z-\mathrm{e}^{-aT}}+\frac{\frac{b}{a}(1-\mathrm{e}^{-aT})z}{(z-1)(z-\mathrm{e}^{-aT})}\right]=\frac{k\left(z+\frac{b-a}{a}-\frac{b}{a}\mathrm{e}^{-aT}\right)}{z-\mathrm{e}^{-aT}}$$

进一步变换为差分方程：

$$y(n+1)=\mathrm{e}^{-aT}y(n)+\frac{k(b-a-b\mathrm{e}^{-aT})}{a}u(n)+ku(n+1)$$

(2) 将超前-滞后环节的传递函数变换为比例加惯性环节的形式，即

$$G_a(s)=k\frac{s+b}{s+a}=k+k\frac{b-a}{s+a}$$

如图 3-9(a)所示。

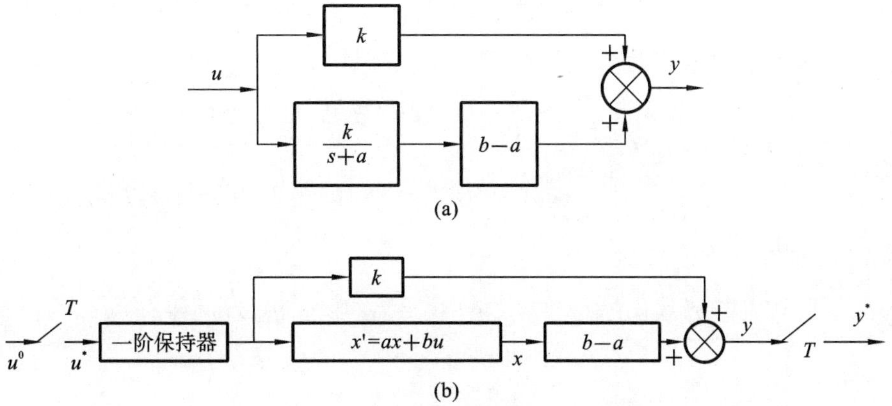

图 3-9　超前-滞后环节的离散化框图

现取惯性环节的输出为状态量，可得超前-滞后环节的状态方程和输出方程：

$$x'(t)=-ax(t)+ku(t)$$
$$y(t)=(b-a)x(t)+ku(t)$$

现加一阶保持器并离散化，如图 3-9(b)所示。因为它的状态方程和惯性环节的状态方程完全一样，故离散状态方程的系数为

$$\Phi(T)=\mathrm{e}^{-aT}$$
$$\Phi_m(T)=\frac{k}{a}(1-\mathrm{e}^{-aT})$$
$$\Phi_p(T)=\frac{1}{a}kT-\frac{k}{a^2}+\frac{k}{a^2}\mathrm{e}^{-aT}$$

因此超前-滞后环节的离散状态方程和输出方程分别为

$$x(n+1)=\mathrm{e}^{-aT}x(n)+\frac{k}{a}(1-\mathrm{e}^{-aT})u(n)+\left(\frac{kT}{a}-\frac{k}{a^2}+\frac{k}{a^2}\mathrm{e}^{-aT}\right)u'(n)$$
$$y(n+1)=(b-a)x(n+1)+ku(n+1)$$

3.2.5　比例加微分环节

比例加微分环节的传递函数为

$$G_a(s)=a_0+a_1 s$$

如图 3-10 所示，加入一阶保持器并离散化。

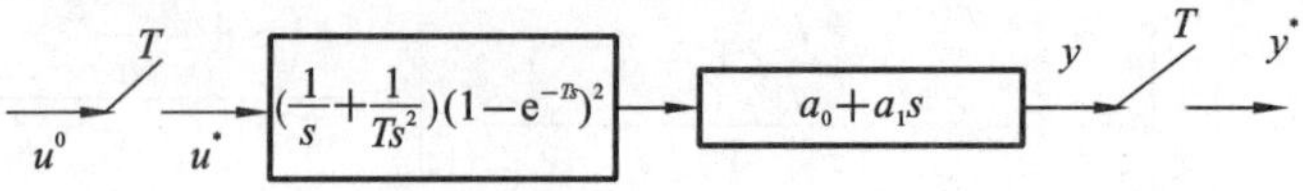

图 3-10　比例加微分环节的传递函数离散化框图

图 3-10 中，$G_h(s)=\left(\frac{1}{s}+\frac{1}{Ts^2}\right)(1-e^{-Ts})^2$，且 $G_h(s)$为一阶保持器的传递函数，因此其连续部分的传递函数为

$$G_h(s)G_a(s)=\left(\frac{1}{s}+\frac{1}{Ts^2}\right)(1-e^{-Ts})^2(a_0+a_1s)$$

$$=\frac{1}{T}(1-e^{-Ts})^2\left(a_1T+\frac{a_1+a_0T}{s}+\frac{a_0}{s^2}\right)$$

现进行 Z 变换，得脉冲传递函数为

$$G(z)=\frac{1}{T}(1-z^{-1})^2\left[a_1T+\frac{(a_1+a_0T)z}{z-1}+\frac{a_0Tz}{(z-1)^2}\right]$$

$$=\frac{1}{Tz^2}[(a_1+a_0T+a_1T)z^2-(a_1+2a_1T)z+a_1T]$$

进一步得差分方程：

$$y(n+1)=\frac{1}{T}[(a_1+a_0T+a_1T)u(n+1)-(a_1+2a_1T)u(n)+a_1Tu(n-1)]$$

又因为

$$u(n+1)=u(n)+Tu'(n)$$

且

$$u'(n)=\frac{1}{T}[u(n)-u(n-1)]$$

故

$$y(n+1)=a_0u(n)+(a_1+a_0T)u'(n)$$

可看出，若 $a_1=0$，比例加微分环节就是比例环节。比例加微分环节只用于一阶保持器。

3.2.6　二阶非振荡环节

二阶非振荡环节的传递函数为

$$G_a(s)=\frac{cs+d}{(s+a)(s+b)}=\frac{k_1}{s+a}+\frac{k_2}{s+b}$$

式中：$k_1=\frac{ac-d}{a-b}$；$k_2=\frac{d-bc}{a-b}$。其结构如图 3-11 所示。

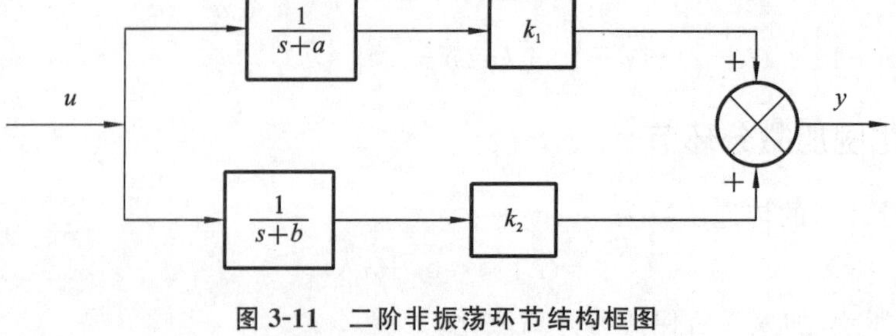

图 3-11　二阶非振荡环节结构框图

如图 3-12(a)所示，取两个惯性环节的输出为状态量，则状态方程和输出方程分别为

$$x_1'=-ax_1+u$$
$$x_2'=-bx_2+u$$
$$y=k_1x_1+k_2x_2$$

当 $a=b$ 时，加一阶保持器并离散化，转换为如图 3-12(b)所示的离散化形式。图 3-12(b)中的状态方程系数矩阵为

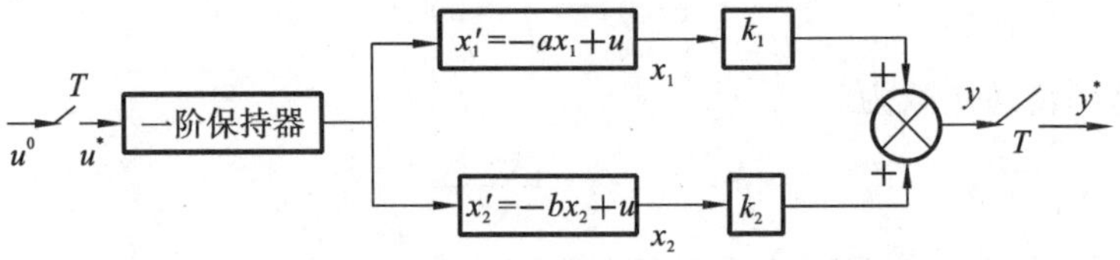

(a)

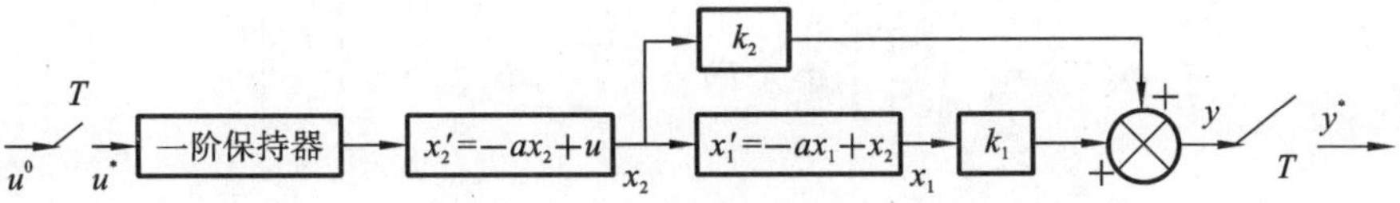

(b)

图 3-12　二阶非振荡环节离散化框图

$$\boldsymbol{A}=\begin{bmatrix}-a & 1\\ 0 & -a\end{bmatrix},\boldsymbol{B}=\begin{bmatrix}0\\1\end{bmatrix}$$

因状态转移矩阵为

$$\boldsymbol{\Phi}(t)=\mathrm{e}^{\boldsymbol{A}t}=L^{-1}[(s\boldsymbol{I}-\boldsymbol{A})^{-1}]$$

而

$$s\boldsymbol{I}-\boldsymbol{A}=\begin{bmatrix}s+a & -1\\ 0 & s+a\end{bmatrix}$$

$$(s\boldsymbol{I}-\boldsymbol{A})^{-1}=\begin{bmatrix}\dfrac{1}{s+a} & \dfrac{1}{(s+a)^2}\\ 0 & \dfrac{1}{s+a}\end{bmatrix}$$

所以离散状态方程的系数矩阵为

$$\boldsymbol{\Phi}(T)=\begin{bmatrix}\mathrm{e}^{-aT} & T\mathrm{e}^{-aT}\\ 0 & \mathrm{e}^{-aT}\end{bmatrix}$$

$$\boldsymbol{\Phi}_m(T)=\begin{bmatrix}\dfrac{1}{a^2}(1-\mathrm{e}^{-aT})-\dfrac{T}{a}\mathrm{e}^{-aT}\\ \dfrac{1}{a}(1-\mathrm{e}^{-aT})\end{bmatrix}$$

$$\boldsymbol{\Phi}_p(T)=\begin{bmatrix}\dfrac{2}{a^3}(\mathrm{e}^{-aT}-1)+\dfrac{T}{a^2}(1+\mathrm{e}^{-aT})\\ \dfrac{1}{a^2}(\mathrm{e}^{-aT}-1)+\dfrac{T}{a}\end{bmatrix}$$

离散状态方程和输出方程分别为

$$\begin{bmatrix} x_1(n+1) \\ x_2(n+1) \end{bmatrix} = \boldsymbol{\Phi}(T)\begin{bmatrix} x_1(n) \\ x_2(n) \end{bmatrix} + \boldsymbol{\Phi}_m(T)\boldsymbol{u}(n) + \boldsymbol{\Phi}_p(T)\dot{\boldsymbol{u}}(n)$$

$$y(n+1) = k_1 x_1(n+1) + k_2 x_2(n+1)$$

状态变量的初始值为

$$x_1(0) = \frac{1}{d} y(0)$$

$$x_2(0) = \frac{a}{d} y(0)$$

当 $a=0$ 时，则传递函数为

$$G_a(s) = \frac{cs+d}{s^2}$$

经过类似的推导，可得离散状态方程的系数矩阵为

$$\boldsymbol{\Phi}(T) = \begin{bmatrix} 1 & T \\ 0 & 1 \end{bmatrix}, \boldsymbol{\Phi}_m(T) = \begin{bmatrix} \frac{T^2}{2} \\ T \end{bmatrix}, \boldsymbol{\Phi}_p(T) = \begin{bmatrix} \frac{T^3}{6} \\ \frac{T^2}{2} \end{bmatrix}$$

3.2.7　二阶振荡环节

(1) 若二阶振荡环节的传递函数为

$$G_a(s) = \frac{cs+d}{s^2+as+b}$$

式中：$4b>a^2$。其结构如图 3-13 所示。

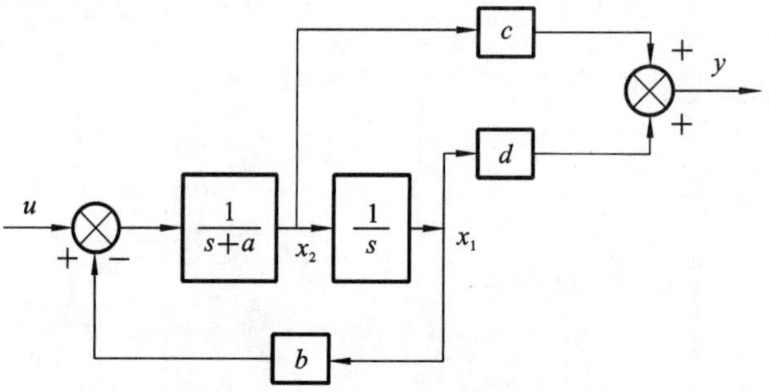

图 3-13　二阶振荡环节离散化框图

现取两个一阶环节的输出为状态量，得状态方程和输出方程：

$$x_1' = x_2$$

$$x_2' = -bx_1 - ax_2 + u$$

$$y = dx_1 + cx_2$$

状态方程系数矩阵为

$$\boldsymbol{A} = \begin{bmatrix} 0 & 1 \\ -b & -a \end{bmatrix}, \boldsymbol{B} = \begin{bmatrix} 0 \\ 1 \end{bmatrix}$$

故

$$s\boldsymbol{I} - \boldsymbol{A} = \begin{bmatrix} s & -1 \\ b & s+a \end{bmatrix}$$

$$(s\boldsymbol{I}-\boldsymbol{A})^{-1}=\begin{bmatrix}\dfrac{s+a}{s^2+as+b} & \dfrac{1}{s^2+as+b}\\ \dfrac{-b}{s^2+as+b} & \dfrac{s}{s^2+as+b}\end{bmatrix}$$

现令

$$\beta=\frac{a}{2},\omega=\sqrt{b-a^2/4}$$

则

$$(s\boldsymbol{I}-\boldsymbol{A})^{-1}=\begin{bmatrix}\dfrac{(s+\beta)+\omega\left(\dfrac{\beta}{\omega}\right)}{(s+\beta)^2+\omega^2} & \dfrac{\omega\left(\dfrac{1}{\omega}\right)}{(s+\beta)^2+\omega^2}\\ \dfrac{-\omega\left(\dfrac{b}{\omega}\right)}{(s+\beta)^2+\omega^2} & \dfrac{(s+\beta)-\omega\left(\dfrac{\beta}{\omega}\right)}{(s+\beta)^2+\omega^2}\end{bmatrix}$$

再令

$$f=\mathrm{e}^{-\beta T}\sin\omega T,g=\mathrm{e}^{-\beta T}\cos\omega T$$

现采用一阶保持器并离散化，于是得离散状态方程的系数矩阵为

$$\boldsymbol{\Phi}(T)=\begin{bmatrix}g+\dfrac{a}{2\omega}f & \dfrac{1}{\omega}f\\ -\dfrac{b}{\omega}f & g-\dfrac{a}{2\omega}f\end{bmatrix}$$

$$\boldsymbol{\Phi}_m(T)=\begin{bmatrix}\dfrac{1}{b}\left(1-\dfrac{a}{2\omega}f-g\right)\\ \dfrac{1}{b}\left(\omega+\dfrac{\beta^2}{\omega}\right)f\end{bmatrix}$$

$$\boldsymbol{\Phi}_p(T)=\begin{bmatrix}P+\left(\dfrac{1}{b}\right)^2[(\beta^2-\omega^2)f+2\omega\beta g]/\omega\\ \dfrac{1}{b}[1-(\beta^3/\omega+\omega\beta)]\dfrac{f}{b}-g\end{bmatrix}$$

式中：$P=(Tb-a)/b^2$。

在初始时刻（$t=0$）：

$$x_2(0)=0$$
$$-bx_1(0)-ax_2(0)+u(0)=0$$
$$y(0)=dx_1(0)+cx_2(0)$$

状态变量的初始值为

$$x_1(0)=\frac{1}{d}y(0)$$
$$x_2(0)=0$$

(2) 若二阶振荡环节的传递函数为

$$G_a(s)=\frac{d}{s^2+as+b},\quad 4b>a^2$$

现采用根匹配法求取离散化模型。

这个传递函数的两个复数极点为

$$s_{1,2}=-\frac{a}{2}\pm \mathrm{j}\sqrt{b-\frac{a^2}{4}}=-\beta\pm \mathrm{j}\omega$$

式中：$\beta=\frac{a}{2}$，$\omega=\sqrt{b-a^2/4}$。

根据 $z_1=\mathrm{e}^{sT}$，在 z 平面上对应的两个极点分别为

$$z_1=\mathrm{e}^{-\beta T+\mathrm{j}\omega T},z_2=\mathrm{e}^{-\beta T-\mathrm{j}\omega T}$$

于是得脉冲传递函数为

$$G(z)=\frac{k}{(z-z_1)(z-z_2)}$$

将 z_1 和 z_2 的值代入，可得

$$G(z)=\frac{k}{z^2-(2\mathrm{e}^{-\beta T}\cos\omega T)z+\mathrm{e}^{-2\beta T}}$$

令

$$p=2\mathrm{e}^{-\beta T}\cos\omega T,q=\mathrm{e}^{-2\beta T}$$

则

$$G(z)=\frac{k}{z^2-pz+q}$$

应用终值定理，分别求出单位阶跃下的终值：

$$\lim_{s\to 0}\left[sG_a(s)\frac{1}{s}\right]=\lim_{s\to 0}\frac{d}{s^2+as+b}=\frac{d}{b}$$

$$\lim_{z\to 1}\left[\frac{z-1}{z}G(z)\frac{z}{z-1}\right]=\lim_{z\to 1}\frac{k}{z^2-pz+q}=\frac{k}{1-p+q}$$

两个终值应相等：

$$\frac{k}{1-p+q}=\frac{d}{b}$$

则求得

$$k=\frac{d}{b}(1-p+q)$$

再附加两个 $z=0$ 的零点，最后得脉冲传递函数：

$$G(z)=\frac{\frac{d}{b}(1-p+q)z^2}{z^2-pz+q}=\frac{y(z)}{u(z)}$$

变换为差分方程，得

$$y(n+1)=py(n)-qy(n-1)+\frac{d}{b}(1-p+q)u(n+1)$$

(3) 若二阶振荡环节的传递函数为

$$G_a(s)=\frac{k_0+k_1s+k_2s^2}{c_0+c_1s+s^2}$$

现采用图斯汀置换法建立离散化模型。

图斯汀置换公式为

$$s=\frac{2(z-1)}{T(z+1)}$$

代入传递函数 $G_a(s)$ 中，得脉冲传递函数：

$$G(z)=\frac{k_0+k_1\dfrac{2(z-1)}{T(z+1)}+k_2\left[\dfrac{2(z-1)}{T(z+1)}\right]^2}{c_0+c_1\dfrac{2(z-1)}{T(z+1)}+\left[\dfrac{2(z-1)}{T(z+1)}\right]^2}$$

经整理得

$$G(z)=\frac{y(z)}{u(z)}=\frac{b_0z^2+b_1z+b_2}{z^2+a_1z+a_2}$$

式中：

$$a_1=\frac{2T^2c_0-8}{4+2c_1T+c_0T^2}$$

$$a_2=\frac{T^2c_0-2Tc_1+4}{4+2c_1T+c_0T^2}$$

$$b_0=\frac{T^2k_0+2Tk_1+4k_2}{4+2c_1T+c_0T^2}$$

$$b_1=\frac{2T^2k_0-8k_2}{4+2c_1T+c_0T^2}$$

$$b_2=\frac{T^2k_0-2Tk_1+4k_2}{4+2c_1T+c_0T^2}$$

进一步得差分方程：

$$y(n+1)=-a_1y(n)-a_2y(n-1)+b_0u(n+1)+b_1u(n)+b_2u(n-1)$$

3.2.8　离散状态方程的 $\boldsymbol{\Phi}(T)$、$\boldsymbol{\Phi}_m(T)$的数值计算方法

由前面讨论可知，建立离散状态方程模型，所用的方法是求出离散状态方程的系数矩阵 $\boldsymbol{\Phi}(T)$、$\boldsymbol{\Phi}_m(T)$和 $\boldsymbol{\Phi}_p(T)$的解析表达式。其中关键的几步是，求逆矩阵$(s\boldsymbol{I}-\boldsymbol{A})^{-1}$，求拉普拉斯反变换以及积分。显然随着各环节阶数的提高，系数矩阵的解析解的求解难度也随之上升，因此可以直接求出系数矩阵的数值解。在系数矩阵中，首先要求出矩阵指数 $\mathrm{e}^{\boldsymbol{A}T}$，即状态转移矩阵$\boldsymbol{\Phi}(T)$，求出矩阵指数及其积分的数值计算方法有好几种，现介绍目前应用最广泛、计算方法及程序实现均比较简单的一种，即级数求和法。

根据矩阵指数的定义：

$$\boldsymbol{\Phi}(T)=\mathrm{e}^{\boldsymbol{A}T}=\boldsymbol{I}+\boldsymbol{A}T+\frac{\boldsymbol{A}^2T^2}{2!}+\cdots=\sum_{k=0}^{\infty}\frac{\boldsymbol{A}^kT^k}{k!}\tag{3-24}$$

其中通项可写成

$$\frac{\boldsymbol{A}^kT^k}{k!}=\frac{\boldsymbol{A}T}{k}\left[\frac{\boldsymbol{A}^{k-1}T^{k-1}}{(k-1)!}\right]\tag{3-25}$$

而$\dfrac{\boldsymbol{A}^{k-1}T^{k-1}}{(k-1)!}$又是通项的前一项。这样，先给定采样周期 T(即计算步长)，取 $k=0$ 时的通项为 $\boldsymbol{I}$，再令 $k=1,2,\cdots,l$，于是就可按通项公式依次迭代计算下去，一直计算到所需要的项数 $k=l$，然后再按式(3-24)算出 $\boldsymbol{\Phi}(T)$。

因为

$$\boldsymbol{\Phi}_m(T)=\int_0^T\mathrm{e}^{\boldsymbol{A}(T-\tau)}\boldsymbol{B}\,\mathrm{d}\tau$$

现令 $t=T-\tau$，则

$$\boldsymbol{\Phi}_m(T)=\int_0^T \mathrm{e}^{\boldsymbol{A}t}\boldsymbol{B}\,\mathrm{d}t=\left[\sum_{k=0}^{\infty}\int_0^T \frac{\boldsymbol{A}^k t^k}{k!}\mathrm{d}t\right]\boldsymbol{B}$$
$$=\left[\sum_{k=0}^{\infty}\int_0^T \frac{\boldsymbol{A}^k}{k!}\frac{1}{(k+1)}\mathrm{d}t^{k+1}\right]\boldsymbol{B}$$
$$=\left[\sum_{k=0}^{\infty}\frac{\boldsymbol{A}^k T^{k+1}}{k!(k+1)}\right]\boldsymbol{B}=T\left[\sum_{k=0}^{\infty}\frac{\boldsymbol{A}^k T^k}{(k+1)!}\right]\boldsymbol{B} \tag{3-26}$$

公式(3-26)中的通项$\dfrac{\boldsymbol{A}^k T^k}{(k+1)!}$与公式(3-24)中的通项十分相近，可仿照式(3-25)的方法来计算，然后按式(3-26)即可算出 $\boldsymbol{\Phi}_m(T)$。

又因为

$$\boldsymbol{\Phi}_p(T)=\int_0^T \mathrm{e}^{\boldsymbol{A}(T-\tau)}\tau\boldsymbol{B}\,\mathrm{d}\tau$$

现令 $t=T-\tau$，则

$$\boldsymbol{\Phi}_p(T)=\int_0^T \mathrm{e}^{\boldsymbol{A}t}(T-t)\boldsymbol{B}\,\mathrm{d}t=T\int_0^T \mathrm{e}^{\boldsymbol{A}t}\boldsymbol{B}\,\mathrm{d}t-\int_0^T \mathrm{e}^{\boldsymbol{A}t}t\boldsymbol{B}\,\mathrm{d}t$$

参照式(3-26)，有

$$T\int_0^T \mathrm{e}^{\boldsymbol{A}t}\boldsymbol{B}\,\mathrm{d}t=T^2\left[\sum_{k=0}^{\infty}\frac{\boldsymbol{A}^k T^k}{(k+1)!}\right]\boldsymbol{B}$$

而

$$\int_0^T \mathrm{e}^{\boldsymbol{A}t}t\boldsymbol{B}\,\mathrm{d}t=\left[\int_0^T\sum_{k=0}^{\infty}\frac{\boldsymbol{A}^k T^k}{k!}t\,\mathrm{d}t\right]\boldsymbol{B}=T^2\left[\sum_{k=0}^{\infty}\frac{(k+1)\boldsymbol{A}^k T^k}{(k+2)!}\right]\boldsymbol{B}$$

所以

$$\boldsymbol{\Phi}_p(T)=T^2\left[\sum_{k=0}^{\infty}\frac{\boldsymbol{A}^k T^k}{(k+1)!}\right]\boldsymbol{B}-T^2\left[\sum_{k=0}^{\infty}\frac{(k+1)\boldsymbol{A}^k T^k}{(k+2)!}\right]\boldsymbol{B}$$
$$=T^2\left[\sum_{k=0}^{\infty}\frac{\boldsymbol{A}^k T^k}{(k+2)!}\right]\boldsymbol{B} \tag{3-26a}$$

式(3-26a)中的通项与式(3-24)中的通项也十分相近，同理可仿照式(3-25)来计算，然后按式(3-26a)即可算出 $\boldsymbol{\Phi}_p(T)$。

式(3-24)、式(3-26)和式(3-26a)都是无限项级数，计算机不可能计算无限项，只能够截取到第 l 项进行计算。l 究竟应多大，应根据对误差的要求来选定。设

$$\sum_{k=0}^{\infty}\frac{\boldsymbol{A}^k T^k}{k!}=\sum_{k=0}^{l}\frac{\boldsymbol{A}^k T^k}{k!}+\sum_{k=l+1}^{\infty}\frac{\boldsymbol{A}^k T^k}{k!}=\boldsymbol{S}+\boldsymbol{R} \tag{3-27}$$

公式(3-27)表示级数在 l 项截断，$\boldsymbol{S}$ 为前 l 项之和，作为矩阵指数 e^{AT} 的近似矩阵，而

$$\boldsymbol{R}=\sum_{k=l+1}^{\infty}\frac{\boldsymbol{A}^k T^k}{k!}$$

是剩余矩阵，它就是计算的截断误差。现对 $\boldsymbol{R}$ 两边取范数，得

$$\|\boldsymbol{R}\|=\left\|\sum_{k=l+1}^{\infty}\frac{\boldsymbol{A}^k T^k}{k!}\right\|\leqslant\sum_{k=l+1}^{\infty}\frac{\|\boldsymbol{A}T\|^k}{k!} \tag{3-28}$$

令

$$M=\sum_{k=l+1}^{\infty}\frac{\|\boldsymbol{A}T\|^k}{k!}=\sum_{j=1}^{\infty}\frac{\|\boldsymbol{A}T\|^{l+j}}{(l+j)!}=\sum_{j=1}^{\infty}M_j$$

取级数 M 的后项(M_2)与前项(M_1)之比，即

$$\frac{M_2}{M_1}=\frac{\| \boldsymbol{A}T \|}{l+2}=q$$

若 l 取得足够大，则由于级数 M 的收敛性，必有

$$q<1$$

现继续取级数 M 的后项与前项之比，则有

$$\frac{M_3}{M_2}=\frac{\| \boldsymbol{A}T \|}{l+3}<q,\frac{M_4}{M_3}=\frac{\| \boldsymbol{A}T \|}{l+4}<q,\cdots$$

于是

$$M=M_1+M_2+M_3+\cdots<M_1(1+q+q^2+q^3+\cdots)$$

所以

$$M<M_1\frac{1}{1-q} \tag{3-29}$$

根据式(3-28)和式(3-29)，可得截断误差的上限估计为

$$\| \boldsymbol{R} \| \leqslant M<M_1\frac{1}{1-q}=\frac{\| \boldsymbol{A}T \|^{l+1}}{(l+1)!}\cdot\frac{1}{\left(1-\dfrac{\| \boldsymbol{A}T \|}{l+2}\right)} \tag{3-30}$$

现令

$$E_k=\frac{\| \boldsymbol{A}T \|^{k+1}}{(k+1)!}\cdot\frac{1}{\left(1-\dfrac{\| \boldsymbol{A}T \|}{k+2}\right)} \tag{3-31}$$

并给定最大允许误差 E_l。计算时从 $k=1,2,\cdots$ 逐项试算，并进行判断。当算到 $\frac{\| \boldsymbol{A}T \|}{k+2}<1$，同时 $E_k \leqslant E_l$ 时，这时 $l=k$，即级数矩阵前 l 项之和 $\boldsymbol{S}$ 就是所要求的矩阵指数 $e^{\boldsymbol{A}T}$ 的近似矩阵，而其剩余矩阵 $\boldsymbol{R}$ 的范数不超过最大允许误差 E_l。

3.3　离散化模型的精度和稳定性

对连续系统(环节)离散化，要加采样开关和保持器。采样开关和保持器的加入，对离散化后的模型的精度和稳定性的影响是需要讨论的问题。一般地，采样开关的采样周期 T 和保持器的特性都会对精度和稳定性有所影响，下面就来对这种影响进行分析。

3.3.1　采样周期 T 的影响

在数值计算中，离散化模型的采样周期 T，对应于数值积分法中的计算步长 h。但是采样周期 T 对计算精度和稳定性影响的物理意义更加明显。首先介绍一个采样定理——香农采样定理，来说明这种影响。

对一个具有有限频带 $-\omega_0<\omega<\omega_0$ 的连续信号 $u(t)$ 进行采样，当采样频率 $\omega_s \geqslant 2\omega_0$ 时，采样信号 $u(t)$ 能无失真地恢复到原来的连续信号。

对于 $\omega_s \geqslant 2\omega_0$ 的频谱，各个分频谱不重叠。若在采样开关之后加一个理想滤波器，那么采样信号经过滤波器之后，虽然各个分频谱被滤掉了，但保存了原来的频谱形状(即主频谱)，因而也就能无失真地恢复原来的信号 $u(t)$。

对于 $\omega_s<2\omega_0$ 的频谱，因各个分频谱互相重叠，故采样信号经过理想滤波器之后，保存下来的频谱发生畸变，就不可能无失真地恢复到原来的信号 $u(t)$。

根据采样定理，在连续系统离散化时，若所取的采样频率 ω_s 大于输入信号最高频率 ω_0 的 2 倍，同时加入的保持器是理想滤波器，那么采样信号经过保持器后，就可无失真地恢复原信号，而如果采样频率 ω_s 小于输入信号最高频率 ω_0 的 2 倍，则采样信号经过保持器后加到原连续系统输入端的信号会失真，这样，计算结果必然会引起误差。显然采样周期越大，信号失真越严重，误差也越大。

在实际应用时，整个系统的仿真模型是由各个环节的离散化模型组合而成的，各个环节的输入信号就是前一环节的输出信号，因此各环节输入信号的频带宽度与系统的动态响应有关但没有确定的计算公式。对此，某些研究者提出了一些经验方法。其中一种方法认为，在系统各个环节中，最小时间常数的环节使系统的动态响应在开始阶段变化最快，为此，就选取最小时间常数的十分之一为采样周期，以保证在系统动态响应的开始阶段有足够的精度。因为在开始阶段的上升时间 t_e 与最小时间常数有关，所以也可取 t_e 的百分之一为采样周期。另一种方法是，按系统开环频率特性的剪切频率 ω_c 来选取采样周期，即

$$T=\frac{1}{(30\sim50)\omega_c}$$

若系统中有小闭环，则按反应最快的小闭环开环频率特性的剪切频率来选择采样周期。

但要注意，并不是采样周期越小越好，采样周期很小，可能容易满足采样定理，但是采样周期在这里就是计算步长，因而累积误差可能会严重增加，计算速度也会变慢。

3.3.2 保持器的影响

即使选取的采样周期满足采样定理，但选用的保持器不可能是理想滤波器，因此，保持器的特性也会影响离散化模型的精度和稳定性。现介绍三种常用的保持器。

1. 零阶保持器

将前一个采样时刻 nT 的采样值维持不变直到下一个采样时刻 $(n+1)T$ 的保持器，称为零阶保持器。零阶保持器的输出脉冲响应可表示为两个采样时刻之间的阶跃函数之差，从而可得它的传递函数为

$$G_h(s)=\frac{1}{s}-\frac{1}{s}e^{-Ts}=\frac{1-e^{-Ts}}{s}$$

它的频率特性为

$$G_h(j\omega)=\frac{1-e^{-j\omega T}}{j\omega}=\frac{e^{-j\frac{1}{2}\omega T}(e^{j\frac{1}{2}\omega T}-e^{-j\frac{1}{2}\omega T})}{j\omega}=\frac{2\sin(\omega T/2)}{\omega}e^{-j\frac{1}{2}\omega T}$$

因采样频率 $\omega_s=\frac{2\pi}{T}$，故其幅频特性为

$$|G_h(j\omega)|=\frac{2\pi}{\omega_s}\frac{\left|\sin\pi\frac{\omega}{\omega_s}\right|}{\pi\frac{\omega}{\omega_s}}$$

相频特性为

$$\theta(\omega)=-\pi\frac{\omega}{\omega_s}$$

其频率特性曲线如图 3-14 所示。

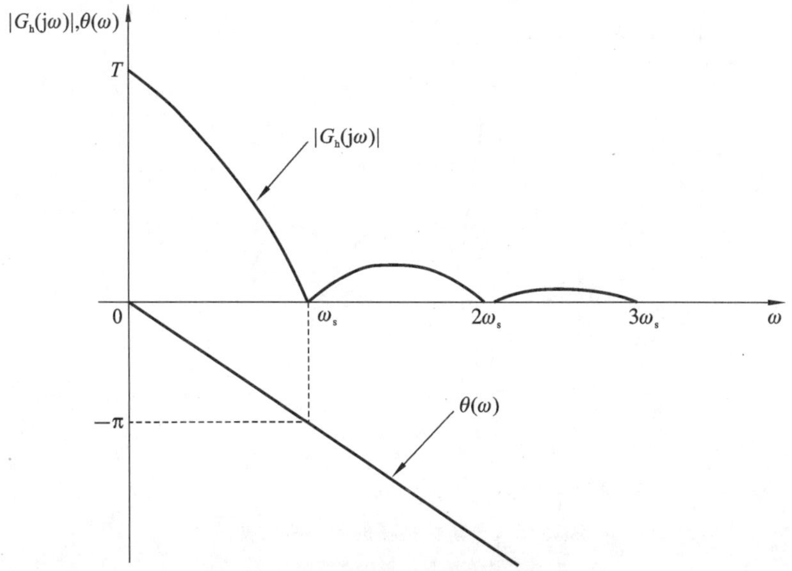

图 3-14　零阶保持器的频率特性曲线

零阶保持器能把阶跃输入的采样值完全复原为阶跃信号。但从图 3-14 可知，随着输入信号频率的增加，相位滞后增加，幅频特性衰减，零阶保持器的输出将失真。如果系统中的环节较多，离散化时又采用零阶保持器，那么各环节前零阶保持器相位滞后的积累，就会使整个系统离散化模型的稳定性变差，甚至导致不稳定。

如果输入为阶跃函数，即 $t>0$，$u(t)$ 为常数，那么零阶保持器的输出能把阶跃输入的采样值完全复原为阶跃信号，此时采用零阶保持器进行离散化，将不产生任何计算方法上的误差。

如果输入为斜坡、正弦、指数等函数，那么若采用零阶保持器离散化，由于零阶保持器的输出会失真，此时将产生计算方法上的误差，因此必须选择较小的采样周期。

2. 一阶保持器

一阶保持器是以当前时刻 nT 和前一时刻 $(n-1)T$ 的采样值的变化率进行外推。一阶保持器的输出可表示为

$$u(t)=u^*(nT)+\frac{u^*(nT)-u^*[(n-1)T]}{T}(t-nT)$$

式中：$nT\leqslant t\leqslant (n+1)T$。

一阶保持器的传递函数为

$$G_{\mathrm{h}}(s)=\left(\frac{1}{s}+\frac{1}{Ts^2}\right)(1-\mathrm{e}^{-sT})^2$$

其频率特性曲线如图 3-15 所示。

因为一阶保持器的输出是按线性外推的，其斜率为一阶差分，故它能复现斜坡输入信号，而对其他形式的信号会引起失真。随着输入信号频率的增加，相位滞后也增加，产生的效果与零阶保持器相似。

3. 三角形保持器

三角形保持器是用后一时刻 $(n+1)T$ 的输入采样值与当前时刻 nT 输入采样值的变化率进行内插。它的输出可表示为

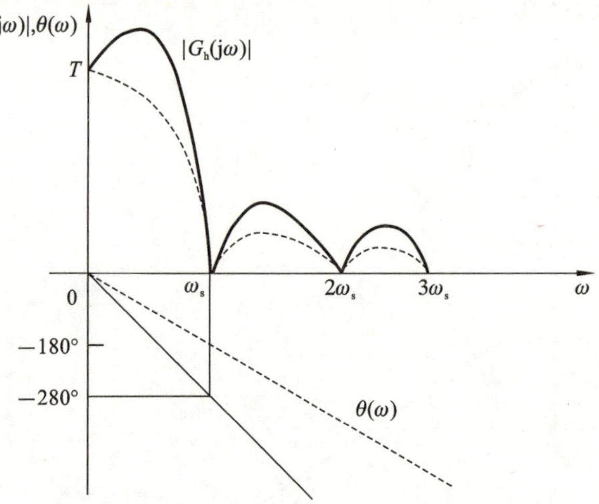

图 3-15　一阶保持器的频率特性曲线

（虚线为零阶保持器频率特性曲线）

$$u(t)=u^*(nT)+\frac{u^*[(n+1)T]-u^*(nT)}{T}(t-nT)$$

式中：$nT\leqslant t\leqslant(n+1)T$。

三角形保持器的传递函数为

$$G_h(s)=\frac{e^{Ts}}{T}\left(\frac{1-e^{-Ts}}{s}\right)^2$$

频率特性为

$$G_h(j\omega)=\frac{e^{j\omega T}}{T}\left(\frac{1-e^{-j\omega T}}{j\omega}\right)^2=\frac{2-2\cos 2\pi\cdot\frac{\omega}{\omega_s}}{2\pi\,\frac{\omega^2}{\omega_s}}$$

可知，三角形保持器的相频特性恒为 0，故没有相位滞后。

由于三角形保持器没有相位滞后，它能无失真地恢复斜坡信号输入，也能复现阶跃输入（可看作速度为 0 的等速信号），对系统稳定性的影响也不大，因此三角形保持器是一种性能良好的保持器。但是在计算时，三角形保持器要用到后一时刻 $(n+1)T$ 的输入值，而在系统中，这个输入往往就是另一环节的输出，还没计算出来。所以实际使用中是采用滞后一个采样周期的三角形保持器。它的输出为

$$u(t)=u^*[(n-1)T]+\frac{u^*(nT)-u^*[(n-1)T]}{T}(t-nT)$$

式中：$nT\leqslant t\leqslant(n+1)T$。它的传递函数为

$$G_h(s)=\frac{(1-e^{-Ts})^2}{Ts^2}$$

以上讨论了三种保持器，究竟哪种保持器优越，要视所使用的场所而定。从一些资料介绍的实例计算中可以看出，在响应曲线相对平滑的部分，采用滞后一步的三角形保持器比零阶保持器准确。但总的来说，保持器都不是理想的滤波器，总会产生一些失真，使相位滞后，因此在系统中，加保持器的离散化环节不宜过多，否则，相位滞后经过积累，会使系统误差增加，稳定

性变差，甚至不稳定。为此，在离散化时，凡能合并为一个环节的就合并为一个环节，这样可改善系统的稳定性和精度。

3.4　采用离散化模型的系统仿真

建立了各个环节的离散化模型，就可以对各个环节进行仿真计算。但是要对整个系统进行仿真，还必须按系统的结构把各个环节连接起来。而在计算机中，如何表征系统的连接情况，是采用离散化模型的系统仿真首先要解决的问题。

3.4.1　连接矩阵

系统的结构可用连接矩阵来表示。现用一个实例来说明根据系统结构如何建立连接矩阵。设某系统的结构如图 3-16 所示。

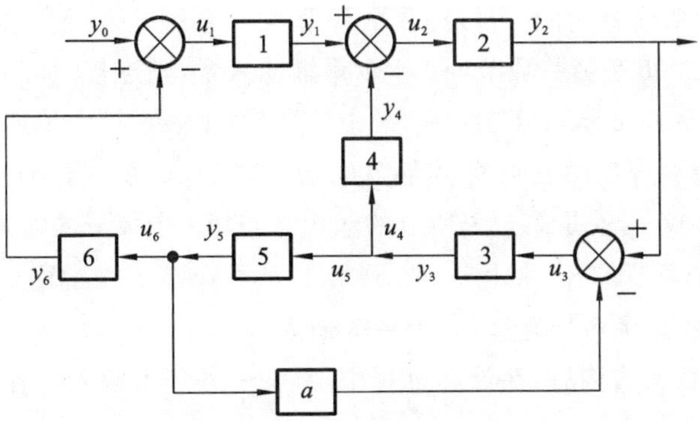

图 3-16　某系统的结构

该系统中共有 6 个传递函数环节，编号为 1,2,3,4,5,6。方框 a 是系数器，不算作环节。系统输入记作 y_0。根据图中各环节的输入 u_i 与各环节输出 y_i 之间的关系，可列写方程组：

$$\left.\begin{aligned} u_1 &= y_0 - y_6 \\ u_2 &= y_1 - y_4 \\ u_3 &= y_2 - a y_5 \\ u_4 &= y_3 \\ u_5 &= y_3 \\ u_6 &= y_5 \end{aligned}\right\}$$

若用矩阵方程来表示，则为

$$\begin{bmatrix} u_1 \\ u_2 \\ u_3 \\ u_4 \\ u_5 \\ u_6 \end{bmatrix} = \begin{bmatrix} 1 & 0 & 0 & 0 & 0 & 0 & -1 \\ 0 & 1 & 0 & 0 & -1 & 0 & 0 \\ 0 & 0 & 1 & 0 & 0 & -a & 0 \\ 0 & 0 & 0 & 1 & 0 & 0 & 0 \\ 0 & 0 & 0 & 1 & 0 & 0 & 0 \\ 0 & 0 & 0 & 0 & 0 & 1 & 0 \end{bmatrix} \begin{bmatrix} y_0 \\ y_1 \\ y_2 \\ y_3 \\ y_4 \\ y_5 \\ y_6 \end{bmatrix} \tag{3-32}$$

现简写成

$$\boldsymbol{u}=\boldsymbol{W}\cdot\boldsymbol{y}_R \tag{3-33}$$

式中：$\boldsymbol{u}$——6 个环节的输入向量，$\boldsymbol{u}=[u_1\quad u_2\quad u_3\quad u_4\quad u_5\quad u_6]^T$。

现把系统的输入 y_0 看成第 0 号环节的输出，故 $\boldsymbol{y}_R$ 是 7 个环节的输出向量：

$$\boldsymbol{y}_R=[y_0\quad y_1\quad y_2\quad y_3\quad y_4\quad y_5\quad y_6]^T$$

方程(3-32)或方程(3-33)则把图 3-16 所示系统的连接情况表示出来了。矩阵 $\boldsymbol{W}$ 就称为连接矩阵，它表征了系统的结构。

$$\boldsymbol{W}=\begin{bmatrix}1&0&0&0&0&0&-1\\0&1&0&0&-1&0&0\\0&0&1&0&0&-a&0\\0&0&0&1&0&0&0\\0&0&0&1&0&0&0\\0&0&0&0&0&1&0\end{bmatrix}$$

在图 3-16 所示的系统中，有 6 个传递函数环节，1 个系统输入量，所以连接矩阵 $\boldsymbol{W}$ 有 6 行 7 列。一般地，若有 k 个传递函数环节，有 m 个系统输入量，则连接矩阵 $\boldsymbol{W}$ 有 k 行 $k+m$ 列，此时输出向量 $\boldsymbol{y}_R$ 有 $k+m$ 个分量。连接矩阵 $\boldsymbol{W}$ 中的某行，则表示某个传递函数环节输入的组合情况，即该行各元素分别乘上所在列对应环节的输出之和，就是该行对应环节的输入 u_i。因此矩阵 $\boldsymbol{W}$ 中的某元素 $W_{i,j}$，就是第 j 个环节的输出参与第 i 个环节的输入所乘的系数。例如，$W_{1,6}=-1$ 表示第 6 个环节的 y_6 乘上 -1 加到第 1 个环节的 u_1 中；$W_{3,5}=-a$，表示 $-a$ 乘 y_5 加到 u_3 中。注意：列号是从 0 号算起(一个系统输入)。

使用连接矩阵来表示结构后，在计算过程中，系统中各环节输入与各环节输出之间的关系就可用连接方程(3-33)来确定。

3.4.2 仿真计算过程

对于采用离散化模型的系统仿真，先建立各个环节的离散化模型。现采用加一阶保持器的离散状态方程(一个状态量)和一个输出方程(一个输出量)。若待仿真系统有 k 个环节，就有 k 个离散状态方程和输出方程，即

$$\left.\begin{aligned}x_1(n+1)&=\Phi_1(T)x_1(n)+\Phi_{m1}(T)u_1(n)+\Phi_{p1}(T)u_1'(n)\\x_2(n+1)&=\Phi_2(T)x_2(n)+\Phi_{m2}(T)u_2(n)+\Phi_{p2}(T)u_2'(n)\\&\vdots\\x_k(n+1)&=\Phi_k(T)x_k(n)+\Phi_{mk}(T)u_k(n)+\Phi_{pk}(T)u_k'(n)\end{aligned}\right\}$$

$$\left.\begin{aligned}y_1(n+1)&=C_1x_1(n+1)+D_1u_1(n+1)\\y_2(n+1)&=C_2x_2(n+1)+D_2u_2(n+1)\\&\vdots\\y_k(n+1)&=C_kx_k(n+1)+D_ku_k(n+1)\end{aligned}\right\}$$

这两组方程可表示为两个矩阵方程：

$$\boldsymbol{x}(n+1)=\boldsymbol{\Phi}(T)\boldsymbol{x}(n)+\boldsymbol{\Phi}_m(T)\boldsymbol{u}(n)+\boldsymbol{\Phi}_p(T)\boldsymbol{u}'(n) \tag{3-34}$$

$$\boldsymbol{y}(n+1)=\boldsymbol{C}\boldsymbol{x}(n+1)+\boldsymbol{D}\boldsymbol{u}(n+1) \tag{3-35}$$

其中 $\boldsymbol{x}(n+1)$，$\boldsymbol{y}(n+1)$，$\boldsymbol{u}(n)$和 $\boldsymbol{u}'(n)$分别是具有 k 个分量的状态向量、输出向量、输入向量和输入的导数向量。而各系数都是对角矩阵，即

$$\boldsymbol{\Phi}(T)=\begin{bmatrix}\Phi_1(T) & & & \mathbf{0}\\ & \Phi_2(T) & & \\ & & \ddots & \\ \mathbf{0} & & & \Phi_k(T)\end{bmatrix}$$

$$\boldsymbol{\Phi}_m(T)=\begin{bmatrix}\Phi_{m1}(T) & & & \mathbf{0}\\ & \Phi_{m2}(T) & & \\ & & \ddots & \\ \mathbf{0} & & & \Phi_{mk}(T)\end{bmatrix}$$

$$\boldsymbol{\Phi}_p(T)=\begin{bmatrix}\Phi_{p1}(T) & & & \mathbf{0}\\ & \Phi_{p2}(T) & & \\ & & \ddots & \\ \mathbf{0} & & & \Phi_{pk}(T)\end{bmatrix}$$

$$\boldsymbol{C}=\begin{bmatrix}C_1 & & & \mathbf{0}\\ & C_2 & & \\ & & \ddots & \\ \mathbf{0} & & & C_k\end{bmatrix}$$

$$\boldsymbol{D}=\begin{bmatrix}D_1 & & & \mathbf{0}\\ & D_2 & & \\ & & \ddots & \\ \mathbf{0} & & & D_k\end{bmatrix}$$

前面讨论的连接方程重写为

$$\boldsymbol{u}(n)=\boldsymbol{W}\cdot\boldsymbol{y}_{\mathrm{R}}(n)$$

其中，向量 $\boldsymbol{y}_{\mathrm{R}}(n)$ 包含 k 个环节的输出分量，还包含系统输入量。因系统输入量是自变量，故算出 $\boldsymbol{y}$，也就算得 $\boldsymbol{y}_{\mathrm{R}}$。

方程(3-33)、方程(3-34)和方程(3-35)是采用离散状态方程模型进行仿真计算的三个基本方程，仿真计算过程可用流程图表示出来，如图 3-17 所示。第一步根据输入的初始状态，首先由输出向量初值 $\boldsymbol{y}(0)$ 按连接方程(3-33)算出 $\boldsymbol{u}(0)$，由 $\boldsymbol{u}(0)$ 求得导数值 $\boldsymbol{u}'(0)$ 并外推出 $\boldsymbol{u}(1)$。第二步由状态向量 $\boldsymbol{x}(0)$、$\boldsymbol{u}(0)$ 和 $\boldsymbol{u}'(0)$ 按离散状态方程(3-34)算出第一点的 $\boldsymbol{x}(1)$。第三步由 $\boldsymbol{x}(1)$ 和外推出来的 $\boldsymbol{u}(1)$，按输出方程(3-35)算出 $\boldsymbol{y}(1)$。至此，各个量都推进了一步。下一步由 $\boldsymbol{y}(1)$ 按连接方程(3-33)又算出 $\boldsymbol{u}(1)$，这就校正了外推出来的 $\boldsymbol{u}(1)$。$\boldsymbol{u}'(n)$ 计算公式为

$$\boldsymbol{u}'(n)=\frac{\boldsymbol{u}(n)-\boldsymbol{u}(n-1)}{T}$$

外推公式则为

$$\boldsymbol{u}(n+1)=\boldsymbol{u}'(n)T+\boldsymbol{u}(n)$$

从计算流程图 3-17 可知，每前进一步，就对所有环节的输入量、状态量和输出量都计算一遍，即第一步算出所有的输入，第二步算出所有的状态量，第三步算出所有的输出。因此，这种计算是并行的。

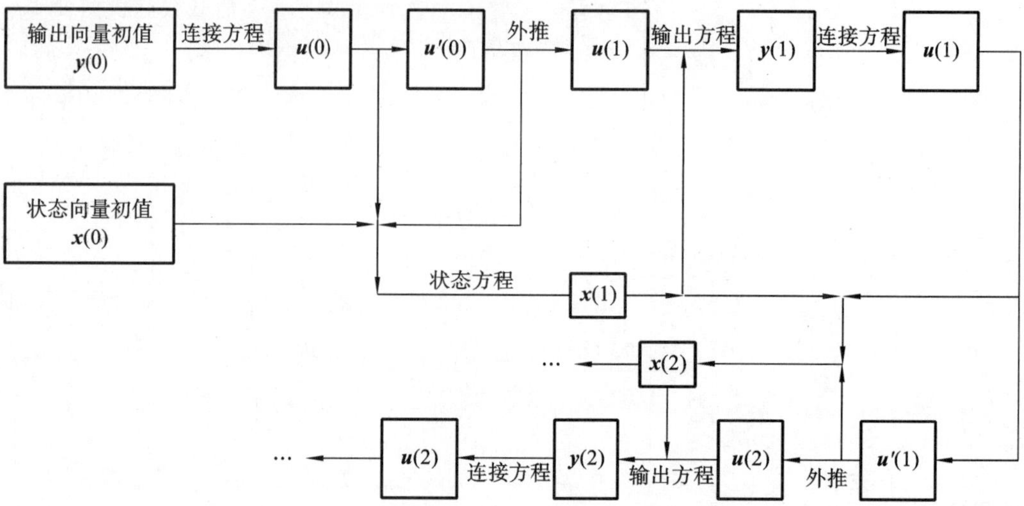

图 3-17　计算流程

3.5　采样控制系统和一些特定问题的仿真方法

对某些物理量只在离散的瞬时进行测量或读出的控制系统，称为采样控制系统。采样控制系统由控制器和受控对象组成，带数字控制器的采样系统又称为数字控制系统或计算机控制系统。数字控制系统的适应性强、控制精度高，能实现各种复杂控制（如 PID（proportional integral differential，比例积分微分）控制、最优控制、自适应控制等），因而普遍受到人们的重视，并已得到了广泛应用。所以本节重点讨论数字控制系统的仿真。

3.5.1　数字控制系统概述

一般的数字控制系统的结构如图 3-18 所示。系统中输入量和输出量（或状态量）经过采样开关输入计算机的模数转换器，经模数转换，变换成离散的数字信号，计算机接收这个信号后就按某种控制律（如 PID 控制等）进行运算，运算结果经计算机的数模转换器及采样开关和保持器，又变换为连续的模拟信号，作用到受控对象。一般情况下，计算机模数转换（数模转换）与控制器运算的速度相较于受控对象的变化过程是很快的。因此，计算机控制器入口与出口的三只采样开关可以认为是同步的。

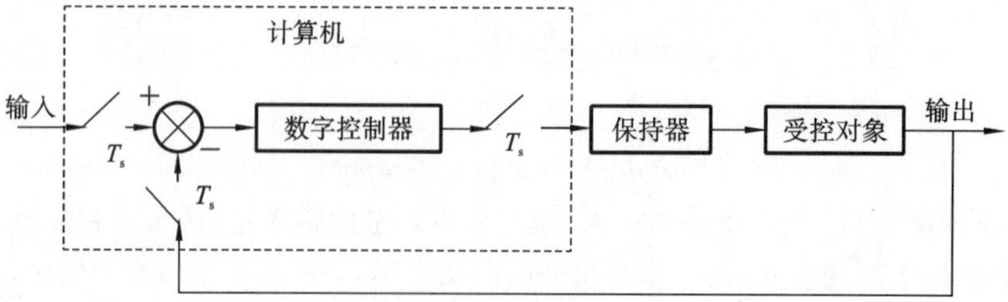

图 3-18　数字控制系统的结构

在采样控制系统中有两类不同的环节。一类是时间连续的受控对象和环节，它经采样开关和保持器与数字控制器相连。另一类是离散的数字控制器。数字控制器后面的采样开关和保持器电路是实际存在的，并且具有零阶保持器的特征。数字控制器本身是离散的控制器，它的数学模型可用脉冲传递函数 $D(z)$表示，而受控对象和零阶保持器是连续的，可分别用传递函数 $G_a(s)$和 $G_h(s)$表示，其结构如图 3-19 所示。因数字控制器的输出本身是离散信号，经零阶保持器，其输出 $u(t)=u^*(nT_s)$，$nT_s \leqslant t<(n+1)T_s$，$T_s$ 为采样周期，即在一个采样周期内，零阶保持器的输出是一个阶跃函数。

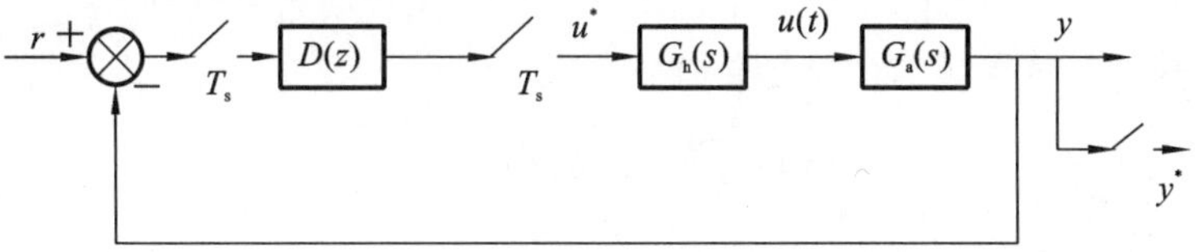

图 3-19　数字控制系统的方框图

3.5.2　数字控制系统的仿真方法

数字控制系统根据所要求获得的信息和提供的数学模型不同，可有不同的仿真方法，现介绍一种对连续部分进行 Z 变换的仿真计算方法。

如果数字控制系统给出传递函数表示的结构，如图 3-19 所示，而且只要求计算输出量 $y(t)$，不要求计算中间变量，可先把连续部分的传递函数 $G_h(s)$、$G_a(s)$离散化，离散化时就以数字控制器的采样周期 T_s 为其采样周期，得到连续部分的脉冲传递函数为

$$G(z)=Z[G_h(s)G_a(s)]$$

脉冲传递函数 $G(z)$的一般形式为

$$G(z)=\frac{y(z)}{u^*(z)}=\frac{b_1z^{-1}+b_2z^{-2}+\cdots+b_mz^{-m}}{1+a_1z^{-1}+a_2z^{-2}+\cdots+a_pz^{-p}} \tag{3-36}$$

据此可得高阶差分方程：

$$\begin{aligned}y(n+1)=&\ b_1u^*(n)+b_2u^*(n-1)+\cdots+b_mu(n-m+1)\\&-a_1y(n)-a_2y(n-1)-\cdots-a_py(n-p+1)\end{aligned} \tag{3-37}$$

再把离散部分的脉冲传递函数 $D(z)$变换为差分方程：

$$\begin{aligned}u^*(n)=&\ d_0[r(n)-y(n)]+d_1[r(n-1)-y(n-1)]+\cdots\\&-f_1u^*(n-1)-f_2u^*(n-2)-\cdots\end{aligned} \tag{3-38}$$

联立式(3-37)和式(3-38)这两个差分方程，就可解出各采样时刻的输出 y。该方法也可得到数字控制器的输出量 u^*。

也可以在连续部分离散化后，把连续部分的脉冲传递函数 $G(z)$与离散部分的脉冲传递函数 $D(z)$合并，得到闭环系统的脉冲传递函数 $Q(z)$，再由 $Q(z)$变换为差分方程，即可求解出系统各采样时刻的输出 y。

上述方法都要求解差分方程，解差分方程的方法可参照前述章节。

因为数字控制器后面实际存在零阶保持器，它作用到被控制对象的输入端完全复现了数字控制器的数字输出量(只有数模转换误差)，所以连续部分离散化是准确的，没有截断误差。因此这种方法计算的准确性较高，但有时不容易求出连续部分的 Z 变换。如果还要观测被控对象中某些中间变量，那么就要把连续部分分成好几个环节，分别加采样开关和保持器进行离散化，得到脉冲传递函数和差分方程，再联立求解这些差分方程，进而观测中间变量的变化。这时除数字控制器后面那个采样开关和保持器是实际存在的外，其余都是虚构的。因此，这种

仿真计算存在截断误差。

以上讨论连续部分离散化时，都是采用实际采样周期 T_s，故整个仿真计算的步长就是实际采样周期 T_s。然而有时原采样周期 T_s 比较小，为加速仿真的速度，减少计算量，可以对仿真模型进行变换，使其采用较大的采样周期。变换的原则是原仿真模型（原型）与变换后的仿真模型（模型）的两个脉冲传递函数在 s 平面上的映射具有相同的零极点，同时稳态值也相同。这样，两个仿真模型具有相同的特征。下面举一个实例来说明这种变换。

例 3-4　已知数字校正环节的脉冲传递函数为

$$D(z)=\frac{y(z)}{R(z)}=2.62\,\frac{z-0.98}{z-0.64}$$

采样周期 $T_s=0.04$ s，差分方程为

$$y(n)=0.64y(n-1)+2.62[R(n)-0.98R(n-1)]$$

现采用较大的采样周期 $T_s'=0.1$ s，假设在此采样周期 T_s'下对应的仿真模型为 $D'(z)$，试求 $D'(z)$。

解　已知 $D(z)$在 z 平面上有一个极点 $z_p=0.64$，同时有一个零点 $z_z=0.98$，它们映射到 s 平面上，有一个极点 s_p，一个零点 s_z：

$$s_p=\frac{1}{T_s}\ln z_p=25\ln 0.64=-11.16$$

$$s_z=\frac{1}{T_s}\ln z_z=25\ln 0.98=-0.505$$

根据零极点相匹配的原则，当 $T_s'=0.1$ s 时，有

$$z_p=e^{T_s' s_p}=e^{-0.1\times 11.6}=0.3135$$

$$z_z=e^{T_s' s_z}=e^{-0.1\times 0.505}=0.9508$$

故

$$D'(z)=K_z\cdot\frac{z-0.9508}{z-0.3135}$$

现在还有一个增益系数 K_z 需要确定，它可以根据原型与模型具有相同的稳定值这一原则来确定。

假设在 $D(z)$的输入端加一个单位阶跃函数，则根据终值定理，输出的终值为

$$y(\infty)=\lim_{z\to 1}\left[\frac{z-1}{z}\times 2.62\times\frac{z-0.98}{z-0.64}\frac{z}{z-1}\right]=2.62\times\frac{0.02}{0.36}$$

而变换后模型的终值为

$$y'(\infty)=K_z\,\frac{0.0492}{0.6865}$$

现要求 $y(\infty)=y'(\infty)$，则可得

$$K_z=\frac{0.6865\times 2.62\times 0.02}{0.0492\times 0.36}=2.0309$$

因此可得仿真模型：

$$D'(z)=2.0309\,\frac{z-0.9508}{z-0.3135}$$

相应的差分方程为

$$y(n)=0.3135y(n-1)+2.0309[R(n)-0.9508R(n-1)]$$

第 4 章　船舶运动建模与仿真

研究船舶运动通常采用直角坐标系，基本的坐标系是固定坐标系（也称地面坐标系或静止坐标系）和运动坐标系（也称船体坐标系）。按惯例一律采用右手系。研究船舶运动所用的参数、符号体系在国际上普遍采用国际拖曳水池会议（ITTC），以及造船和轮机工程学会（SNAME）术语公报推荐的体系。本书也采用这一体系。

本章的学习重点是掌握两种基本坐标系的定义及其主要符号；掌握惯量矩阵、惯量主轴概念，以及惯量矩阵随坐标系平移和旋转的变换关系；明确速度向量与两个基本坐标系的角位置关系和符号表示；掌握两个基本坐标系间的旋转变换矩阵；学习如何建立姿态运动方程；明确水平面运动和定常回转运动概念；建立定常形式的水平面运动线性方程；掌握几个基本的水动力系数及其无因次化方法；了解水平面定常回转运动的伴生运动。

4.1　固定坐标系

4.1.1　固定坐标系的几种形式

为研究船舶运动，必须建立表达船舶运动的坐标系，或称参考系。同一般物体的力学运动一样，船舶运动问题也有运动学问题和动力学问题之分。单纯描述船舶位置、速度、加速度，以及姿态、角速度、角加速度随时间变化的问题属于运动学问题；研究船舶受到力和力矩作用后如何改变运动位置和姿态的问题属于动力学问题。由于运动的相对性，对于运动学问题来说，参考系的选择几乎不受什么限制，只要它能作为描述运动的参照基准、便于研究问题即可；而对动力学问题来说则不然，参考系不能任意选择。牛顿定律的成立依赖于一定的参考系，这种参考系称为惯性参考系，只有在惯性参考系下才能运用牛顿定律。因此研究船舶动力学问题时，运用牛顿定律以及其他根据牛顿定律推演得到的不同形式的动力学定律，必须在惯性参考系下进行。

对于在小范围、短时间内发生的力学过程来说，地球表面可近似为惯性参考系，船舶运动问题属于这样的力学过程，因此，我们在研究船舶动力学问题时，一般总是以大地作为参考系，通常把坐标系建立在地面、海面上或建立在海平面以下的海水中。

研究船舶运动所用的固定坐标系通常有如图 4-1 所示的三种形式。

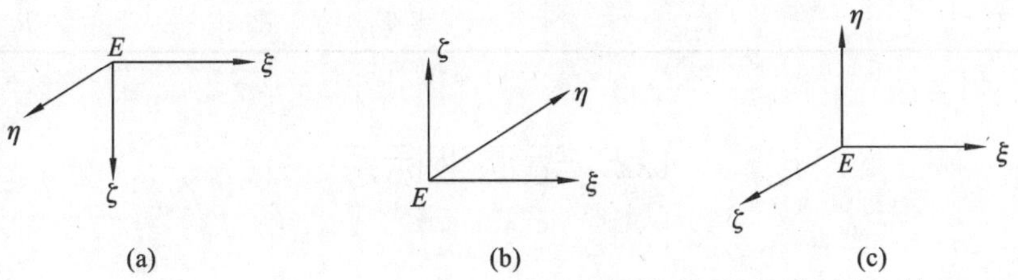

图 4-1　固定坐标系的几种形式

固定坐标系原点 E 可选在海面或海中某一点。$E\xi$ 轴保持水平，一般常以船舶的主航向为 $E\xi$ 轴的正向，少数情况下把主航向取为 $E\eta$ 轴的正向。对于图 4-1(a)，$E\xi$ 和 $E\eta$ 轴置于水平面内，$E\zeta$ 轴垂直于 $E\xi\eta$ 坐标平面，其正向指向地心。对于图 4-1(b)，$E\xi$ 和 $E\eta$ 轴仍置于水平面内，不同的是 $E\zeta$ 轴的正方向指向天顶。图 4-1(c)把 $E\xi$ 和 $E\zeta$ 轴置于水平面内而把 $E\eta$ 轴的正方向指向天顶。

4.1.2　固定坐标系下的主要符号

船舶在水面或水下运动，其重心 G 的坐标记为(ξ_G,η_G,ζ_G)。船舶重心 G 的速度 $\boldsymbol{U}_G$ 是一个向量，它在固定坐标系 ξ,η,ζ 轴上投影依次为 $U_{G\xi},U_{G\eta},U_{G\zeta}$，即

$$\boldsymbol{U}_G^{\mathrm{S}}=[U_{G\xi}\quad U_{G\eta}\quad U_{G\zeta}]^{\mathrm{T}}=[\dot{\xi}_G\quad \dot{\eta}_G\quad \dot{\zeta}_G]^{\mathrm{T}} \tag{4-1}$$

相应地，船体原点的速度 $\boldsymbol{U}$ 可用它在 ξ,η,ζ 轴上的投影分量 U_ξ,U_η,U_ζ 表示为

$$\boldsymbol{U}^{\mathrm{S}}=[U_\xi\quad U_\eta\quad U_\zeta]^{\mathrm{T}}=[\dot{\xi}\quad \dot{\eta}\quad \dot{\zeta}]^{\mathrm{T}} \tag{4-2}$$

船舶在某瞬时，除去做沿直线的运动之外，还会绕空间某一轴线做旋转运动。旋转运动也用向量表示，绕某轴的旋转角速度记为 $\boldsymbol{\Omega}$，向量 $\boldsymbol{\Omega}$ 与旋转轴在一条直线上，具体指向按右手螺旋法则确定。船体的旋转角速度向量 $\boldsymbol{\Omega}$ 在固定坐标系 ξ,η,ζ 轴上的投影值依次为 $\Omega_\xi,\Omega_\eta,\Omega_\zeta$，即

$$\boldsymbol{\Omega}^{\mathrm{S}}=[\Omega_\xi\quad \Omega_\eta\quad \Omega_\zeta]^{\mathrm{T}} \tag{4-3}$$

船舶所受到的外力 $\boldsymbol{F}$ 也是一个向量，它在固定坐标系 ξ,η,ζ 轴上的投影值依次为 F_ξ,F_η,F_ζ，即

$$\boldsymbol{F}^{\mathrm{S}}=[F_\xi\quad F_\eta\quad F_\zeta]^{\mathrm{T}} \tag{4-4}$$

同样，船舶所受的外力矩 $\boldsymbol{T}^{\mathrm{S}}$ 是一个向量，它在固定坐标系 ξ,η,ζ 轴上的投影值分别为 T_ξ,T_η,T_ζ，即

$$\boldsymbol{T}^{\mathrm{S}}=[T_\xi\quad T_\eta\quad T_\zeta]^{\mathrm{T}} \tag{4-5}$$

把上面给出的固定坐标系下使用的符号归纳到一起，可得表 4-1。

表 4-1　固定坐标系的主要符号

向　量	ξ 轴	η 轴	ζ 轴
船舶重心 $\boldsymbol{R}_G^{\mathrm{S}}$	ξ_G	η_G	ζ_G
船舶原点 $\boldsymbol{R}_O^{\mathrm{S}}$	ξ_O	η_O	ζ_O
速度 $\boldsymbol{U}^{\mathrm{S}}$	U_ξ	U_η	U_ζ
角速度 $\boldsymbol{\Omega}^{\mathrm{S}}$	Ω_ξ	Ω_η	Ω_ζ
力 $\boldsymbol{F}^{\mathrm{S}}$	F_ξ	F_η	F_ζ
力矩 $\boldsymbol{T}^{\mathrm{S}}$	T_ξ	T_η	T_ζ

4.2　运动坐标系

4.2.1　运动坐标系的几种形式

固定坐标系虽然是惯性参考系，但很多情况下使用起来不够方便，比如研究船与周围海水

间的相互作用力时，因水动力取决于船体与海水的相对运动，故用固定坐标系参数来表达就很困难。又比如，船体的转动惯量用固定坐标系参数来表示，形式上也会变得很复杂。因此我们除固定坐标系外还需要建立其他坐标系。最常用的是建立在船体上的坐标系，称为运动坐标系或船体坐标系。因为船体坐标系固结于船体上，将随船体做任意形式的运动，所以它除了在做匀速直线运动的情况之外，都不能被认为是惯性参考系。

船体坐标系的原点 O 可以取在船重心 G 处，即 O 与 G 重合，但更一般的是取在 G 以外的点上。如果船体结构上存在对称面，则原点将取在对称面上。船体坐标系的坐标轴选取毫无例外地都与图 4-1 所示的固定坐标系相对应，相应地有图 4-2 所示的几种典型形式。

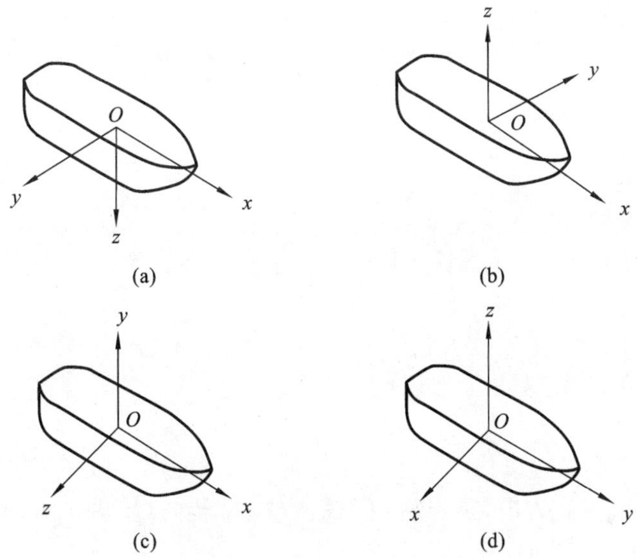

图 4-2　船体坐标系的几种形式

在船体坐标系中，一般把 Ox 轴取在纵中剖面内，指向船首，平行于水线面。图 4-2(d)把 Oy 轴取在纵中剖面内并指向船首和平行于水线面，是一个例外。在图 4-2(a)中，取 Oy 轴与纵中剖面垂直，指向右舷，平行于水线面；Oz 轴在纵中剖面内，指向船底方向，与水线面垂直。在图 4-2(b)中，不同的是取 Oy 轴指向左舷，取 Oz 轴指向船底反方向。在图 4-2(c)中，取 Oy 轴指向船底反方向，而取 Oz 轴指向船右舷。在图 4-2(d)中，Ox 轴指向右舷，Oz 轴指向船底反方向。

本书除个别部分外，均采用图 4-1(a)、图 4-2(a)所示的坐标系。

4.2.2　船体坐标系下的主要符号

前面的式(4-1)是船体重心 G 的速度 $\boldsymbol{U}_G$ 在固定坐标系下的向量表示，同一个向量 $\boldsymbol{U}_G$ 也可以在船体坐标系下表示。设 $\boldsymbol{U}_G$ 在船体坐标系 x,y,z 轴上的投影值依次为 u_G,v_G,w_G，则可写出

$$\boldsymbol{U}_G=[u_G \quad v_G \quad w_G]^{\mathrm{T}} \tag{4-6}$$

相应地，船体原点的速度 $\boldsymbol{U}$ 可用它在船体坐标系上的三个投影分量 u,v,w 表示为

$$\boldsymbol{U}=[u \quad v \quad w]^{\mathrm{T}} \tag{4-7}$$

式中：u——纵向速度；

v——横向速度；

w——垂直于甲板方向的速度。

注意，这里虽然采用了船体坐标系，但船体的速度 $\boldsymbol{U}_G$ 和 $\boldsymbol{U}$ 仍是相对固定坐标系的，只是投影到船体坐标系上去了。

同样，式(4-3)所表示的船舶绕某轴的旋转角速度 $\boldsymbol{\Omega}$ 可用它在船体坐标系 x,y,z 轴上的投影分量 p,q,r 表示为

$$\boldsymbol{\Omega}=[p \quad q \quad r]^{\mathrm{T}} \tag{4-8}$$

式中：p——横倾角速度；

q——纵倾角速度；

r——偏航角速度。

船体所受外力 $\boldsymbol{F}$ 可用它在船体坐标系 x、y、z 轴上的投影分量 X、Y、Z 表示为

$$\boldsymbol{F}=[X \quad Y \quad Z]^{\mathrm{T}} \tag{4-9}$$

式中：X——纵向力；

Y——横向力；

Z——垂直于甲板方向的力。

船体所受外力矩 $\boldsymbol{T}$ 可用它在船体坐标系 x、y、z 轴上的投影分量 K、M、N 表示为

$$\boldsymbol{T}=[K \quad M \quad N]^{\mathrm{T}} \tag{4-10}$$

式中：K——横倾力矩；

M——纵倾力矩；

N——偏航力矩。

注意，速度和力的分量均以指向坐标轴的正向为正，角速度和力矩的正方向按右手螺旋法则确定。例如，p 和 K 的正方向，是指绕 Ox 轴使 Oy 轴转向 Oz 轴的方向，而 q 和 M 的正方向，是指绕 Oy 轴使 Oz 轴转向 Ox 轴的方向。

把上面给出的船体坐标系下使用的一些符号归纳到一起，可得表 4-2。

表 4-2　船体坐标系的主要符号

向　　量	x 轴	y 轴	z 轴
船舶重心 $\boldsymbol{R}_G$	x_G	y_G	z_G
船舶原点 $\boldsymbol{R}_O$	0	0	0
速度 $\boldsymbol{U}$	u	v	w
角速度 $\boldsymbol{\Omega}$	p	q	r
力 $\boldsymbol{F}$	X	Y	Z
力矩 $\boldsymbol{T}$	K	M	N

4.3　惯量矩阵和惯性主轴

船舶运动坐标系的建立和惯性主轴概念有密切关系，因此要求对惯性主轴概念有较为深入的了解。本节将首先讨论刚体绕任意轴的转动惯量，由此引入惯量矩阵，随后在此基础上介绍与惯性主轴有关的一些概念。本节还将讨论惯量矩阵在坐标系平移和旋转后的变换问题。

4.3.1　绕任意轴的转动惯量和绕坐标轴的转动惯量的关系

本节所讨论的内容是一个一般的理论力学问题，具有普遍性，不仅仅局限于船舶。为保持这一理论结果的一般性，在这里，我们假设所讨论的对象是一个一般的刚体对象。现在，我们讨论图 4-3 中实线所围成的刚体。$Oxyz$ 是刚体上建立的一个坐标系，原点 O 是刚体上的一点。我们现在任取一通过原点 O 的轴线 L，讨论绕任意轴 L 的转动惯量和绕坐标轴 x,y,z 的转动惯量的关系。

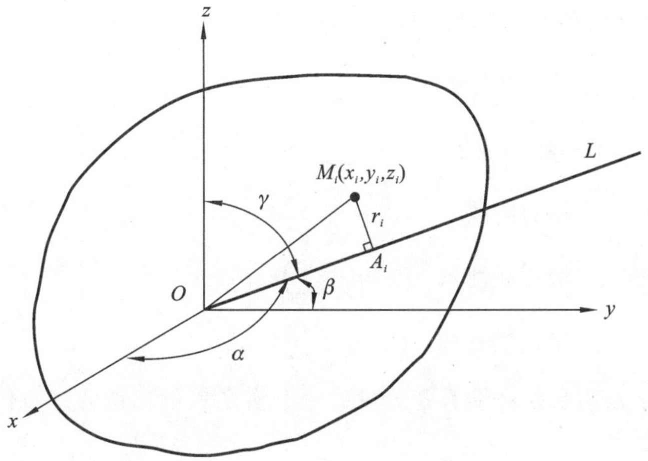

图 4-3　刚体绕任意轴的转动惯量

轴 L 的方向可用方向余弦向量 $\boldsymbol{L}$ 来表示，它的各个分量是轴 L 上的单位向量在 x,y,z 轴上的投影值，即

$$\boldsymbol{L}=[\cos\alpha \quad \cos\beta \quad \cos\gamma]^{\mathrm{T}} \tag{4-11}$$

式中：α,β,γ——轴 L 与坐标轴 x,y,z 之间的夹角。

把刚体分割为很多个微体积元。设点 M_i 处的微元的质量为 m_i，过点 M_i 向轴 L 作垂线 $\overline{M_iA_i}$，得点 M_i 到轴 L 的距离 r_i。因为

$$r_i^2=\overline{OM}_i^2-\overline{OA}_i^2$$

又注意到，$\overline{OM}_i$ 在轴 L 上的投影等于$\overline{OM}_i$ 各分量 x_i,y_i,z_i 在轴 L 上投影之和，即

$$\overline{OA}_i=x_i\cos\alpha+y_i\cos\beta+z_i\cos\gamma$$

可知点 M_i处微元对轴 L 的转动惯量为

$$\Delta J_L=m_ir_i^2$$

因为

$$\begin{aligned}r_i^2&=x_i^2+y_i^2+z_i^2-(x_i\cos\alpha+y_i\cos\beta+z_i\cos\gamma)^2\\&=(x_i^2+y_i^2+z_i^2)(\cos^2\alpha+\cos^2\beta+\cos^2\gamma)-(x_i\cos\alpha+y_i\cos\beta+z_i\cos\gamma)^2\\&=(y_i^2+z_i^2)\cos^2\alpha+(z_i^2+x_i^2)\cos^2\beta+(x_i^2+y_i^2)\cos^2\gamma\\&\quad-2y_iz_i\cos\beta\cos\gamma-2z_ix_i\cos\gamma\cos\alpha-2x_iy_i\cos\alpha\cos\beta\end{aligned}$$

故把所有微元的转动惯量相加，得到整个刚体对轴 L 的转动惯量：

$$
\begin{aligned}
J_L &= \sum_i m_i r_i^2 \\
&= \cos^2\alpha \sum_i (y_i^2 + z_i^2) m_i + \cos^2\beta \sum_i (z_i^2 + x_i^2) m_i + \cos^2\gamma \sum_i (x_i^2 + y_i^2) m_i \\
&\quad - 2\cos\beta\cos\gamma \sum_i y_i z_i m_i - 2\cos\gamma\cos\alpha \sum_i x_i z_i m_i - 2\cos\alpha\cos\beta \sum_i x_i y_i m_i \\
&= J_x \cos^2\alpha + J_y \cos^2\beta + J_z \cos^2\gamma + 2J_{yz}\cos\beta\cos\gamma + 2J_{zx}\cos\gamma\cos\alpha + 2J_{xy}\cos\alpha\cos\beta
\end{aligned}
\tag{4-12}
$$

式中：J_x——刚体对 x 轴的转动惯量，$J_x = \sum_i m_i ({y_i}^2 + {z_i}^2)$；

J_y——刚体对 y 轴的转动惯量，$J_y = \sum_i m_i ({z_i}^2 + {x_i}^2)$；

J_z——刚体对 z 轴的转动惯量，$J_z = \sum_i m_i ({x_i}^2 + {y_i}^2)$；

J_{yz}——刚体对 y、z 轴的惯性积，$J_{yz} = -\sum_i m_i y_i z_i$；

J_{zx}——刚体对 z、x 轴的惯性积，$J_{zx} = -\sum_i m_i z_i x_i$；

J_{xy}——刚体对 x、y 轴的惯性积，$J_{xy} = -\sum_i m_i x_i y_i$。

式(4-12)是关于方向余弦向量 $\boldsymbol{L}$ 各分量的一个实系数的二次齐式，可写成方向余弦向量 $\boldsymbol{L}$ 的一个二次型函数，即

$$
J_L = \boldsymbol{L}^T \boldsymbol{J} \boldsymbol{L} = [\cos\alpha \quad \cos\beta \quad \cos\gamma] \begin{bmatrix} J_x & J_{xy} & J_{zx} \\ J_{xy} & J_y & J_{yz} \\ J_{zx} & J_{yz} & J_z \end{bmatrix} \begin{bmatrix} \cos\alpha \\ \cos\beta \\ \cos\gamma \end{bmatrix} \tag{4-13}
$$

在式(4-13)中，转动惯量 J_L 是一个实二次型，它是一个标量，$\boldsymbol{J}$ 是一个与实二次型 J_L 对应的实对称矩阵：

$$
\boldsymbol{J} = \begin{bmatrix} J_x & J_{xy} & J_{zx} \\ J_{xy} & J_y & J_{yz} \\ J_{zx} & J_{yz} & J_z \end{bmatrix} \tag{4-14}
$$

矩阵 $\boldsymbol{J}$ 是一个三阶实对称矩阵，称为实二次型 J_L 的矩阵。

式(4-13)明确地表达了刚体绕任意轴的转动惯量 J_L 和刚体绕坐标轴 x，y，z 的转动惯量 J_x，J_y，J_z 之间的关系。绕坐标轴的转动惯量 J_x，J_y，J_z，实际上分别是实对称矩阵 $\boldsymbol{J}$ 的三个主对角线元素。

4.3.2　惯量矩阵及其变换

式(4-14)中的实对称阵 $\boldsymbol{J}$ 又称惯量矩阵。由矩阵 $\boldsymbol{J}$ 的各元素的定义可知，矩阵 $\boldsymbol{J}$ 除取决于刚体自身的质量分布外，还与所选择的坐标系有关。因此更准确地说，应称 $\boldsymbol{J}$ 为关于坐标系 $Oxyz$ 的惯量矩阵。在不同的坐标系下有不同的惯量矩阵。另外还可看到，尽管矩阵 $\boldsymbol{J}$ 是通过求刚体对轴 L 的转动惯量引入的，但实际上最后得到的矩阵 $\boldsymbol{J}$ 与具体选择哪一个轴 L 并无关系，矩阵 $\boldsymbol{J}$ 所表达的只是刚体对给定坐标系的惯量性质。

下面讨论惯量矩阵 $\boldsymbol{J}$ 在坐标系改变后的变化，分坐标系平移和坐标系旋转两种情况加以讨论。

1. 惯量矩阵 J 在坐标系平移时的变化

今有质量为 M 的刚体,设平移前的坐标系是 $Oxyz$,平移后得到的新坐标系是 $O'x'y'z'$。新坐标系的原点在原坐标系中的坐标是(d_x,d_y,d_z),如图 4-4 所示。据此可定义点 O'的位置向量:

$$\boldsymbol{d}=[d_x \quad d_y \quad d_z]^{\mathrm{T}} \tag{4-15}$$

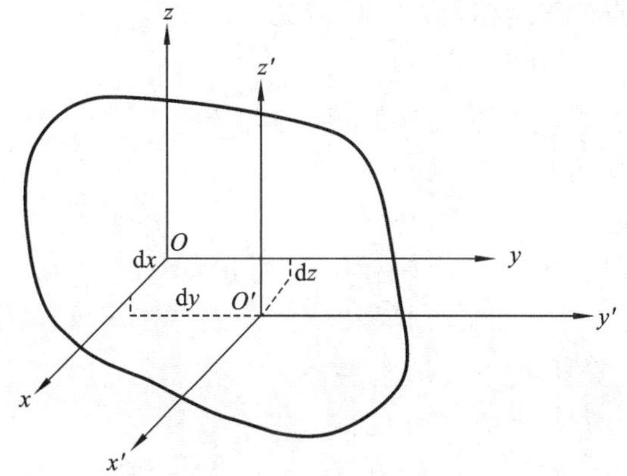

图 4-4　矩阵 J 在坐标系平移时的变化

又设平移前刚体重心 G 的坐标是(x_G,y_G,z_G),据此可定义重心 G 的位置向量为

$$\boldsymbol{R}_G=[x_G \quad y_G \quad z_G]^{\mathrm{T}} \tag{4-16}$$

下面计算新惯量矩阵各元素。按式(4-12),对每个微元进行平移,所有微元相加,可算得坐标系平移后刚体对坐标轴 x'的转动惯量:

$$\begin{aligned}J'_x &= \sum_i m_i[(y_i-d_y)^2+(z_i-d_z)^2]\\ &= \sum_i m_i(y_i^2+z_i^2)+(d_y^2+d_z^2)\sum_i m_i-2d_y\sum_i m_iy_i-2d_z\sum_i m_iz_i\\ &= J_x+M(d_y^2+d_z^2)-2d_yMy_G-2d_zMz_G\end{aligned} \tag{4-17}$$

式中:M——刚体总质量,$M=\sum_i m_i$。

同样,推导可得

$$J'_y=J_y+M(d_z^2+d_x^2)-2d_zMz_G-2d_xMx_G \tag{4-18}$$

$$J'_z=J_z+M(d_x^2+d_y^2)-2d_xMx_G-2d_yMy_G \tag{4-19}$$

由式(4-12),还可算得坐标系平移后刚体对坐标轴 y',z'的惯性积:

$$\begin{aligned}J'_{yz} &=-\sum_i m_i(y_i-d_y)(z_i-d_y)\\ &=-\sum_i m_iy_iz_i-d_yd_z\sum_i m_i+d_y\sum_i m_iz_i+d_z\sum_i m_iy_i\\ &= J_{yz}-Md_yd_z+d_yMz_G+d_zMy_G\end{aligned} \tag{4-20}$$

同样,推导可得

$$J'_{zx}=J_{zx}-Md_zd_x+d_zMx_G+d_xMz_G \tag{4-21}$$

$$J'_{xy}=J_{xy}-Md_xd_y+d_xMy_G+d_yMx_G \tag{4-22}$$

由式(4-17)至式(4-22)可知,刚体在坐标系由 $Oxyz$ 平移到 $O'x'y'z'$后,其惯量矩阵将由 $\boldsymbol{J}$ 改变为

$$\boldsymbol{J}'=\begin{bmatrix} J'_x & J'_{xy} & J'_{zx} \\ J'_{xy} & J'_y & J'_{yz} \\ J'_{zx} & J'_{yz} & J'_z \end{bmatrix} \tag{4-23}$$

式(4-23)是计算刚体在坐标系发生平移后的惯量矩阵的一般公式。

下面根据式(4-23)给出两个常用的特定情况下的公式。

1）平移前坐标系原点位于刚体重心 G 的情况

这种情况下，因为

$$x_G=y_G=z_G=0$$

前面的公式都将得到简化，可知

$$\boldsymbol{J}'=\begin{bmatrix} J'_x & J'_{xy} & J'_{zx} \\ J'_{xy} & J'_y & J'_{yz} \\ J'_{zx} & J'_{yz} & J'_z \end{bmatrix}=\begin{bmatrix} J_x+M(d_y^2+d_z^2) & J_{xy}-Md_xd_y & J_{zx}-Md_zd_x \\ J_{xy}-Md_xd_y & J_y+M(d_z^2+d_x^2) & J_{yz}-Md_yd_z \\ J_{zx}-Md_zd_x & J_{yz}-Md_yd_z & J_z+M(d_x^2+d_y^2) \end{bmatrix}$$

$$=\boldsymbol{J}+M\begin{bmatrix} d_y^2+d_z^2 & -d_xd_y & -d_zd_x \\ -d_xd_y & d_z^2+d_x^2 & -d_yd_z \\ -d_zd_x & -d_yd_z & d_x^2+d_y^2 \end{bmatrix} \tag{4-24}$$

2）平移后坐标系原点移到刚体重心 G 的情况

这种情况下，必有

$$x_G=d_x,\quad y_G=d_y,\quad z_G=d_z$$

通过计算可得到

$$\boldsymbol{J}'=\begin{bmatrix} J'_x & J'_{xy} & J'_{zx} \\ J'_{xy} & J'_y & J'_{yz} \\ J'_{zx} & J'_{yz} & J'_z \end{bmatrix}=\boldsymbol{J}-M\begin{bmatrix} d_y^2+d_z^2 & -d_xd_y & -d_zd_x \\ -d_xd_y & d_z^2+d_x^2 & -d_yd_z \\ -d_zd_x & -d_yd_z & d_x^2+d_y^2 \end{bmatrix} \tag{4-25}$$

2. 惯量矩阵 $\boldsymbol{J}$ 在坐标系旋转时的变化

让我们研究图 4-3 所示刚体绕轴 L 的转动惯量表达式(4-13)随坐标系旋转的变化。设坐标系 $Oxyz$ 经绕任意一个轴旋转后改变为 $Ox'y'z'$，由 $Oxyz$ 到 $Ox'y'z'$ 的变换显然是一正交变换。设对应的正交变换矩阵为 $\boldsymbol{Q}$，则轴 L 的新、旧方向余弦向量之间的关系可以表示为

$$\boldsymbol{L}'=\boldsymbol{QL} \tag{4-26}$$

展开后可写成

$$\begin{bmatrix} \cos\alpha' \\ \cos\beta' \\ \cos\gamma' \end{bmatrix}=\boldsymbol{Q}\begin{bmatrix} \cos\alpha \\ \cos\beta \\ \cos\gamma \end{bmatrix}$$

由正交矩阵的逆矩阵等于其转置矩阵的性质，得到

$$\boldsymbol{L}=\boldsymbol{Q}^{-1}\boldsymbol{L}'=\boldsymbol{Q}^{\mathrm{T}}\boldsymbol{L}'$$

$$\boldsymbol{L}^{\mathrm{T}}=\boldsymbol{L}'^{\mathrm{T}}\boldsymbol{Q}$$

把式(4-13)所示的对轴 L 的转动惯量值用新的方向余弦表示，即把 $\boldsymbol{L}$ 替代为 $\boldsymbol{Q}^{\mathrm{T}}\boldsymbol{L}'$，可得

$$\boldsymbol{J}_L=\boldsymbol{L}'^{\mathrm{T}}\boldsymbol{QJQ}^{\mathrm{T}}\boldsymbol{L}' \tag{4-27}$$

另一方面，新坐标系下对轴 L 的转动惯量可用新的惯量矩阵表示为

$$\boldsymbol{J}_L=\boldsymbol{L}'^{\mathrm{T}}\boldsymbol{J}'\boldsymbol{L}' \tag{4-28}$$

与式(4-27)对照可知,坐标系旋转后的新、旧惯量矩阵关系式

$$\boldsymbol{J}'=\boldsymbol{QJQ}^{\mathrm{T}}$$

展开后,可写成

$$\begin{bmatrix} J'_x & J'_{xy} & J'_{zx} \\ J'_{xy} & J'_y & J'_{yz} \\ J'_{zx} & J'_{yz} & J'_z \end{bmatrix}=\boldsymbol{Q}\begin{bmatrix} J_x & J_{xy} & J_{zx} \\ J_{xy} & J_y & J_{yz} \\ J_{zx} & J_{yz} & J_z \end{bmatrix}\boldsymbol{Q}^{\mathrm{T}}$$

4.3.3　惯量主轴和重心惯量主轴

通过坐标系旋转,惯量矩阵可对角化。注意到惯量矩阵 $\boldsymbol{J}$ 是一个实对称矩阵,必存在实正交矩阵 $\boldsymbol{P}$,经正交变换

$$\boldsymbol{PJP}^{\mathrm{T}}=\boldsymbol{J}_0 \tag{4-29}$$

或

$$\boldsymbol{J}=\boldsymbol{P}^{\mathrm{T}}\boldsymbol{J}_0\boldsymbol{P} \tag{4-30}$$

后,能把 $\boldsymbol{J}$ 化为对角形惯量矩阵 $\boldsymbol{J}_0$。$\boldsymbol{J}_0$ 可表示为

$$\boldsymbol{J}_0=\begin{bmatrix} J_{x0} & & \\ & J_{y0} & \\ & & J_{z0} \end{bmatrix} \tag{4-31}$$

即正交矩阵 $\boldsymbol{P}$ 对应着一个特定的坐标系旋转变换,它能把惯量矩阵化为对角矩阵。为表达变换前后的关系,把式(4-30)代入式(4-13),得到

$$\boldsymbol{J}_L=\boldsymbol{L}^{\mathrm{T}}\boldsymbol{P}^{\mathrm{T}}\boldsymbol{J}_0\boldsymbol{PL}$$

令 $\boldsymbol{L}_0=\boldsymbol{PL}$,可进一步得到

$$\boldsymbol{J}_L=\boldsymbol{L}_0^{\mathrm{T}}\boldsymbol{J}_0\boldsymbol{L}_0$$

展开为

$$\begin{aligned}\boldsymbol{J}_L&=[\cos\alpha\quad \cos\beta\quad \cos\gamma]\boldsymbol{P}^{\mathrm{T}}\begin{bmatrix} J_{x0} & & \\ & J_{y0} & \\ & & J_{z0} \end{bmatrix}\boldsymbol{P}\begin{bmatrix}\cos\alpha\\ \cos\beta\\ \cos\gamma\end{bmatrix}\\ &=[\cos\alpha_0\quad \cos\beta_0\quad \cos\gamma_0]\begin{bmatrix} J_{x0} & & \\ & J_{y0} & \\ & & J_{z0} \end{bmatrix}\begin{bmatrix}\cos\alpha_0\\ \cos\beta_0\\ \cos\gamma_0\end{bmatrix}\end{aligned}$$

以上分析结果表明,对任何惯量矩阵 $\boldsymbol{J}$,总可以找到正交矩阵 $\boldsymbol{P}$,实行 $\boldsymbol{P}$ 所对应的坐标系变换后,在新的坐标系下,惯量矩阵 $\boldsymbol{J}$ 将变换为对角矩阵 $\boldsymbol{J}_0$,同时使刚体绕轴 L 的转动惯量表达式化简为

$$J_L=J_{x0}\cos^2\alpha_0+J_{y0}\cos^2\beta_0+J_{z0}\cos^2\gamma_0 \tag{4-32}$$

把经变换 $\boldsymbol{P}$ 后所得到的坐标系的三个坐标轴称为刚体的惯量主轴,并把变换后的惯量矩阵 $\boldsymbol{J}_0$ 的主对角线元素 J_{x0},J_{y0},J_{z0}分别称为相对于惯量主轴 $x0$,$y0$,$z0$ 的主惯量。

在上面的讨论中,坐标原点可置于刚体的任何位置。因此可断言,在刚体的任意点上,通过选择适当的正交坐标系变换矩阵,都可得到三个惯量主轴。

同样,在刚体重心处也可以得到三个惯量主轴,这三个通过重心的惯量主轴称为惯量重心主轴。在惯量重心主轴坐标系下,惯量矩阵三个主对角线元素的平方和,即主惯量 J_{x0},J_{y0},J_{z0}的平方和将取最小值。

分析表明,刚体如果有对称面,那么对于对称面上的点来说,它的三个惯量主轴中必定有两个惯量主轴在对称面上,另一个惯量主轴垂直于该对称面。

可以证明,物体的对称轴必为物体的一个惯量重心主轴。

下面我们来证明,如果使刚体的惯量重心主轴坐标系沿任一条惯量重心主轴平行移动,则移动到任意点后,所得到的坐标系必为该点的惯量主轴坐标系。

平移前原点位于重心,并且惯量矩阵 $\boldsymbol{J}$ 为对角矩阵。今以沿 x 轴移动为例,设向 x 轴正方向移动了 d_x。注意到 $d_y=d_z=0$,引用式(4-24)的结果可得移动后惯量矩阵为

$$\boldsymbol{J}'=\boldsymbol{J}+M\begin{bmatrix}0 & & \\ & d_x^2 & \\ & & d_x^2\end{bmatrix}$$

因此 $\boldsymbol{J}'$ 必为对角矩阵,于是得证。

惯量主轴和惯量重心主轴概念对于船体坐标系的建立和选取有重要的指导意义。如果能把坐标系建立在惯量主轴坐标系上,甚至建立在惯量重心主轴坐标系上,将使问题的分析和表达大为简化。在实施控制时,惯量矩阵对角化意味着各控制通道的解耦,所以这也是控制系统设计者所刻意追求的。

4.4 速度向量与两坐标系的关系

4.4.1 速度向量与固定坐标系间的夹角——轨迹角

如前所述,本书采用图 4-1(a)和图 4-2(a)所示的坐标系。

船运动方向和船首向是有区别的,一些情况下二者可能一致,但更多的情况下二者是不一致的。船运动方向用速度向量 $\boldsymbol{U}$ 表示。下面首先讨论船运动速度向量与固定坐标系间的相对角位置关系。

向量与坐标系间的相对角位置,可用三个方向角或向量在坐标轴上的三个分量来表达。但研究船舶运动时,还应采用有明确物理概念的另外的表示方法。这里首先介绍速度向量与固定坐标系间的相对角位置的表示方法。速度向量 $\boldsymbol{U}$ 与固定坐标系间的相对角位置用潜浮角 χ 和航迹角 γ 来表示,如图 4-5 所示。潜浮角 χ 和航迹角 γ 一般统称为轨迹角。

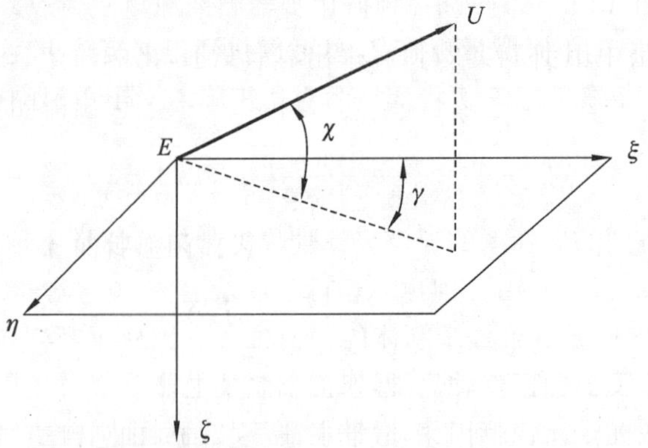

图 4-5 轨迹角

速度向量 $\boldsymbol{U}$ 的轨迹角从物理概念出发具体定义如下。

(1) 潜浮角 χ:船舶速度向量 $\boldsymbol{U}$ 与 ξ 坐标取正值的半个 $E\xi\eta$ 坐标平面间的夹角，$-\pi\leqslant\chi\leqslant\pi$。$\chi>0$，表示上浮；$\chi<0$，表示下潜。

(2) 航迹角 γ:$\boldsymbol{U}$ 所在铅垂面与 ξ 轴正半轴之间的夹角，即 $\boldsymbol{U}$ 在 $E\xi\eta$ 坐标平面上的投影线与 ξ 轴正半轴间的夹角，$-\pi\leqslant\gamma\leqslant\pi$。$\gamma>0$，表示相对 ξ 轴右偏航；$\gamma<0$，表示相对 ξ 轴左偏航。

潜浮角处于铅垂面内，相对水平面计算；航迹角处于水平面内，相对 ξ 轴计算。应特别注意以下要点：一是固定坐标系最具明显识别特征的是水平面，通过向此平面投影来区分此二角和定义此二角；二是两角都由固定坐标系起算作为角的正方向；三是航迹角 γ 对于其转轴 ξ 的正向、潜浮角 χ 对于其转轴(认为 $\gamma=0$)η 的正方向都保持右手系的关系；四是角是指 $\boldsymbol{U}$ 与坐标轴 $E\xi$ 正半轴或正半坐标平面 $E\xi\eta$($\xi>0$)间的夹角。速度向量 $\boldsymbol{U}$ 可用潜浮角和航迹角表示为

$$\boldsymbol{U}=\begin{bmatrix}U_\xi\\U_\eta\\U_\zeta\end{bmatrix}=\begin{bmatrix}U\cos\chi\cos\gamma\\U\cos\chi\sin\gamma\\-U\sin\chi\end{bmatrix}\tag{4-33}$$

向量 $\boldsymbol{U}$ 可用 U_ξ,U_η,U_ζ 表示，也可等效地用 U 和 χ,γ 表示。由式(4-33)可得下面的反变换关系：

$$U=\sqrt{U_\xi^2+U_\eta^2+U_\zeta^2}\tag{4-34a}$$

$$\chi=\begin{cases}-\arctan\dfrac{U_\zeta}{\sqrt{U_\xi^2+U_\eta^2}},U_\xi\geqslant0\\\pi-\arctan\dfrac{U_\zeta}{\sqrt{U_\xi^2+U_\eta^2}},U_\zeta\geqslant0,U_\xi\leqslant0\\-\pi-\arctan\dfrac{U_\zeta}{\sqrt{U_\xi^2+U_\eta^2}},U_\zeta<0,U_\xi<0\end{cases}\tag{4-34b}$$

$$\gamma=\begin{cases}\arctan\dfrac{U_\eta}{U_\xi},U_\xi\geqslant0\\\pi+\arctan\dfrac{U_\eta}{U_\xi},U_\eta\geqslant0,U_\xi\leqslant0\\-\pi+\arctan\dfrac{U_\eta}{U_\xi},U_\eta<0,U_\xi<0\end{cases}\tag{4-34c}$$

4.4.2　速度向量与运动坐标系间的夹角——水动角

下面讨论速度向量 $\boldsymbol{U}$ 与运动坐标系三轴间的相对角位置关系。其间关系用漂角 β 和冲角 α 表示，如图 4-6 所示。漂角 β 和冲角 α 一般统称为水动角。

速度向量 $\boldsymbol{U}$ 的水动角从物理概念出发具体定义如下。

(1) 漂角 β:速度向量 $\boldsymbol{U}$ 与速度向量 $\boldsymbol{U}$ 在 x 坐标取正值的半个船舶纵中面上的投影线间的夹角。$\beta>0$，表示左舷向；$\beta<0$，表示右舷向。

(2) 冲角 α:速度向量 $\boldsymbol{U}$ 在纵中面上的投影线与 x 轴正半轴间的夹角，$-\pi\leqslant\alpha\leqslant\pi$。$\alpha>0$，表示水流冲击船首下侧；$\alpha<0$，表示水流冲击船首上侧。

注意 α 要在纵中面内计算，应先扣除漂角 β，即向纵中面投影后再计算冲角 α。速度向量 $\boldsymbol{U}$ 可用冲角 α 和漂角 β 表示为

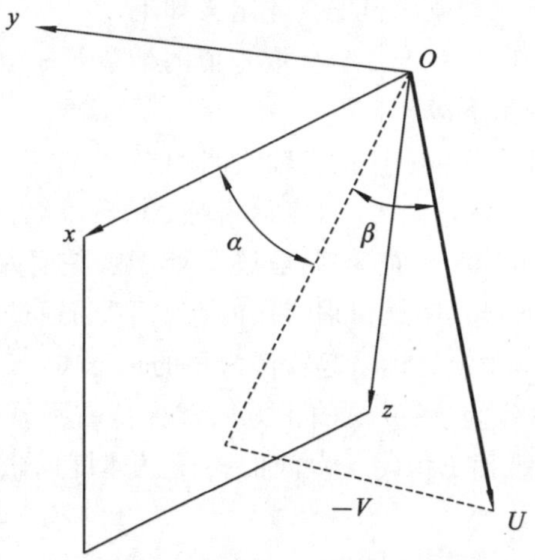

图 4-6　水动角

$$\boldsymbol{U}=\begin{bmatrix}u\\v\\w\end{bmatrix}=\begin{bmatrix}U\cos\beta\cos\alpha\\-U\sin\beta\\U\cos\beta\sin\alpha\end{bmatrix} \tag{4-35}$$

$\boldsymbol{U}$ 可用 u,v,w 表示，也可等效地用 U,α,β 表示。由式(4-35)可得反变换关系：

$$U=\sqrt{u^2+v^2+w^2} \tag{4-36a}$$

$$\alpha=\arctan\frac{w}{u},u\geqslant 0 \tag{4-36b}$$

$$\beta=-\arctan\frac{v}{\sqrt{u^2+w^2}},u\geqslant 0 \tag{4-36c}$$

上面定义了航迹角 γ、潜浮角 χ、漂角 β、冲角 α。定义角的正方向的原则是所有角一律对该角的转轴正向保持右手系的关系，例如，χ 对于 η 轴，γ 对于 ζ 轴，α 对于 y 轴，β 对于 z 轴的右手关系。保持统一的右手关系对保证进行正确的角度加减运算，保证做加法时角度增加，做减法时角度减小，使运算概念清晰是很重要的。

4.4.3　水平面运动与垂直面运动

1. 空间六自由度运动

船舶在水中的运动，在一般情况下是一个受限制或不受限制的空间运动。船舶可沿三个坐标轴做轴向运动，具有三个移动自由度，又可绕三个坐标轴做旋转运动，具有三个转动自由度，因此船舶运动是一个有六个自由度的空间运动。上面所说的坐标系既可以是固定坐标系，又可以是运动坐标系。如果是运动坐标系，六个自由度运动分别有自己的名称，如表 4-3 所示。表中括号前的名称用来表达船舶非周期性的运动，括号中的名称用来表达船舶在海浪作用下或其他特定情况下的带有一定周期性的运动，在使用时应注意加以区别。

表 4-3　运动坐标系下六自由度运动名称

运　　动	x 轴	y 轴	z 轴
移动	①进退(纵荡)	②横移(横荡)	③升沉(垂荡)
转动	④横倾(横摇)	⑤纵倾(纵摇)	⑥转首(首摇)

2. 水平面运动

船舶受限制的水中运动有多种形式。最基本的运动形式是水平面运动和垂直面运动。本小节首先介绍水平面运动。水平面运动是速度向量被约束到某水平面内和角速度向量保持与水平面垂直的运动形式。

上面的定义对船的坐标轴取向并未作任何限定，因而船做水平面运动时可以取任意姿态。在上面定义的基础上还可以作进一步的规定而得到下面常见的水平面运动形式：船运动坐标系原点 O 以及运动坐标系 Ox、Oy 轴始终保持在指定水平面内的运动。

3. 垂直面运动

垂直面运动是速度向量被约束到某铅垂面内和角速度向量必须保持与该铅垂面垂直的运动形式。同样，此定义也未对船的坐标轴取向作任何限定，船运动时可以取任意姿态。这是一个最一般的垂直面运动定义。在此定义的基础上可以作进一步的规定而得到常见的垂直面运动形式：船重心 G 和运动坐标系原点 O 以及运动坐标系 Ox、Oz 轴始终保持在指定铅垂面内的垂直面运动。

4.4.4 水动力沿速度坐标轴的分解——升力、阻力和侧向力

1. 垂直面运动

如图 4-7 所示，船在垂直面以速度 $\boldsymbol{U}$ 运动时，船的受力 $\boldsymbol{F}$ 可以等效地分解为阻力分量 $\boldsymbol{F}_{\mathrm{D}}$、升力分量 $\boldsymbol{F}_{\mathrm{L}}$ 和俯仰力矩 $\boldsymbol{M}_{\mathrm{b}}$。阻力 $\boldsymbol{F}_{\mathrm{D}}$ 以速度向量的反向为正，升力 $\boldsymbol{F}_{\mathrm{L}}$ 与速度方向垂直且向上为正，俯仰力矩 $\boldsymbol{M}_{\mathrm{b}}$ 以绕 y 轴符合右手系为正。

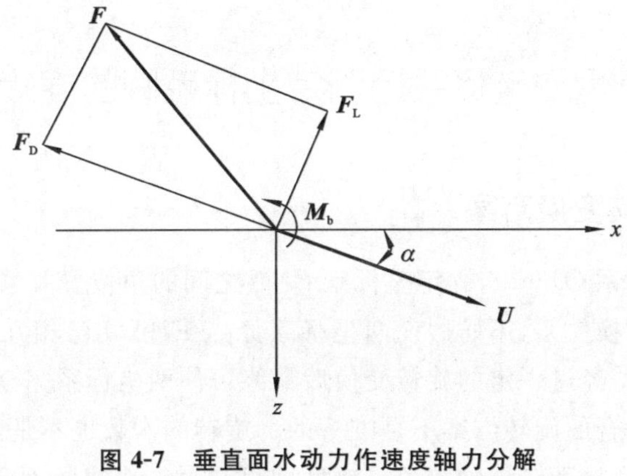

图 4-7　垂直面水动力作速度轴力分解

由此得纵向力、垂直甲板方向力和俯仰力矩的大小分别为

$$X=-F_{\mathrm{D}}\cos\alpha+F_{\mathrm{L}}\sin\alpha \tag{4-37a}$$

$$Z=-F_{\mathrm{D}}\sin\alpha-F_{\mathrm{L}}\cos\alpha \tag{4-37b}$$

$$M=M_{\mathrm{b}} \tag{4-37c}$$

反变换得阻力、升力和俯仰力矩的大小分别为

$$F_{\mathrm{D}}=-X\cos\alpha-Z\sin\alpha \tag{4-38a}$$

$$F_{\mathrm{L}}=X\sin\alpha-Z\cos\alpha \tag{4-38b}$$

$$M_{\mathrm{b}}=M \tag{4-38c}$$

2. 水平面运动

如图 4-8 所示，船在水平面以速度 $\boldsymbol{U}$ 运动时，船的受力 $\boldsymbol{F}$ 可以等效地分解为阻力分量 $\boldsymbol{F}_{\mathrm{D}}$、

侧向力分量 $\boldsymbol{F}_L$ 和偏航力矩 $\boldsymbol{M}_C$。阻力 $\boldsymbol{F}_D$ 以速度向量的反向为正，侧向力 $\boldsymbol{F}_L$ 以右侧为正，偏航力矩以符合右手系为正。

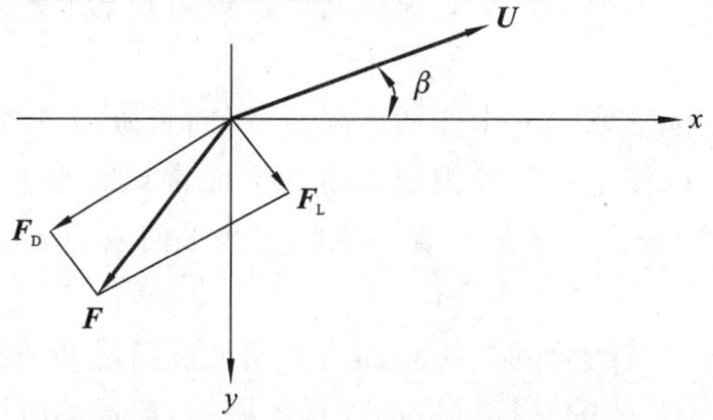

图 4-8　水平面水动力作速度轴力分解

由此得纵向力、横向力和偏航力矩的大小分别为

$$X=-F_D\cos\beta+F_L\sin\beta \tag{4-39a}$$

$$Y=F_D\sin\beta-F_L\cos\beta \tag{4-39b}$$

$$N=M_C \tag{4-39c}$$

反变换得阻力、侧向力和偏航力矩的大小分别为

$$F_D=-X\cos\beta+Y\sin\beta \tag{4-40a}$$

$$F_L=X\sin\beta+Y\cos\beta \tag{4-40b}$$

$$M_C=N \tag{4-40c}$$

4.5　运动坐标系与固定坐标系间的旋转变换

4.5.1　三次旋转变换方案

本节讨论运动坐标系 $Oxyz$ 与固定坐标系 $E\xi\eta\zeta$ 之间的角位置关系和其间的变换关系。

由于只讨论转角变换关系，不妨假设两坐标系原点 E 和 O 已相互重合，只是坐标轴取向彼此不同。在此情况下，经过一定的旋转变换后最终可使两坐标系完全重合到一起。

使两坐标系实现重合的旋转方案不是唯一的。旋转的次数也不是固定不变的。事实上存在一个转轴，使得一个坐标系绕该轴转动一次后即可与另一个坐标系重合。也存在转两次使两坐标系重合的方案，但一般取绕三个不同的轴转三次而使两坐标系重合的方案(简称三轴方案)。下面要给出的就是一个 3 轴方案。这是为大家普遍接受并获得广泛应用的一个旋转变换关系。

设由 $E\xi\eta\zeta$ 坐标系出发，做如下的三次初等旋转可到达 $Oxyz$ 坐标系，即

$$O\xi\eta\zeta \xrightarrow[\text{绕 } O\zeta \text{ 旋转}]{\boldsymbol{C}_1(\psi)} Ox_1y_1\zeta \xrightarrow[\text{绕} Oy_1 \text{ 旋转}]{\boldsymbol{C}_2(\theta)} Oxy_1z_1 \xrightarrow[\text{绕 } Ox \text{ 旋转}]{\boldsymbol{C}_3(\varphi)} Oxyz$$

同时规定绕 $O\zeta$ 轴的转角为 ψ，绕 Oy_1 轴的转角为 θ，绕 Ox 轴的转角为 φ。转轴正向与转角间符合右手螺旋定则的转角方向被规定为正方向，相应的转角取正值。$\boldsymbol{C}_1(\psi)$，$\boldsymbol{C}_2(\theta)$，$\boldsymbol{C}_3(\varphi)$是对应的旋转变换矩阵。图 4-9 所示即上面三个初等旋转的形象化表示。⊙表示转轴正向是穿出纸面的方向，而⊗表示转轴正方向是进入纸面的方向。

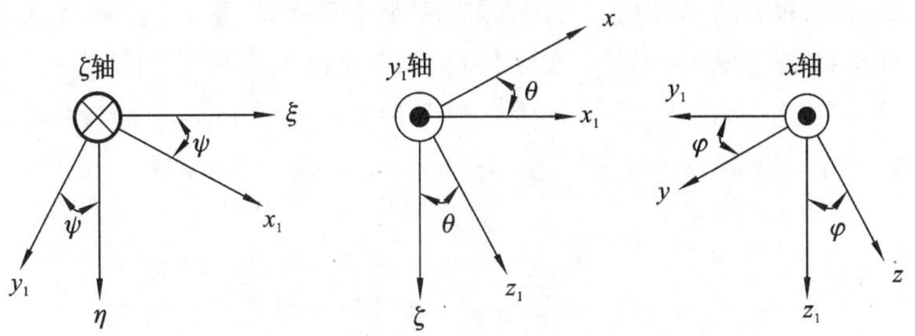

图 4-9　三个初等旋转

ξ,η,ζ 轴经三次旋转后，最终分别到达了 x,y,z 轴的位置，它们所经历的过程可用图 4-10 来表示。按这一旋转方案，在到达要求位置之前，每个轴各经历了两次旋转。

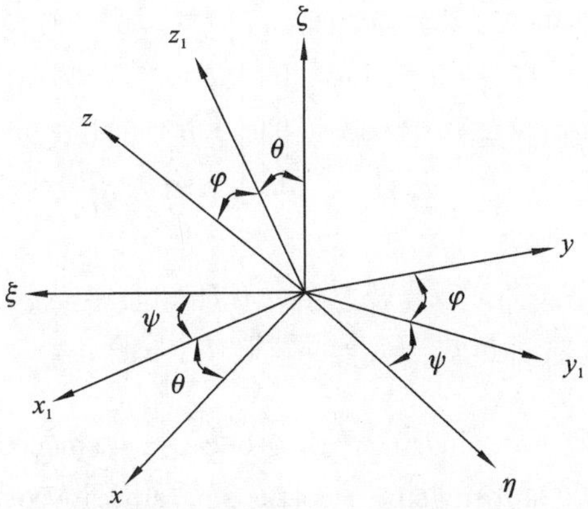

图 4-10　坐标轴转动历程

这种经三次旋转完成变换方案的优点是三个转角 φ,θ,ψ 有较为明确的物理意义。可以在比较简单的情形下指出三个转角各自的性质。首先设想原来 ζ 轴与 z 轴已经重合，只要做一次绕 ζ 轴(z 轴)的旋转 ψ 即可使两坐标系重合的情况。这时船只是首向变化，因此称 ψ 角为首向角。其次，设想原来 η 轴与 y 轴已经重合，只要做一次绕 η 轴(y 轴)的旋转 θ 即可使两坐标系重合的情况。这时船只有俯仰变化，因此称 θ 角为纵倾角。再次，设想原来 ξ 轴与 x 轴已经重合，只要做一次绕 ξ 轴(x 轴)的旋转 φ 即可使两坐标系重合的情况。这时船只有横滚动，因此称 φ 角为横倾角。另外，φ,θ,ψ 又统称为姿态角。姿态角向量被定义为

$$\boldsymbol{\Lambda}=[\varphi \quad \theta \quad \psi]^{\mathrm{T}}$$

上面是船舶转动中比较简单的情况，当有两种旋转，甚至三种旋转同时存在时情况就较为复杂。应当注意的是由坐标系 $E\xi\eta\zeta$ 到坐标系 $Oxyz$ 的三次转动的次序，已经明确地规定为 $\psi\rightarrow\theta\rightarrow\varphi$ 次序而不得任意改变。计算姿态角采用与转动次序相反的次序较为方便。因为绕 x 轴的转角 φ 最后发生，所以应先扣除横倾角 φ；扣除横倾角 φ 之后再扣除纵倾角 θ；扣除纵倾角 θ 之后再扣除首向角 ψ。同时应当指出：ψ,θ,φ 是在一般情况下而不是在简单情况下被定义的，其严格的物理意义应当在一般情况下去理解。

4.5.2　旋转变换矩阵

整个变换过程可以分为三个阶段，变换关系可用坐标基底的变换来表示。现假设 $\boldsymbol{\xi},\boldsymbol{\eta},\boldsymbol{\zeta}$ 为固定坐标系的基底向量；$\boldsymbol{x},\boldsymbol{y},\boldsymbol{z}$ 为运动坐标系的基底向量；$\boldsymbol{x}_1,\boldsymbol{y}_1,\boldsymbol{z}_1$ 是中间坐标系的基底向

量(注意 $\boldsymbol{x}_1,\boldsymbol{y}_1,\boldsymbol{z}_1$ 不是彼此正交的,它们分属于两个中间坐标系)。设基底向量都是大小为 1 的单位向量,分别指向各自的轴向。三次绕轴旋转的变换关系可分别用坐标基底变换表示为

$$[\boldsymbol{x}_1\quad \boldsymbol{y}_1\quad \boldsymbol{\zeta}]=[\boldsymbol{\xi}\quad \boldsymbol{\eta}\quad \boldsymbol{\zeta}]\begin{bmatrix}\cos\psi & -\sin\psi & 0\\ \sin\psi & \cos\psi & 0\\ 0 & 0 & 1\end{bmatrix}\tag{4-41a}$$

$$[\boldsymbol{x}\quad \boldsymbol{y}_1\quad \boldsymbol{z}_1]=[\boldsymbol{x}_1\quad \boldsymbol{y}_1\quad \boldsymbol{\zeta}]\begin{bmatrix}\cos\theta & 0 & \sin\theta\\ 0 & 1 & 0\\ -\sin\theta & 0 & \cos\theta\end{bmatrix}\tag{4-41b}$$

$$[\boldsymbol{x}\quad \boldsymbol{y}\quad \boldsymbol{z}]=[\boldsymbol{x}\quad \boldsymbol{y}_1\quad \boldsymbol{z}_1]\begin{bmatrix}1 & 0 & 0\\ 0 & \cos\varphi & -\sin\varphi\\ 0 & \sin\varphi & \cos\varphi\end{bmatrix}\tag{4-41c}$$

在此基础上通过把三个初等变换矩阵相乘,可把三次旋转总的变换关系表示为

$$[\boldsymbol{x}\quad \boldsymbol{y}\quad \boldsymbol{z}]=[\boldsymbol{\xi}\quad \boldsymbol{\eta}\quad \boldsymbol{\zeta}]\begin{bmatrix}\cos\psi & -\sin\psi & 0\\ \sin\psi & \cos\psi & 0\\ 0 & 0 & 1\end{bmatrix}\begin{bmatrix}\cos\theta & 0 & \sin\theta\\ 0 & 1 & 0\\ -\sin\theta & 0 & \cos\theta\end{bmatrix}\begin{bmatrix}1 & 0 & 0\\ 0 & \cos\varphi & -\sin\varphi\\ 0 & \sin\varphi & \cos\varphi\end{bmatrix}\tag{4-42a}$$

或

$$[\boldsymbol{x}\quad \boldsymbol{y}\quad \boldsymbol{z}]=[\boldsymbol{\xi}\quad \boldsymbol{\eta}\quad \boldsymbol{\zeta}]\boldsymbol{S}\tag{4-42b}$$

式中:$\boldsymbol{S}$ ——旋转变换矩阵,

$$\boldsymbol{S}=\begin{bmatrix}\cos\psi\cos\theta & \cos\psi\sin\theta\sin\varphi-\sin\psi\cos\varphi & \cos\psi\sin\theta\cos\varphi+\sin\psi\sin\varphi\\ \sin\psi\cos\theta & \sin\psi\sin\theta\sin\varphi+\cos\psi\cos\varphi & \sin\psi\sin\theta\cos\varphi-\cos\psi\sin\varphi\\ -\sin\theta & \cos\theta\sin\varphi & \cos\theta\cos\varphi\end{bmatrix}\tag{4-43}$$

式(4-42b)的逆变换为

$$[\boldsymbol{\xi}\quad \boldsymbol{\eta}\quad \boldsymbol{\zeta}]=[\boldsymbol{x}\quad \boldsymbol{y}\quad \boldsymbol{z}]\boldsymbol{S}^{-1}\tag{4-44}$$

因固定坐标系和运动坐标系本身都是三坐标轴相互垂直的正交坐标系,故其间相互变换的变换矩阵 $\boldsymbol{S}$ 必为一正交矩阵。由正交矩阵的性质——正交矩阵 $\boldsymbol{S}$ 的逆矩阵 $\boldsymbol{S}^{-1}$ 与其转置矩阵 $\boldsymbol{S}^{\mathrm{T}}$ 相等,得到

$$\boldsymbol{S}^{-1}=\boldsymbol{S}^{\mathrm{T}}=\begin{bmatrix}\cos\psi\cos\theta & \sin\psi\cos\theta & -\sin\theta\\ \cos\psi\sin\theta\sin\varphi-\sin\psi\cos\varphi & \sin\psi\sin\theta\sin\varphi+\cos\psi\cos\varphi & \cos\theta\sin\varphi\\ \cos\psi\sin\theta\cos\varphi+\sin\psi\sin\varphi & \sin\psi\sin\theta\cos\varphi-\cos\psi\sin\varphi & \cos\theta\cos\varphi\end{bmatrix}\tag{4-45}$$

显然 $\boldsymbol{S}^{-1}$ 或 $\boldsymbol{S}^{\mathrm{T}}$ 也是一正交矩阵。$\boldsymbol{S}^{-1}$ 或 $\boldsymbol{S}^{\mathrm{T}}$ 的行列式值均为 1。

上面式(4-41)、式(4-42)和式(4-44)给出的是固定坐标系和运动坐标系间的基底旋转变换关系,下面再给出坐标旋转变换关系。设 A 为空间任一点,它在固定坐标系下的坐标表示为 $[\xi\quad \eta\quad \zeta]^{\mathrm{T}}$,在运动坐标系下表示为 $[x\quad y\quad z]^{\mathrm{T}}$。容易证明两坐标向量之间的变换关系为

$$\begin{bmatrix}\xi\\ \eta\\ \zeta\end{bmatrix}=\boldsymbol{S}\begin{bmatrix}x\\ y\\ z\end{bmatrix}\tag{4-46a}$$

或

$$\begin{bmatrix}x\\ y\\ z\end{bmatrix}=\boldsymbol{S}^{-1}\begin{bmatrix}\xi\\ \eta\\ \zeta\end{bmatrix}=\boldsymbol{S}^{\mathrm{T}}\begin{bmatrix}\xi\\ \eta\\ \zeta\end{bmatrix}\tag{4-46b}$$

注意式中的各非黑体字母表示的是坐标分量，而不是基底向量。

4.5.3　旋转变换矩阵与转角 φ、θ、ψ 的唯一对应

当给定 φ、θ、ψ 后，由式(4-43)可唯一地得到旋转变换矩阵 $\boldsymbol{S}$。反过来，如给定旋转变换矩阵 $\boldsymbol{S}$，即给定矩阵的每个元素，则并不能唯一地确定对应的 φ、θ、ψ 值，即使把 φ、θ、ψ 的取值范围限定在 2π 范围内也是一样。为保证 $\boldsymbol{S}$ 与 φ、θ、ψ 之间变换关系的一一对应，必须对转角范围做进一步的限定。

为了说明由 $\boldsymbol{S}$ 求 φ、θ、ψ 的不唯一性，现研究下面两组转角值：

(1) φ,θ,ψ;

(2) $\pi+\varphi,\pi-\theta,\pi+\psi$。

把两组转角值分别代入式(4-43)，将会发现所得到的旋转变换矩阵 $\boldsymbol{S}$ 完全相同，也就是同一 $\boldsymbol{S}$ 对应有两组不同的转角值。

为了保持 $\boldsymbol{S}$ 与 φ、θ、ψ 的一一对应关系，可把三个转角 φ、θ、ψ 中的一个的变化范围减少一半，即变化范围取为 π，从而除去多值性。通常做出的选择是限定

$$\left.\begin{array}{l} -\pi<\varphi\leqslant\pi \\ -\dfrac{\pi}{2}<\theta<\dfrac{\pi}{2} \\ 0\leqslant\psi<2\pi \end{array}\right\} \tag{4-47}$$

这种限定使纵倾角 θ 不能超过 $\pm\pi/2$，而首向角 ψ 和横倾角 φ 变化范围可达到 2π。如果纵倾角实际角 θ' 超过 $\pm\pi/2$，则可等效地取另一组转角值，即取转换 $\theta=\pi-\theta'$，同时取 $\varphi=\pm\pi+\varphi'$ 和 $\psi=\pm\pi+\psi$，所得到的姿态是一样的。例如

$$\varphi'=\frac{\pi}{2},\theta'=\frac{3}{4}\pi,\psi'=\frac{\pi}{2}$$

θ' 超过了 $\pi/2$，可等效地取另一组对应值：

$$\varphi=-\frac{\pi}{2},\theta=\frac{\pi}{4},\psi=\frac{3\pi}{2}$$

而得到一样的状态。

式(4-47)对 θ 的变化范围进行限制的好处是，这样能使后面的式(4-50)和式(4-53)中的变换矩阵元素在式(4-47)定义的整个范围内，对 θ 保持连续和光滑，不致在 $\theta=\pm\pi/2$ 处出现间断点。

下面讨论如何根据式(4-43)给定的矩阵 $\boldsymbol{S}$ 的各元素值 S_{ij}，$1\leqslant i,j\leqslant 3$ 计算唯一对应的 φ、θ、ψ 值。计算步骤如下。

第一步，计算主值 φ_1、θ_1、ψ_1，取值范围均为 $\left[-\dfrac{\pi}{2},\dfrac{\pi}{2}\right]$，得

$$\varphi_1=\arctan\frac{S_{32}}{S_{33}},\theta_1=-\arctan S_{31},\psi_1=\arctan\frac{S_{21}}{S_{11}}$$

第二步，根据 θ_1 值，在 $-\dfrac{\pi}{2}\leqslant\theta\leqslant\dfrac{\pi}{2}$ 范围内选定 θ，得 $\theta=\theta_1$。

第三步，注意到 $\cos\theta>0$，根据 S_{32}、S_{33} 确定 φ 所在象限，根据 S_{11}、S_{21} 确定 ψ 所在象限，从而确定 φ 和 ψ 值。最后得计算公式为

$$\varphi=\begin{cases}\varphi_1, & S_{33}\geqslant 0\\ \varphi_1-\pi, & S_{33}<0,S_{32}<0\\ \varphi_1+\pi, & S_{33}<0,S_{32}\geqslant 0\end{cases} \tag{4-48a}$$

$$\theta=\theta_1 \tag{4-48b}$$

$$\psi=\begin{cases}\psi_1, & S_{11}\geqslant 0,S_{21}\geqslant 0\\ \psi_1+2\pi, & S_{11}\geqslant 0,S_{21}<0\\ \psi_1+\pi, & S_{11}<0\end{cases} \tag{4-48c}$$

注意,因为 $\cos\varphi\neq 0$,所以 S_{11}、S_{21}不可能同时为零,S_{32}、S_{33}不可能同时为零。

4.6 姿态运动学方程

4.6.1 一个非正交坐标系

在上一节,我们曾依次绕三个轴,即 ζ,y_1,x 轴做旋转而完成从固定坐标系到运动坐标系的转换,并把绕三轴的转角分别记为 ψ,θ,φ。下面我们将据此建立一个新坐标系,因为只考虑旋转,故仍假设两原点 E 与 O 重合。新坐标系原点也置于点 O 上,新坐标系的三个坐标轴分别取 ζ,y_1,x 轴。

这样建立的新坐标系的三个轴,彼此不完全正交(垂直)。由于 ζ 轴始终在铅垂方向,y_1 轴始终在水平面内,因此 y_1 轴与 ζ 轴始终保持相互垂直;另外,由于 x_1 轴原垂直 y_1 轴,绕 y_1 轴旋转后 x_1 轴变成 x 轴,因此 y_1 轴与 x 轴也始终保持垂直。唯一的不相互垂直关系发生在 x 轴和 ζ 轴之间。因此所建立的新的坐标系是一个非正交坐标系,或说它是一个更一般的仿射坐标系。在仿射坐标系下,空间任一点的坐标值将以平行三个坐标平面的平行六面体的三个边长来表示。

下面让我们来建立新的坐标系与运动坐标系间的旋转变换关系。由式(4-41c)推导的反变换形式是

$$[\boldsymbol{x}\quad \boldsymbol{y}_1\quad \boldsymbol{z}_1]=[\boldsymbol{x}\quad \boldsymbol{y}\quad \boldsymbol{z}]\begin{bmatrix}1 & 0 & 0\\ 0 & \cos\varphi & \sin\varphi\\ 0 & -\sin\varphi & \cos\varphi\end{bmatrix}$$

可得

$$\boldsymbol{y}_1=\boldsymbol{y}\cos\varphi-\boldsymbol{z}\sin\varphi$$
$$\boldsymbol{z}_1=\boldsymbol{y}\sin\varphi+\boldsymbol{z}\cos\varphi$$

式(4-41b)的反变换形式是

$$[\boldsymbol{x}_1\quad \boldsymbol{y}_1\quad \boldsymbol{\zeta}]=[\boldsymbol{x}\quad \boldsymbol{y}_1\quad \boldsymbol{z}_1]\begin{bmatrix}\cos\theta & 0 & -\sin\theta\\ 0 & 1 & 0\\ \sin\theta & 0 & \cos\theta\end{bmatrix}$$

得到

$$\boldsymbol{\zeta}=\boldsymbol{x}(-\sin\theta)+\boldsymbol{z}_1\cos\theta$$

再把上面求得的 $\boldsymbol{z}_1$ 代入,得

$$\boldsymbol{\zeta}=\boldsymbol{x}(-\sin\theta)+\boldsymbol{y}\sin\varphi\cos\theta+\boldsymbol{z}\cos\varphi\cos\theta$$

写成矩阵形式得

$$[\boldsymbol{x} \quad \boldsymbol{y}_1 \quad \boldsymbol{\zeta}]=[\boldsymbol{x} \quad \boldsymbol{y} \quad \boldsymbol{z}]\begin{bmatrix}1 & 0 & -\sin\theta \\ 0 & \cos\varphi & \sin\varphi\cos\theta \\ 0 & -\sin\varphi & \cos\varphi\cos\theta\end{bmatrix} \tag{4-49}$$

这就是由运动坐标系向新坐标系转换的变换关系。

下面建立式(4-49)的反变换关系。首先判断该变换矩阵是否有逆矩阵存在。求该矩阵的行列式值，结果等于 $\cos\theta$，因此知其逆矩阵存在的条件，即变换矩阵满秩的条件是 $\theta\neq\pm\pi/2$。在 $\theta\neq\pm\pi/2$ 条件下求式(4-49)的反变换，结果是

$$[\boldsymbol{x} \quad \boldsymbol{y} \quad \boldsymbol{z}]=[\boldsymbol{x} \quad \boldsymbol{y}_1 \quad \boldsymbol{\zeta}]\begin{bmatrix}1 & \sin\varphi\tan\theta & \cos\varphi\tan\theta \\ 0 & \cos\varphi & -\sin\varphi \\ 0 & \sin\varphi/\cos\theta & \cos\varphi/\cos\theta\end{bmatrix} \tag{4-50}$$

由于运动坐标系为正交系，而新坐标系为非正交系，因此其间的变换矩阵，在一般情况下，必然是一个非正交矩阵。事实上，按正交条件，该变换矩阵的行列式值 $\cos\theta$ 应为 1，即要求满足条件 $\theta=0$，而一般情况下，不满足此条件。

4.6.2　姿态运动学方程及其简化形式

角速度向量投影到不同坐标系可得到其在不同坐标系下的表示。前面我们已经得到了角速度向量在固定坐标系下的表示式(4-3)，和在运动坐标系下的表示式(4-8)。下面给出它在新坐标系下的表示。

因为 φ,θ,ψ 分别是绕 x,y_1,ζ 轴的转角，所以绕 x,y_1,ζ 轴的角速度可分别用 $\dot{\varphi},\dot{\theta},\dot{\psi}$ 来表示。它们实际上是角速度向量 $\boldsymbol{\Omega}$ 在新的坐标轴 x,y_1,ζ 上的三个投影分量。合成的总角速度可表示为

$$\boldsymbol{\Omega}=\dot{\varphi}\boldsymbol{x}+\dot{\theta}\boldsymbol{y}_1+\dot{\psi}\boldsymbol{\zeta} \tag{4-51}$$

下面推导姿态运动学方程，从推导 $\boldsymbol{\Omega}$ 在新坐标系下的表示和 $\boldsymbol{\Omega}$ 在运动坐标系下的表示之间的关系入手。一方面式(4-51)成立，另一方面式

$$\boldsymbol{\Omega}=p\boldsymbol{x}+q\boldsymbol{y}+r\boldsymbol{z}$$

成立。把式(4-49)所示的基底变换关系代入式(4-51)，易推得

$$\begin{bmatrix}p \\ q \\ r\end{bmatrix}=\begin{bmatrix}1 & 0 & -\sin\theta \\ 0 & \cos\varphi & \sin\varphi\cos\theta \\ 0 & -\sin\varphi & \cos\varphi\cos\theta\end{bmatrix}\begin{bmatrix}\dot{\varphi} \\ \dot{\theta} \\ \dot{\psi}\end{bmatrix} \tag{4-52a}$$

或记为

$$\boldsymbol{\Omega}=\boldsymbol{C}^{-1}\dot{\boldsymbol{\Lambda}} \tag{4-52b}$$

由式(4-52)，通过求逆可得反变换关系：

$$\begin{bmatrix}\dot{\varphi} \\ \dot{\theta} \\ \dot{\psi}\end{bmatrix}=\begin{bmatrix}1 & \sin\varphi\tan\theta & \cos\varphi\tan\theta \\ 0 & \cos\varphi & -\sin\varphi \\ 0 & \sin\varphi/\cos\theta & \cos\varphi/\cos\theta\end{bmatrix}\begin{bmatrix}p \\ q \\ r\end{bmatrix} \tag{4-53a}$$

或记为

$$\dot{\boldsymbol{\Lambda}}=\boldsymbol{C}\boldsymbol{\Omega} \tag{4-53b}$$

把式(4-52)和式(4-53)写成展开形式，得到：

$$\left.\begin{aligned}p&=\dot{\varphi}-\dot{\psi}\sin\theta \\ q&=\dot{\theta}\cos\varphi+\dot{\psi}\sin\varphi\cos\theta \\ r&=-\dot{\theta}\sin\varphi+\dot{\psi}\cos\varphi\cos\theta\end{aligned}\right\} \tag{4-54}$$

和

$$\left.\begin{array}{l}\dot{\varphi}=p+q\sin\varphi\tan\theta+r\cos\varphi\tan\theta=p+(q\sin\varphi+r\cos\varphi)\tan\theta\\ \dot{\theta}=q\cos\varphi-r\sin\varphi\\ \dot{\psi}=q\sin\varphi/\cos\theta+r\cos\varphi/\cos\theta=(q\sin\varphi+r\cos\varphi)/\cos\theta\end{array}\right\}\tag{4-55}$$

式(4-54)和式(4-55)称为姿态运动学方程。

在纵倾角 θ 和横倾角 φ 很小的情况下，也就是所谓微幅运动情况下，上列方程还可进一步简化。下面是简化后的形式：

$$\left.\begin{array}{l}p\approx\dot{\varphi}-\dot{\psi}\theta\\ q\approx\dot{\theta}+\dot{\psi}\varphi\\ r=\dot{\psi}-\dot{\theta}\varphi\end{array}\right\}\tag{4-56}$$

和

$$\left.\begin{array}{l}\dot{\varphi}\approx p+r\theta\\ \dot{\theta}\approx q-r\varphi\\ \dot{\psi}=r+q\varphi\end{array}\right\}\tag{4-57}$$

式(4-56)和式(4-57)中的角度量一律以弧度为单位参与计算。此二式清楚地表明，即使在微幅运动条件下，p,q,r 与 $\dot{\varphi},\dot{\theta},\dot{\psi}$ 彼此也并不对应相等。

4.7　水平面定常回转运动模型

水平面定常回转运动是船舶的一个基本和典型的运动状态，是操纵性试验的重要内容。水平面定常回转运动试验主要用于考核船舶的回转性能。通过试验可获得与回转性能有关的一些重要的操纵特性参数。通常先使船舶进入稳定直航运动状态，然后尾垂直舵打某一舵角，并保持此舵角，经历一过渡过程后，船将进入稳定的圆周运动状态。在无风、浪、流等干扰的理想情况下，其航迹是一个圆。船的这种运动状态就被称为水平面的定常回转运动。

与水平面定常回转运动相对应的另一种水平面定常运动状态是水平面定常直航运动。这是操纵性试验的另一项重要内容，主要用于考核船舶航速和运动稳定性。

4.7.1　坐标系

研究水平面运动时，第一节建立的坐标系可相应简化。首先假设固定坐标系原点 E 和坐标平面 $E\xi\eta$ 都在船重心 G 所在水平面上。因此，重心 G 在固定坐标系下的坐标可一般地表示为$(\xi_G,\eta_G,0)$，如图 4-11 所示。

由于船做水平面运动，速度向量 $\boldsymbol{U}$ 始终保持在同一水平面内，因此潜浮角 $\chi=0$ 而一般航迹角 $\gamma\neq0$。角速度向量将保持与水平面垂直，其大小可用首向角变化率 $\dot{\psi}$ 来表示。速度向量 $\boldsymbol{U}$ 和角速度向量 $\boldsymbol{\Omega}$ 在固定坐标系下可一般地表示为

$$\boldsymbol{U}^{\mathrm{S}}=\begin{bmatrix}U_\xi\\U_\eta\\U_\zeta\end{bmatrix}=\begin{bmatrix}\dot{\xi}_G\\ \dot{\eta}_G\\ \dot{\zeta}_G\end{bmatrix}=\begin{bmatrix}U\cos\gamma\\U\sin\gamma\\0\end{bmatrix}\tag{4-58}$$

$$\boldsymbol{\Omega}^{\mathrm{S}}=\begin{bmatrix}\Omega_\xi\\ \Omega_\eta\\ \Omega_\zeta\end{bmatrix}=\begin{bmatrix}0\\0\\ \dot{\psi}\end{bmatrix}\tag{4-59}$$

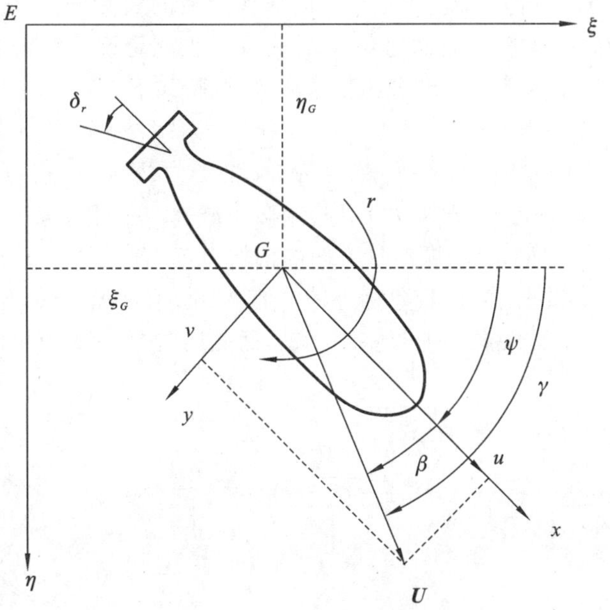

图 4-11　水平面坐标系

考虑运动坐标系。假设运动坐标系原点选在重心 G 处，并设 Oxy 平面始终保持水平，x 轴与 ξ 轴夹角即首向角为 ψ，如图 4-11 所示。

由于船做水平面运动，速度向量 $\boldsymbol{U}$ 始终保持在 Oxy 平面内，故冲角 $\alpha=0$，而一般漂角 $\beta\neq 0$。由图 4-11，显然有 $\gamma=\psi+\beta$。前面已指出，角速度向量 $\boldsymbol{\Omega}$ 保持与 Oxy 平面垂直，其大小等于首向角变化率 $\dot{\psi}$。这样，速度向量 $\boldsymbol{U}$ 和角速度向量 $\boldsymbol{\Omega}$ 在运动坐标系下可一般地表示为

$$\boldsymbol{U}=\begin{bmatrix}u\\v\\w\end{bmatrix}=\begin{bmatrix}U\cos\beta\\-U\sin\beta\\0\end{bmatrix}\tag{4-60}$$

$$\boldsymbol{\Omega}=\begin{bmatrix}p\\q\\r\end{bmatrix}=\begin{bmatrix}0\\0\\\dot{\psi}\end{bmatrix}\tag{4-61}$$

应特别注意的是，因为重心 G 在船体坐标系下保持相对不动，$\dot{x}_G=\dot{y}_G=0$，故 $u=\dot{x}_G$ 和 $v=\dot{y}_G$ 的写法不能成立。

船体尾部装有方向舵（尾垂直舵），方向舵角记为 δ_r。图 4-11 所示舵角方向称右舵，并规定右舵为正舵角。在向前航行时正舵角产生的绕 z 轴的力矩对 z 轴符合右手系关系。

综上可知，表示水平面运动的主要参数有

（1）位置状态参数：$\xi_G,\eta_G,\psi,\gamma,\beta$。

（2）速度状态参数：$\boldsymbol{U},U_\xi,U_\eta,\Omega_\zeta,u,v,r$。

（3）控制参数：$\delta_r,\boldsymbol{X}_T$（推进力）。

4.7.2　水平回转运动过程

在回转之前，假设船处于水平面定常直航运动状态，初始舵角 $\delta_r=0$，航速为 U，螺旋桨推力 X_T 和 $-X_0$ 相平衡，$X_T+X_0=0$，如图 4-12(a)所示。图中，X_T 是螺旋桨推力，X_0 是船所受 x

向水作用力。其中 $-X_0$ 所指方向是船所受 x 向水作用力的实际方向，因按规定，x 轴方向才是 X_0 的正方向，故指向 x 轴反方向的力用 $-X_0$ 表示。也就是说，力 X_0 的值实际是负值。这一表示方法适用于一般情况下。回转分为三个阶段，分析如下。

1. 转舵阶段

航行到图 4-12(b)位置时，操舵使舵角为 δ_r，舵受力 $F(\delta_r)$，它可分解为纵向附加力 $-X(\delta_r)$ 和横向附加力 $-Y(\delta_r)$。$-X(\delta_r)$ 引起船微小减速。作用于舵的横向力 $-Y(\delta_r)$ 等价于作用于重心的横向力 $-Y_1(\delta_r)$ 和顺时针方向的偏航力矩 $N(\delta_r)$。$-Y_1(\delta_r)$ 引起重心 G 轨迹偏离直航线，产生横向微小外移，此现象称外冲。而 $N(\delta_r)$ 引起船回转，但因 $-Y_1(\delta_r)$ 不大，故船几乎仍沿直线前进。总体现象是船首基本不动，而船尾向图 4-12 所示的上方慢慢离开原首尾线。

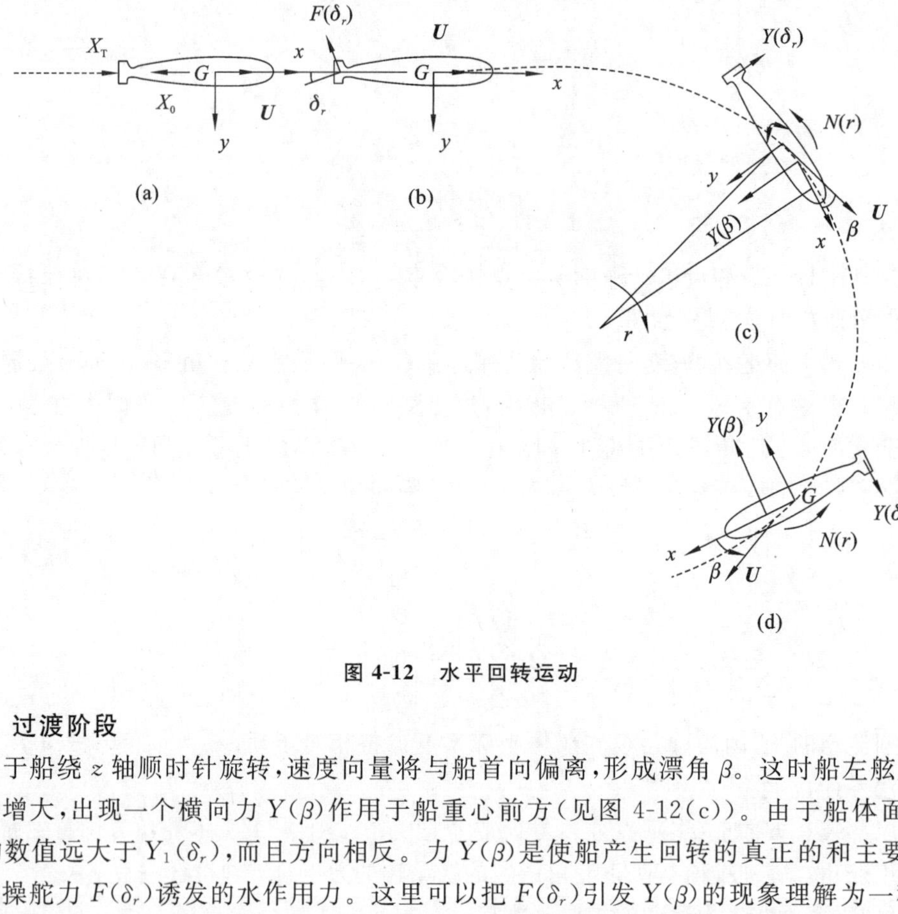

图 4-12　水平回转运动

2. 过渡阶段

由于船绕 z 轴顺时针旋转，速度向量将与船首向偏离，形成漂角 β。这时船左舷所受水流冲击力增大，出现一个横向力 $Y(\beta)$ 作用于船重心前方(见图 4-12(c))。由于船体面积很大，$Y(\beta)$ 的数值远大于 $Y_1(\delta_r)$，而且方向相反。力 $Y(\beta)$ 是使船产生回转的真正的和主要的动力，它是由操舵力 $F(\delta_r)$ 诱发的水作用力。这里可以把 $F(\delta_r)$ 引发 $Y(\beta)$ 的现象理解为一种放大作用。注意操舵力 $F(\delta_r)$ 除起诱导作用之外，由于它指向外侧，并不能提供回转所需的向心力，因此它不是真正的回转动力。

力 $Y(\beta)$ 是出现漂角产生的水动力，它可以等价地分解为作用于重心 G 的 $Y(\beta)$ 和顺时针的偏航力矩 $N(\beta)$，前者将制止外冲，且使重心的轨迹弯曲，形成圆周运动；而 $N(\beta)$ 则引起船绕重心回转，出现回转角速度 r。伴随着 r 的出现，水对船的阻尼力矩 $N(r)$ 也将出现。当 $N(\beta)$ 与 $N(r)$ 达到相互平衡时，角速度 r 不再增加，首向力、侧向力和回转力矩都达到平衡时，船进入定常回转状态。

3. 定常阶段

在静水条件下，一旦进入定常回转状态，船将做等速圆周运动，如图 4-12(d)所示。船上任一点的运动轨迹都是圆，船速度向量 $\boldsymbol{U}$ 保持在圆周切线方向，而船首偏向圆周内侧。

回转的向心力主要是 $Y(\beta)$，而 $Y(\delta_r)$ 起反作用。$Y(\delta_r)$ 引起的外冲偏离向心方向，这是我们不希望的。$Y(\delta_r)$ 引起回转是因为它引起漂角 β，从而引发 $Y(\beta)$。为了引发 $Y(\beta)$，力 $Y(\delta_r)$ 又是不可少的。

4. 回转运动特性参数

参照图 4-13，可给出以下几个常用的回转特性参数。

(1) 回转直径 D。

(2) 相对回转直径 D/L，L 为船长。

(3) 战术直径 D_T：首向角改变 180°时船重心到直线航线的距离。

(4) 进距 l_A：转舵开始点到首向角改变 90°时重心在直线航线方向前进的距离。

(5) 横距 l_B：转舵开始点到首向角改变 90°时重心横移的距离。

(6) 外冲 l_C：重心偏离航线的最大横向距离。

(7) 回转周期 T：定常回转 360°所需时间。

(8) 定常回转速度 r_0：$r_0=2\pi/T$。

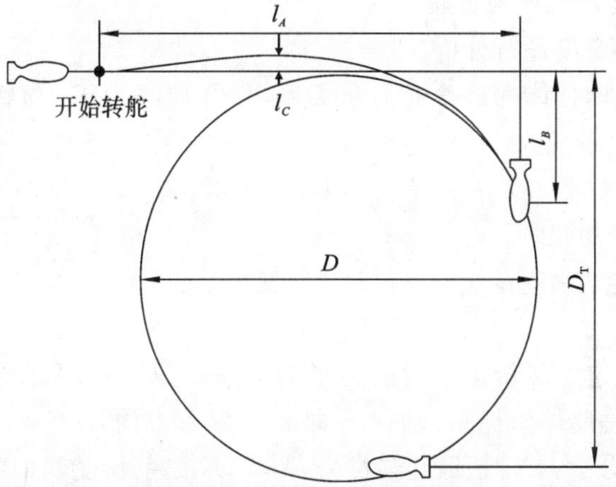

图 4-13　回转运动特性参数

4.7.3　水平定常回转运动数学模型

下面建立水平定常回转运动的一般方程。

1. 运动状态变量的选择

一般地说，水平面内的运动是三自由度运动。作为它的一种运动形式，水平面定常回转运动也是三自由度运动，其运动方程中有三个独立的状态变量。

建立运动方程所用状态变量有多种组合可供选择。水平定常回转常选下面两组状态变量中的一组。这两组状态变量我们都将使用。两组变量间的转换关系可根据式(4-35)和式(4-36)得出：

$$u=U\cos\beta \tag{4-62a}$$

$$v=-U\sin\beta \tag{4-62b}$$

我们首先取第一组状态变量展开讨论，得到相应的运动方程。随后取第二组状态变量做同样的分析并给出结论。

2. 船舶所受水作用力的函数表示

在上一小节中我们已经对船舶定常回转时的受力情况做了分析。船舶所受外力，包括舵力和推进器推力在内，严格地说它们都是水作用力。但一般总是把推进器推力和力矩与其他水作用力分开来，单独地计算和表示。推进器推力记为X_T，而所有其他水作用力和力矩都合在一起记为 X,Y,N。

在给定的水域，在静水条件下，对给定的船舶对象，X,Y,N 将只是状态量和有关控制量的函数，并且是一个确定的函数。因推进器推力不包括在 X,Y,N 之内，这里需要考虑的控制量只有舵角δ_r。对于第一组状态变量，X,Y,N 可分别表示为

$$X=X(U,\beta,r,\delta_r) \tag{4-63a}$$

$$Y=Y(U,\beta,r,\delta_r) \tag{4-63b}$$

$$N=N(U,\beta,r,\delta_r) \tag{4-63c}$$

对于第二组状态变量，X,Y,N 可分别表示为

$$X=X(u,v,r,\delta_r) \tag{4-64a}$$

$$Y=Y(u,v,r,\delta_r) \tag{4-64b}$$

$$N=N(u,v,r,\delta_r) \tag{4-64c}$$

3. 建立定常回转运动的一般方程

首先取第一组状态变量进行分析。

根据做匀速圆周运动物体的最普通力学关系可知，向心力 F_L 与物体重心的切向速度 U 和回转直径 D 之间的关系式为

$$F_L=mU^2/(D/2) \tag{4-65a}$$

式中：m——运动物体的质量。

因 U 与回转角速度 r 之间满足 $U=r(D/2)$，又可写出：

$$F_L=mUr \tag{4-65b}$$

下面着手建立船做定常回转运动时的力平衡关系。图 4-14 所示为船定常回转时的受力分析图。其中，坐标系是船体坐标系，轴 x 方向表示船首方向，U 表示切向速度，船所受外力和外力矩包括 X_T和 X,Y,N，X_T是螺旋桨推力，X,Y,N 是船所受的力和力矩。图中 $-X$ 所指方向是船所受水作用力的实际方向，因按规定，x 轴方向是力 X 的正方向，故指向 x 轴反方向的力用 $-X$ 表示。也就是说，力 X 的值实际是负值。

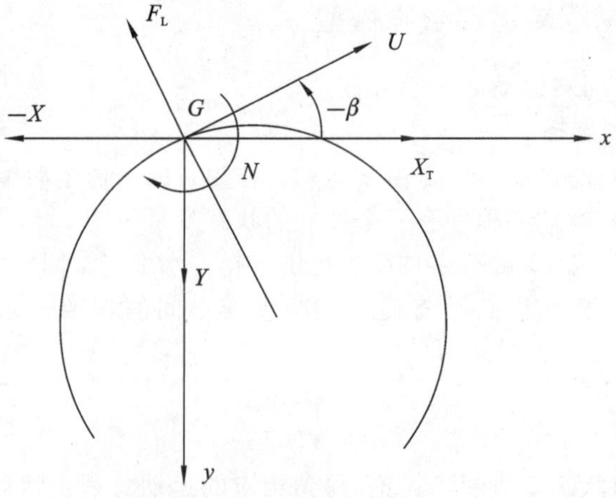

图 4-14 定常回转运动受力分析

船在定常回转时，切向速度 U 不变，故各力在切向的合力为零。各力在圆周径向的合力应等于向心力 F_L。因回转角速度保持不变，故总转矩为零。据此可得到下面的力平衡关系：

$$\left.\begin{array}{l}(X_T+X)\cos\beta-Y\sin\beta=0\\(X_T+X)\sin\beta+Y\cos\beta=mUr\\N=0\end{array}\right\}$$

因为船受到的水动力和推进器推力在船体坐标系下的表示会更简单，根据图 4-14 可列出坐标轴 x、y 向的力平衡关系，结果得到

$$\left.\begin{array}{l}X+X_T-mUr\sin\beta=0\\Y-mUr\cos\beta=0\\N=0\end{array}\right\}\tag{4-66a}$$

恢复水动力写法的函数形式，就得到下面的以 U,β,r 为状态变量，以δ_r和 X_T为控制量的水平面定常回转运动一般方程：

$$\left.\begin{array}{l}X(U,\beta,r,\delta_r)-mUr\sin\beta+X_T=0\\Y(U,\beta,r,\delta_r)-mUr\cos\beta=0\\N(U,\beta,r,\delta_r)=0\end{array}\right\}\tag{4-66b}$$

下面再取第二组状态变量进行分析。

取 u,v,r 作状态变量时，向心力公式的形式为

$$F_L=m\sqrt{u^2+v^2}r\tag{4-67}$$

船体坐标系轴向的力平衡关系是

$$\left.\begin{array}{l}X+X_T+mvr=0\\Y-mur=0\\N=0\end{array}\right\}\tag{4-68a}$$

恢复水动力写法的函数形式，得到以 u,v,r 为状态变量，以δ_r和X_T为控制量的水平面定常回转运动一般方程：

$$\left.\begin{array}{l}X(u,v,r,\delta_r)+mvr+X_T=0\\Y(u,v,r,\delta_r)-mur=0\\N(u,v,r,\delta_r)=0\end{array}\right\}\tag{4-68b}$$

4.7.4　水平面定常回转运动方程的线性近似式

1. 小舵角定常回转运动方程

下面让我们来研究一个较为简单的情况，即小舵角水平面定常回转运动。取小舵角情况下回转达到定常时的漂角也将有较小值，而回转直径将很大。因此小舵角定常回转也就是小漂角定常回转和大直径定常回转。

对于第一组状态变量，操舵控制时，因速度增量相对工作点速度 U_0来说较小，近似取 $U=U_0$为常数，取 $\sin\beta\approx\beta,\cos\beta\approx1$，代入式(4-66b)，可得到

$$X(\beta,r,\delta_r)-mU_0r\beta+X_T=0\tag{4-69a}$$

$$Y(\beta,r,\delta_r)-mU_0r=0\tag{4-69b}$$

$$N(\beta,r,\delta_r)=0\tag{4-69c}$$

对于第二组状态变量，近似取 $U=U_0$为常数和 $u\approx U_0$后由式(4-68b)相应地得到

$$X(v,r,\delta_r)+mvr+X_T=0 \tag{4-70a}$$

$$Y(v,r,\delta_r)-mU_0r=0 \tag{4-70b}$$

$$N(v,r,\delta_r)=0 \tag{4-70c}$$

式(4-69)和式(4-70)就是小舵角定常回转运动的一般方程。显然它们都仍然是非线性方程。

2. 水动力函数的线性近似式

船体、舵等与周围的水发生相互作用而受到的作用力称为水动力。我们把表达水动力关系的函数如 $X(\beta,r,\delta_r)$、$Y(v,r,\delta_r)$等称为水动力函数。为得到式(4-69)、式(4-70)的线性近似式，应首先把这些水动力函数化为线性近似式。

观察式(4-69)可知，因其中只有两个状态变量 β 和 r，所以该式可以简化，其中后两式实际上可分离出来。式(4-69a)的作用只剩下通过控制 X_T 来决定 U_0 的值。如 U_0 给定，则式(4-69a)自然可以除去。结果，公式可简化为两个，水动力函数近似线性化的工作可以只对式(4-69b)和式(4-69c)两式进行。

如果选择第二组状态变量，根据同样的理由，只需对式(4-70)中的后两式做近似线性化。我们首先考虑下面两个水动力函数的线性化问题：

$$Y=Y(\beta,r,\delta_r) \tag{4-71a}$$

$$N=N(\beta,r,\delta_r) \tag{4-71b}$$

让我们把这两个多元函数在 $U=U_0,\beta=r=\delta_r=0$ 点展开成多元泰勒级数。为此假设两函数在上述展开点对 β,r,δ_r 具有任意阶偏导数。展开后只保留零次和一次项，忽略高次项，最后得到泰勒展开式的线性近似式：

$$Y\approx Y_0+Y_\beta\beta+Y_rr+Y_{\delta_r}\delta_r \tag{4-72a}$$

$$N\approx N_0+N_\beta\beta+N_rr+N_{\delta_r}\delta_r \tag{4-72b}$$

式中：

$$Y_0=Y(0,0,0)\big|_{U=U_0}$$

$$N_0=N(0,0,0)\big|_{U=U_0}$$

$$Y_\beta=\frac{\partial Y}{\partial\beta}\bigg|_{U=U_0,\beta=r=\delta_r=0}$$

$$N_\beta=\frac{\partial N}{\partial\beta}\bigg|_{U=U_0,\beta=r=\delta_r=0}$$

$$Y_r=\frac{\partial Y}{\partial r}\bigg|_{U=U_0,\beta=r=\delta_r=0}$$

$$\vdots$$

$$N_{\delta_r}=\frac{\partial N}{\partial\delta_r}\bigg|_{U=U_0,\beta=r=\delta_r=0}$$

再来考虑第二组状态变量的两个水动力函数的近似线性化问题：

$$Y=Y(v,r,\delta_r) \tag{4-73a}$$

$$N=N(v,r,\delta_r) \tag{4-73b}$$

把它们在 $u=U_0,v=r=\delta_r=0$ 点展开成泰勒级数，只保留零次和一次项，得到如下的泰勒展开式的线性近似式：

$$Y\approx Y_0+Y_vv+Y_rr+Y_{\delta_r}\delta_r \tag{4-74a}$$

$$N\approx N_0+N_vv+N_rr+N_{\delta_r}\delta_r \tag{4-74b}$$

式中：

$$Y_0=Y(0,0,0)\big|_{u=U_0}$$

$$N_0=N(0,0,0)\big|_{u=U_0}$$

$$Y_v=\left.\frac{\partial Y}{\partial v}\right|_{u=U_0,v=r=\delta_r=0}$$

$$N_v=\left.\frac{\partial N}{\partial v}\right|_{u=U_0,v=r=\delta_r=0}$$

$$Y_r=\left.\frac{\partial Y}{\partial r}\right|_{u=U_0,v=r=\delta_r=0}$$

$$\vdots$$

$$N_{\delta_r}=\left.\frac{\partial N}{\partial \delta_r}\right|_{u=U_0,v=r=\delta_r=0}$$

式(4-72)和式(4-74)中的 $Y_0,N_0,Y_\beta,N_\beta,Y_v,N_v$……称为水动力系数，因为它们是一阶偏导数，故又称为水动力导数。注意后面章节讲到的高阶水动力系数不称水动力导数。

3. 水平面定常回转运动线性方程

假设船外形对纵中面保持对称，由此知 $Y_0=N_0=0$。注意到这一点，把函数线性近似式(4-72a)代入式(4-69b)、式(4-72b)代入式(4-69c)即得水平面定常回转运动线性方程：

$$Y_\beta\beta+(Y_r-mU_0)r=-Y_{\delta_r}\delta_r \tag{4-75a}$$

$$N_\beta\beta+N_r r=-N_{\delta_r}\delta_r \tag{4-75b}$$

可改写为矩阵形式：

$$\begin{bmatrix}Y_\beta & Y_r-mU_0\\ N_\beta & N_r\end{bmatrix}\begin{bmatrix}\beta\\ r\end{bmatrix}=-\begin{bmatrix}Y_{\delta_r}\\ N_{\delta_r}\end{bmatrix}\delta_r \tag{4-76}$$

当取第二组状态变量时，把函数线性近似式(4-74a)代入式(4-70b)、式(4-74b)代入式(4-70c)，得到形式稍有不同的水平面定常回转运动线性方程：

$$Y_v v+(Y_r-mU_0)r=-Y_{\delta_r}\delta_r \tag{4-77a}$$

$$N_v v+N_r r=-N_{\delta_r}\delta_r \tag{4-77b}$$

改写为矩阵形式

$$\begin{bmatrix}Y_v & Y_r-mU_0\\ N_v & N_r\end{bmatrix}\begin{bmatrix}v\\ r\end{bmatrix}=-\begin{bmatrix}Y_{\delta_r}\\ N_{\delta_r}\end{bmatrix}\delta_r \tag{4-78}$$

4. 用线性方程分析水平回转运动定常阶段

首先说明线性方程各项的物理意义。注意由于假设漂角 β 很小，向心力方向几乎与 y 轴方向重合。

$-mU_0 r$：船定常回转时的离心惯性力。

$Y_\beta\beta$ 或 $Y_v v$：漂角产生的水动力，作用于船重心与船首之间。它是提供向心力的主要水动力。

$Y_{\delta_r}\delta_r$：舵角产生的水动力，作用于舵板，其实际方向与向心力方向相反。

$Y_r r$：船绕重心做定常回转时受到的水阻尼力，其作用点可能在重心之前或重心之后，取决于船水下形状。它可能提供向心力，也可能起反作用。

$N_\beta\beta$ 或 $N_v v$：力 $Y_\beta\beta$ 或 $Y_v v$ 引起的主动力矩。

$N_{\delta_r}\delta_r$：力 $Y_{\delta_r}\delta_r$ 引起的主动力矩。

$N_r r$：被动的阻尼力矩。它平衡两主动力矩。

其次，让我们利用线性方程近似地求解定常回转时的一些状态参数。下面给出求解这些参数的公式。

(1) 漂角 β。由式(4-75)消去 r 得到

$$\beta=-\frac{N_{\delta_r}(mU_0-Y_r)+N_rY_{\delta_r}}{N_\beta(mU_0-Y_r)+N_rY_\beta}\delta_r=K_\beta\delta_r \tag{4-79}$$

式中：K_β——漂角指数，

$$K_\beta=-\frac{N_{\delta_r}(mU_0-Y_r)+N_rY_{\delta_r}}{N_\beta(mU_0-Y_r)+N_rY_\beta}\delta_r$$

可见漂角 β 与舵角 δ_r 成正比。

(2) 横移速度 v。由式(4-77)消去 r 得到

$$v=-\frac{N_{\delta_r}(mU_0-Y_r)+N_rY_{\delta_r}}{N_v(mU_0-Y_r)+N_rY_v}\delta_r \tag{4-80}$$

注意到 $\beta\approx\sin\beta=\frac{-v}{U_0}$。由式(4-79)、式(4-80)可推得下面的水动力系数换算关系：

$$Y_\beta=-U_0Y_v \tag{4-81a}$$

$$N_\beta=-U_0N_v \tag{4-81b}$$

从而可得知

$$v=-K_\beta U_0\delta_r \tag{4-82}$$

(3) 回转角速度 r。由式(4-75)消去 β 可得到

$$r=\frac{N_\beta Y_{\delta_r}-N_{\delta_r}Y_\beta}{N_\beta(mU_0-Y_r)+N_rY_\beta}\delta_r=K\delta_r \tag{4-83}$$

式中：K——回转性指数或舵效系数。按换算关系，式(4-83)又可写成

$$r=\frac{N_vY_{\delta_r}-N_{\delta_r}Y_v}{N_v(mU_0-Y_r)+N_rY_v}\delta_r=K\delta_r \tag{4-84}$$

(4) 回转直径 D。因切线速度 U_0 等于角速度 r 与半径 $D/2$ 的乘积，故

$$D=\frac{2U_0}{r}=\frac{2U_0}{K\delta_r} \tag{4-85}$$

可见舵角增大，回转直径将减小。

最后，介绍枢心的概念并用线性方程近似决定枢心的位置，如图 4-15 所示。

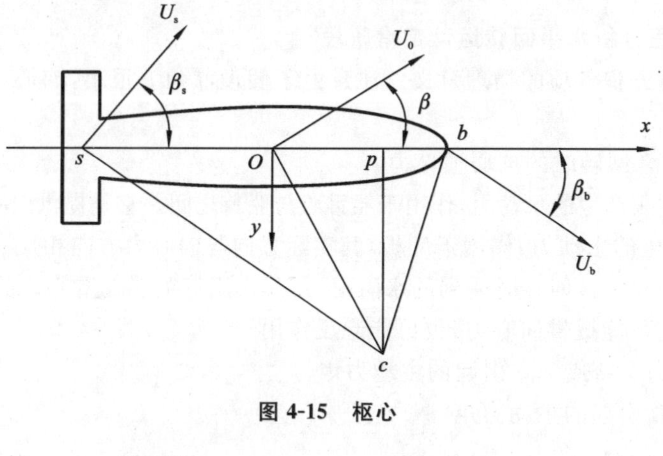

图 4-15　枢心

当船绕点 c 做定常回转时，船上各点的切向速度是不同的。以 x 轴上各点为例，船首 b 点和船尾 s 点的速度的大小和方向都不同，由不同的速度 $\boldsymbol{U}_b$ 和 $\boldsymbol{U}_s$ 决定的漂角 β_b 和 β_s 也不同。

通过观察可以发现，x 轴上有一点 p，其速度指向 x 轴正方向，横向速度为零，对应漂角为零，称此点为枢心。下面让我们来确定枢心的位置。

注意到前面定义的漂角 β 指的是重心 G 处的漂角，可求得重心处的横向速度：

$$v=-U_0\sin\beta$$

因原点位于重心，故可得 x 轴上坐标 x 点处的横向速度：

$$v_x=-U_0\sin\beta+rx$$

令 $v_x=0$，可求得枢心坐标：

$$x_p=\frac{U_0}{r}\sin\beta=\frac{-v}{r}=\frac{K_\beta}{K}U_0 \tag{4-86}$$

4.7.5　水平回转的耦合运动

按水平面运动的一般定义，水平面运动并不要求船的 Oxy 平面在运动中保持水平，而只要求速度向量 $\boldsymbol{U}$ 在水平面内。实际发生的水平定常回转运动也正属于这种情形。为了使读者对水平定常回转运动有一个较全面的概念，并对横倾运动有一个初步了解，本部分介绍船做水平回转的同时发生的横倾运动。操舵做水平回转时，同时还会有伴生的纵倾和升沉运动，但此处将不作讨论。

1. 横倾过程

横倾运动的起因是船所受到的各横向力的作用点与船的重心不在同一水平面上。基于同样理由可知，随各横向力作用点的位置不同，船会表现出不同的横倾运动状态。下面仍分三个阶段来说明横倾过程。假设船做小舵角、大直径、横倾角不大的水平回转运动。应当再次强调，和本章其他各节一样，本节的内容对水上和水下的水平回转都是适用的。

1）转舵阶段

这时只有舵力 $Y(\delta_r)$，设舵力作用点高于重心，故将有不大的外倾，即横倾角 $\varphi<0$。

2）回转过渡阶段

这时增加了 $Y(\beta)$ 或 $Y(v)$，相应地又出现了 $Y(r)$，把它们统一地写成 $Y(\beta,r)$ 或 $Y(v,r)$。设 $Y(\beta,r)$ 或 $Y(v,r)$ 作用点也高于重心，因其数值上远大于 $Y(\delta_r)$，故它将克服 $Y(\delta_r)$ 而形成内倾，即 $\varphi>0$。

3）定常阶段

随着横倾角的出现，静力的扶正力矩将出现，彼此达到平衡后，即进入定常状态，保持一定的横倾角 φ_C 不变。

在以上的横向力作用点假设下，整个横倾过程可形象地用如图 4-16 所示的曲线来表示。

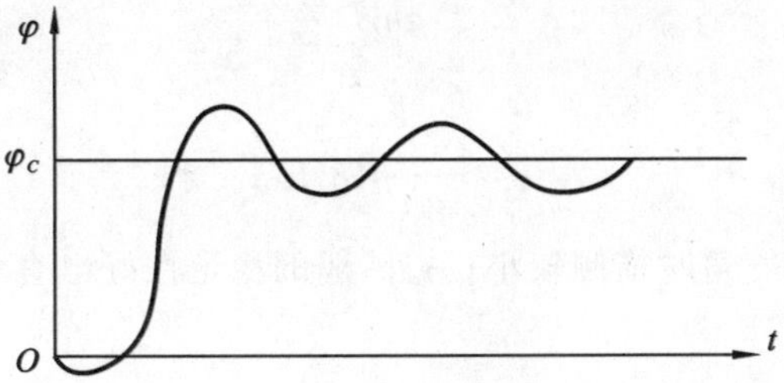

图 4-16　横倾过程

2. 横倾角 φ_C 的计算

根据图 4-17 可建立力平衡关系。图中 mg 是船的重力，γV 是静浮力，假设二者彼此相等。M 是稳心，稳心是指通过浮心 C 的铅垂线与纵中面的交点。出现横倾时，重力和浮力二者形成静扶正力矩。$\overline{MG}$是横稳性高，$\overline{MG}=h_\varphi$。横倾扶正力矩为

$$K(\varphi)=-\gamma V h_\varphi \sin\varphi$$

当横倾角 φ 很小时，

$$K(\varphi)\approx-\gamma V h_\varphi \varphi=K_\varphi \varphi$$

式中：

$$K_\varphi=\left.\frac{\partial K}{\partial \varphi}\right|_{u=U,v=r=\delta_r=\varphi=0}$$

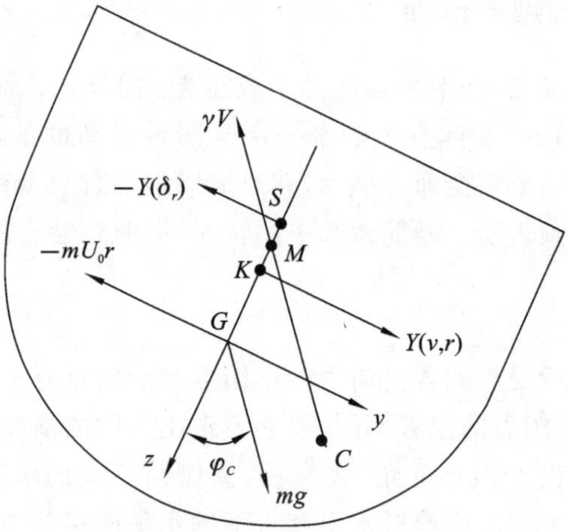

图 4-17　横倾角的计算

小舵角回转时，图 4-17 中的$-mU_0 r$ 可视为定常回转的离心惯性力。如果记$\overline{SG}=H_\delta$，$\overline{KG}=H_{vr}$，达到定常状态后得到力和力矩平衡条件：

$$Y(v,r)+Y(\delta_r)-mU_0 r=0$$

$$Y(v,r)H_{vr}+Y(\delta_r)H_\delta-\gamma V h_\varphi \sin\varphi_C=0$$

消去 $Y(v,r)$，并注意到 $r=2U_0/D$，$\gamma V=mg$，得到

$$\sin\varphi_C=\frac{2U_0^2}{g h_\varphi D}H_{vr}+\frac{Y(\delta_r)}{m g h_\varphi}(H_\delta-H_{vr})$$

因为 φ_C 很小，并认为舵力 $Y(\delta_r)$可忽略，则近似有

$$\varphi_C\approx\frac{2U_0^2}{g h_\varphi D}H_{vr} \tag{4-87}$$

或由式(4-85)进一步得到

$$\varphi_C\approx\frac{U_0}{g h_\varphi}K\delta_r H_{vr} \tag{4-88}$$

式(4-88)表明，在低速、小舵角时横倾较小；另外，船的稳定性好也有利于减小横倾。

4.8　水动力系数测定试验简介

4.8.1　水动力系数测定试验

在上一节，我们已推出了水平面定常回转运动方程（式(4-76)和式(4-78)），其中包含多个水动力系数。若要用这些方程分析和解决问题，则必须先确定这些水动力系数。

确定水动力系数最有效和最可靠的方法是试验测定法。试验测定法又可分为实船试验法、自航船模试验法和约束船模试验法。本节只介绍约束船模试验法，其中主要介绍斜航试验（又称直线拖曳试验）和旋臂试验。约束船模试验除包括斜航试验和旋臂试验以外，还包括平面运动机构试验和圆运动试验等。

所谓约束船模试验，就是对试验船模加上机械的约束，强迫船模做规定的运动。在试验中首先要有满足一定要求的试验船模，对船模的要求主要是在以下三方面。首先要求几何相似，模型尺寸一般是实船尺寸的 1/10～1/50，模型要附体齐全，包括螺旋桨、舵等。其次要求运动相似，即运动流场相似，并且螺旋桨要有驱动电机，螺旋桨要处于要求的工作点上。最后要求动力相似，按照这一要求，试验时船模速度要求比实际船速高得多。此外，对于约束船模试验，因为已规定了运动参数，所以不必要求质量、重心位置和旋转惯量相似。在依据一定的相似条件完成了水动力试验之后，对测得的参数一般还需要做相应的换算和修正。

1. 斜航试验（直线拖曳试验）

直线拖曳试验在普通长条形水池中进行。主要用来测定与不同漂角 β，冲角 α，纵向速度 u，横向速度 v，垂向速度 w 和舵角 δ_r、δ_b、δ_s 相对应的水动力系数，以及它们彼此间的耦合水动力系数。

以测定式(4-76)和式(4-78)中所用到的水动力系数为例，试验时把船模安装于沿水池纵向运动的拖车上，船模的纵中剖面与水池中心线成某一夹角 β，或取某一舵角 δ_r，拖车以不变的速度 U 直线前进，如图 4-18 所示。

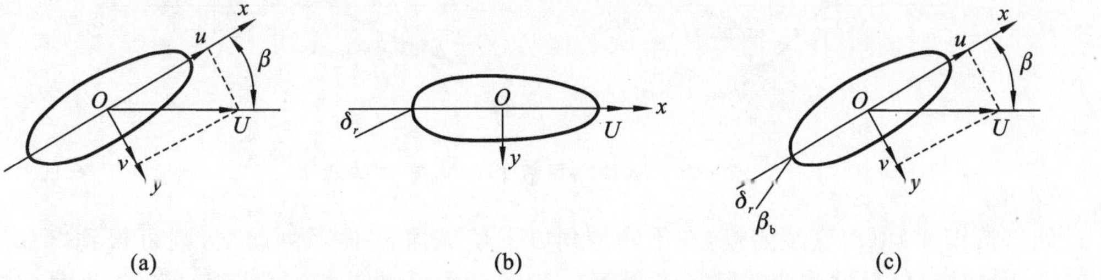

图 4-18　船模斜航运动

船模所受水动力可通过测力仪测得。其中船体所受水动力通常用机械式或电测式六分力测力仪（或称六分力天平）测量。测力仪的一般形式是拖车向下伸出一刚性支杆，其下端伸入船模腹腔内，通过测力元件与船模相连。测力仪的测力元件一般采用应变片，它可直接测量力。此外，两个应变片保持一定距离安装也可测量力矩。应使测力仪的测力元件与船模坐标轴方向保持一致，使测力仪的中心与船模坐标原点重合，这样就可以测得船模所受到的各向力和力矩。此外，船模的舵的受力用舵力仪测量，可测量 X_δ，Y_δ，N_δ 三个力和力矩；螺旋桨推力、扭矩用螺旋桨动力仪测量。通常各测量信号还要经过低通滤波、放大、A/D(analog-digital,模数)转换和求均值等处理。

为测量船模在不同漂角 β 或不同横向速度 v 下的水动力,应按图 4-18(a)安装船模,取舵角为零,分别取不同 β 值做斜航试验。设船模航速为 U,可求得

$$u=U\cos\beta$$
$$v=-U\sin\beta$$

据此可绘出以 β 或 v 为横轴的水动力 X,Y,N 试验曲线,比如以 v 为横轴,可绘出如图4-19所示的试验曲线。

按水动力系数的定义,在 $u=U,v=\delta_r=0$ 点的水动力系数 X_v,Y_v 和 N_v 分别是图 4-19 所示三条曲线在 $v=0$ 点处的斜率值。

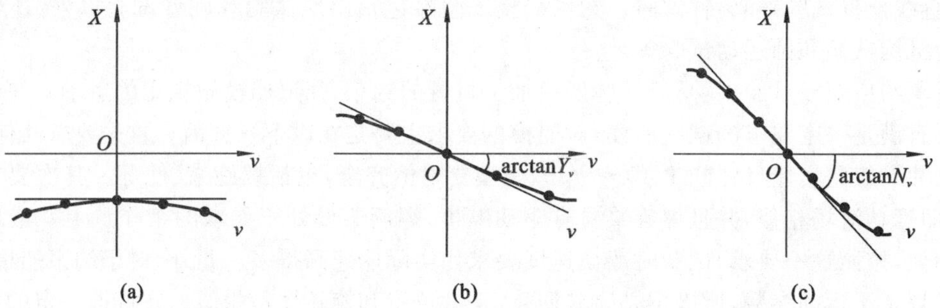

图 4-19　水动力系数 X_v,Y_v,N_v 的试验测定

为测量在不同舵角下的水动力,应按图 4-18(b)安装船模,取漂角为零,航速为 U,系列地改变舵角做斜航试验,可得到如图 4-20 所示的试验曲线,曲线在原点处的斜率就分别是 Y_δ 和 N_δ 的值。

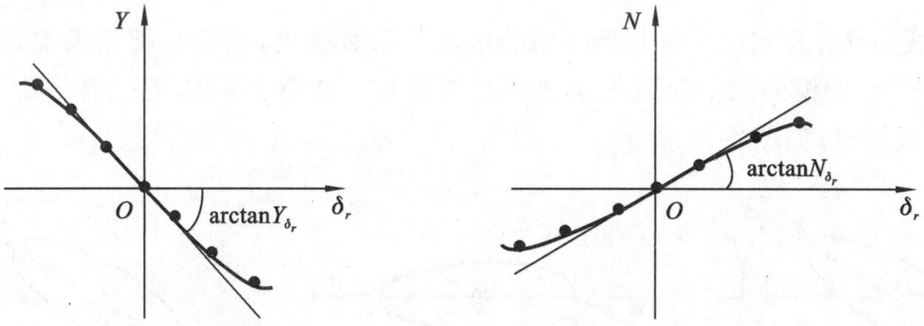

图 4-20　水动力系数 Y_{δ_r},N_{δ_r} 的试验测定

如果按图 4-18(c)安装船模,在不同漂角 β 下使舵角 δ_r 做系列改变,则可得到 $Y(\delta_r,v)$ 和 $N(\delta_r,v)$ 曲线。借助这些曲线除了可得到一阶水动力系数外,还可获得高阶水动力系数和耦合水动力系数。

如果做直线拖曳试验时,使船模的漂角 $\beta=0$,船模与水平面间呈某一冲角 α,并系列改变 α 的大小,则因存在 z 向速度 w,可得到表达力 X,力 Z,力矩 M 与 w 间关系的试验曲线。这些曲线在 $w=0$ 时的值就是 X_0,Z_0,M_0,而曲线在 $w=0$ 点处的斜率就是 X_w,Z_w,M_w。同样,如果做直线拖曳试验时,使 $\beta=\alpha=0$,分别系列改变首升降舵角 δ_b 和尾升降舵角 δ_s,可测得 X,Z,M 与 δ_b 和 δ_s 间的关系曲线。这些曲线在 $\delta_b=0$ 点处的斜率就是 $X_{\delta_b},Z_{\delta_b},M_{\delta_b}$,在 $\delta_s=0$ 点处的斜率就是 $X_{\delta_s},Z_{\delta_s},M_{\delta_s}$。

2. 旋臂试验

旋臂试验在圆形的旋臂水池中进行，主要用来测定角速度水动力系数、与角速度有关的耦合水动力系数等。水池有一旋臂，一端置于环状水池壁的轨道上，可绕水池中心以不同的角速度 r 旋转。船模以某一漂角 β 和舵角 δ_r 安装在旋臂的某一半径 R 处，随旋臂旋转。

船模所受水动力可通过与前述相似的测力仪测得。但因回转时船模本身有离心惯性力和力矩且它们会被测力仪测得，所以必须在测量结果中将它们扣除。为确定这个离心惯性力和力矩，在试验之前，必须称重和确定重心位置。一个可行的代换办法是，使船模保持同样状态在空气中转一次，此时测力仪所测得的值就是应扣除之值。

测量时旋臂回转角速度 r 和船模安装位置 R 可以改变。由于 $U=Rr$，可以看到，为在接近零的角速度 r 下得到足够大的速度 U，半径 R 必须足够大。这实际上是要求旋臂水池规模要很大，因此旋臂水池的造价也必定很高。为使测量结果准确，做旋臂试验时要求启动、加速、稳速和测量必须在一周回转内完成，以免船模进入自身产生的运动水流中，并且要求必须在水波平静后再开始下一次试验。

下面来测量在不同角速度 r 下船模所受的水动力。测量时保持 $\beta=v=\delta_r=0$ 和 $u=U$。旋臂试验最后得到的试验曲线如图 4-21 所示。旋臂试验中无法测得的 $r=0$ 点处的数据可用外插法得到。根据水动力系数的定义，曲线在 $r=0$ 点处的斜率就是 Y_r 和 N_r 之值。

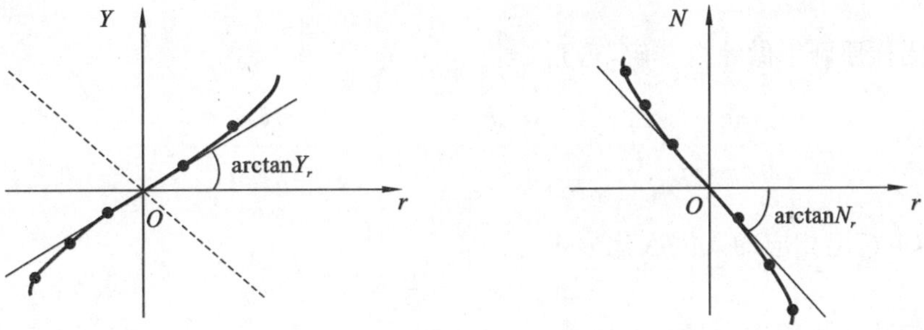

图 4-21　水动力系数 Y_r, N_r 的试验测定

到此为止，我们已通过试验获得了水平面定常回转运动方程式(4-76)和式(4-78)中的全部水动力系数。另外顺便指出，图 4-21 所示的曲线 $Y=Y(r)$ 所在象限因船模外形不同可能会有所不同，比如有可能取虚线所在的象限。

旋臂试验中，在不同漂角 β 下系列改变 r 可测得适用于水下船舶的 $Y(v,r)$，$N(v,r)$ 曲线，通过这两个曲线除了可得到一阶旋转水动力系数之外，还可获得与旋转有关的高阶水动力系数和耦合水动力系数。但因旋臂试验中始终 $r\neq0$，故它不能用来测量与旋转无关的水动力系数。

如果做旋臂实验时，使船模 Oxz 平面与水平面平行，x 轴处于切线方向，做与前面相似的试验，则可测得曲线 $X(q)$，$Z(q)$，$M(q)$。在 $q=0$ 点处求曲线斜率可得到水动力系数 X_q，Z_q，M_q。

4.8.2　水动力系数的无因次化

船模试验结果通常用无因次形式或称相对值形式表示，而不用有因次形式表示。从实测的有因次值变为无因次值要进行换算。用无因次形式表示的好处是彼此具有一定可比性。外形几何相似的船的水动力系数的无因次值彼此将完全相等；外形相近的船的水动力系数彼此将相互接近。有因次形式表示则做不到这一点。

无因次化方法是工程上应用很普遍的数值归一化和处理方法。对于无因次化，重要的是要了解所采用的无因次化体系。考虑到无因次化方法具有普遍性和广泛适用性，我们将另立一节来专门讨论和介绍船舶水动力学的无因次化体系，所以本节就不展开叙述了。

下面通过一个实例来说明如何把一个或一组方程化为无因次形式，同时初步了解下一节将述及的无因次化表格的使用方法。

让我们把式(4-77)化为无因次形式。首先考虑式(4-77a)，因为各项量纲都是力的量纲，所以把式(4-77a)各项遍除一个力的基值。力的基值是$\frac{1}{2}\rho L^2U^2$，故每一项除以$\frac{1}{2}\rho L^2U^2$。随后进行除数分解，或称基值配置，即把$\frac{1}{2}\rho L^2U^2$对每一项的参数加以拆解。对式(4-77a)来说，得到

$$\frac{Y_v}{\frac{1}{2}\rho L^2U}\cdot\frac{v}{U}+\left(\frac{Y_r}{\frac{1}{2}\rho L^3U}-\frac{m}{\frac{1}{2}\rho L^3}\cdot\frac{U_0}{U}\right)\frac{r}{U/L}=-\frac{Y_{\delta_r}}{\frac{1}{2}\rho L^2U^2}\cdot\frac{\delta_r}{1}$$

拆解后每个参数必然可分配到满足无因次化查对表的无因次化公式的除数，则

$$Y'_v v'+(Y'_r-m')r'=-Y'_{\delta_r}\delta_r \tag{4-89a}$$

对(4-77b)做同样处理，不同的是各项是力矩量纲，力矩的基值是$\frac{1}{2}\rho L^3U^2$，故各项应遍除$\frac{1}{2}\rho L^3U^2$。同样原则下做除数分解，得到

$$\frac{N_v}{\frac{1}{2}\rho L^3U}\cdot\frac{v}{U}+\frac{N_r}{\frac{1}{2}\rho L^4U}\cdot\frac{r}{U/L}=-\frac{N_{\delta_r}}{\frac{1}{2}\rho L^3U^2}\cdot\frac{\delta_r}{1}$$

从而得到式(4-77b)相应的无因次化形式：

$$N'_v v'+N'_r r'=-N'_{\delta_r}\delta_r \tag{4-89b}$$

这样就完成了无因次化过程。

对采用β作状态变量的式(4-75)做无因次化时，与Y_β和N_β对应的无因次化形式分别为

$$Y'_\beta=\frac{Y_\beta}{\frac{1}{2}\rho L^2U^2},N'_\beta=\frac{N_\beta}{\frac{1}{2}\rho L^3U^2}$$

4.9　船舶水动力学中的无因次化体系

4.9.1　基本量

本节将介绍ITTC推荐的船舶水动力学国际通用无因次化体系。这一体系规定以表4-4所列三个量作为基本量。

表4-4　无因次化的基本量

名　称	符　号	单位名称	单位符号
水密度	ρ	千克/米^3	kg/m^3
船航速	U	米/秒	m/s
船长	L	米	m

基本量的实际使用值或工作点值，将被作为基值。该值不仅被用于其自身无因次化，同时也用于确定所有其他量的基值。

另一种非通用的无因次化体系所选择的基本量与此有所不同，其差别是长度的基本量不选择船长 L，而选择 $\nabla^{\frac{1}{3}}$，其中 ∇ 是船的全排水容积。注意到船体修长度的定义为

$$\mathcal{L}=\frac{L}{\nabla^{\frac{1}{3}}} \tag{4-90}$$

可见两基本量之比等于船体修长度。

4.9.2　导出基值

在基本量基值的基础上可得到表 4-5 所列的主要物理量的导出基值。

任何物理量的无因次值都一律在该物理量符号的右上角加上一个撇号来表示，在数值上等于该物理量有因次值除以该物理量的基值。例如角速度 r 的无因次值表示为 r'，在数值上等于原 r 值除以角速度的基值 U/L，即

$$r'=\frac{r}{U/L}=\frac{L}{U}r$$

求其他任何物理量的无因次值都可以依此类推。为查找方便，在表 4-6 中列出了求主要物理量的无因次值的公式，在表 4-7 中列出了求水动力系数无因次值的公式。表 4-7 中列出的水动力系数有的已经介绍过了，表中列出的所有零阶和一阶水动力系数，可以直接引用，二阶水动力系数因数量很多，为求简洁明确，没有全数列出，而是以代号形式给出。表中使用的三个下标代号 $*$、Δ 和 δ，分别表示速度、角速度和舵角，引用时先确定其下标归属哪一个下标代号，然后查表。另外要注意的是二阶水动力系数的两个下标符号可以交换，交换前后的含义和查表结果都相同。

表 4-5　主要物理量的导出基值

名　称	符　号	单位名称	单位符号	基　值
时间	t	秒	s	L/U
角速度	p,q,r	1/秒	1/s	U/L
质量	m	千克	kg	$\frac{1}{2}\rho L^3$
转动惯量	J	千克·米^2	kg·m^2	$\frac{1}{2}\rho L^5$
力	X,Y,Z	千克·米/秒^2	kg·m/s^2	$\frac{1}{2}\rho L^2U^2$
力矩	K,M,N	千克·米^2/秒^2	kg·m^2/s^2	$\frac{1}{2}\rho L^3U^2$

表 4-6　主要物理量的无因次化查对表

名　称	无因次化公式	名　称	无因次化公式
速度	$u'=u/U$ $v'=v/U$ $w'=w/U$	角速度	$p'=pL/U$ $q'=qL/U$ $r'=rL/U$

续表

名　称	无因次化公式	名　称	无因次化公式
加速度	$\dot{u}'=\dot{u}L/U^2$ $\dot{v}'=\dot{v}L/U^2$ $\dot{w}'=\dot{w}L/U^2$	角加速度	$\dot{p}'=\dot{p}L^2/U^2$ $\dot{q}'=\dot{q}L^2/U^2$ $\dot{r}'=\dot{r}L^2/U^2$
质量	$m'=m/\frac{1}{2}\rho L^3$	转动惯量	$J'=J/\frac{1}{2}\rho L^5$
力	$X'=X/\frac{1}{2}\rho L^2U^2$ $Y'=Y/\frac{1}{2}\rho L^2U^2$ $Z'=Z/\frac{1}{2}\rho L^2U^2$	力矩	$K'=K/\frac{1}{2}\rho L^3U^2$ $M'=M/\frac{1}{2}\rho L^3U^2$ $N'=N/\frac{1}{2}\rho L^3U^2$

表 4-7　水动力系数无因次化查对表

名　称	无因次化公式	名　称	无因次化公式
零阶力	$X_0'=X_0/\frac{1}{2}\rho L^2U^2$ $Y_0'=Y_0/\frac{1}{2}\rho L^2U^2$ $Z_0'=Z_0/\frac{1}{2}\rho L^2U^2$	零阶力矩	$K_0'=K_0/\frac{1}{2}\rho L^3U^2$ $M_0'=M_0/\frac{1}{2}\rho L^3U^2$ $N_0'=N_0/\frac{1}{2}\rho L^3U^2$
角系数	$X_\beta'=X_\beta/\frac{1}{2}\rho L^2U^2$ $Y_\beta'=Y_\beta/\frac{1}{2}\rho L^2U^2$ $X_\alpha'=X_\alpha/\frac{1}{2}\rho L^2U^2$ $Z_\alpha'=Z_\alpha/\frac{1}{2}\rho L^2U^2$	角系数	$N_\beta'=N_\beta/\frac{1}{2}\rho L^3U^2$ $M_\alpha'=M_\alpha/\frac{1}{2}\rho L^3U^2$ $K_\varphi'=K_\varphi/\frac{1}{2}\rho L^3U^2$ $M_\theta'=M_\theta/\frac{1}{2}\rho L^3U^2$
速度系数	$X_u'=X_u/\frac{1}{2}\rho L^2U$ $Y_u'=Y_u/\frac{1}{2}\rho L^2U$ $Z_u'=Z_u/\frac{1}{2}\rho L^2U$ $X_v'=X_v/\frac{1}{2}\rho L^2U$ $Y_v'=Y_v/\frac{1}{2}\rho L^2U$ $Z_v'=Z_v/\frac{1}{2}\rho L^2U$ $X_w'=X_w/\frac{1}{2}\rho L^2U$ $Y_w'=Y_w/\frac{1}{2}\rho L^2U$ $Z_w'=Z_w/\frac{1}{2}\rho L^2U$	速度系数	$K_u'=K_u/\frac{1}{2}\rho L^3U$ $M_u'=M_u/\frac{1}{2}\rho L^3U$ $N_u'=N_u/\frac{1}{2}\rho L^3U$ $K_v'=K_v/\frac{1}{2}\rho L^3U$ $M_v'=M_v/\frac{1}{2}\rho L^3U$ $N_v'=N_v/\frac{1}{2}\rho L^3U$ $K_w'=K_w/\frac{1}{2}\rho L^3U$ $M_w'=M_w/\frac{1}{2}\rho L^3U$ $N_w'=N_w/\frac{1}{2}\rho L^3U$

续表

名　　称	无因次化公式	名　　称	无因次化公式
角速度系数	$X'_p = X_p / \frac{1}{2}\rho L^3 U$ $Y'_p = Y_p / \frac{1}{2}\rho L^3 U$ $Z'_p = Z_p / \frac{1}{2}\rho L^3 U$ $X'_q = X_q / \frac{1}{2}\rho L^3 U$ $Y'_q = Y_q / \frac{1}{2}\rho L^3 U$ $Z'_q = Z_q / \frac{1}{2}\rho L^3 U$ $X'_r = X_r / \frac{1}{2}\rho L^3 U$ $Y'_r = Y_r / \frac{1}{2}\rho L^3 U$ $Z'_r = Z_r / \frac{1}{2}\rho L^3 U$	角速度系数	$K'_p = K_p / \frac{1}{2}\rho L^4 U$ $M'_p = M_p / \frac{1}{2}\rho L^4 U$ $N'_p = N_p / \frac{1}{2}\rho L^4 U$ $K'_q = K_q / \frac{1}{2}\rho L^4 U$ $M'_q = M_q / \frac{1}{2}\rho L^4 U$ $N'_q = N_q / \frac{1}{2}\rho L^4 U$ $K'_r = K_r / \frac{1}{2}\rho L^4 U$ $M'_r = M_r / \frac{1}{2}\rho L^4 U$ $N'_r = N_r / \frac{1}{2}\rho L^4 U$
舵角系数	$X'_{\delta_r} = X_{\delta_r} / \frac{1}{2}\rho L^2 U^2$ $Y'_{\delta_r} = Y_{\delta_r} / \frac{1}{2}\rho L^2 U^2$ $Z'_{\delta_r} = Z_{\delta_r} / \frac{1}{2}\rho L^2 U^2$ $X'_{\delta_b} = X_{\delta_b} / \frac{1}{2}\rho L^2 U^2$ $Y'_{\delta_b} = Y_{\delta_b} / \frac{1}{2}\rho L^2 U^2$ $Z'_{\delta_b} = Z_{\delta_b} / \frac{1}{2}\rho L^2 U^2$ $X'_{\delta_s} = X_{\delta_s} / \frac{1}{2}\rho L^2 U^2$ $Y'_{\delta_s} = Y_{\delta_s} / \frac{1}{2}\rho L^2 U^2$ $Z'_{\delta_s} = Z_{\delta_s} / \frac{1}{2}\rho L^2 U^2$	舵角系数	$K'_{\delta_r} = K_{\delta_r} / \frac{1}{2}\rho L^3 U^2$ $M'_{\delta_r} = M_{\delta_r} / \frac{1}{2}\rho L^3 U^2$ $N'_{\delta_r} = N_{\delta_r} / \frac{1}{2}\rho L^3 U^2$ $K'_{\delta_b} = K_{\delta_b} / \frac{1}{2}\rho L^3 U^2$ $M'_{\delta_b} = M_{\delta_b} / \frac{1}{2}\rho L^3 U^2$ $N'_{\delta_b} = N_{\delta_b} / \frac{1}{2}\rho L^3 U^2$ $K'_{\delta_s} = K_{\delta_s} / \frac{1}{2}\rho L^3 U^2$ $M'_{\delta_s} = M_{\delta_s} / \frac{1}{2}\rho L^3 U^2$ $N'_{\delta_s} = N_{\delta_s} / \frac{1}{2}\rho L^3 U^2$

续表

名　称	无因次化公式	名　称	无因次化公式
加速度系数	$X'_{\dot{u}}=X_{\dot{u}}/\frac{1}{2}\rho L^3$ $Y'_{\dot{u}}=Y_{\dot{u}}/\frac{1}{2}\rho L^3$ $Z'_{\dot{u}}=Z_{\dot{u}}/\frac{1}{2}\rho L^3$ $X'_{\dot{v}}=X_{\dot{v}}/\frac{1}{2}\rho L^3$ $Y'_{\dot{v}}=Y_{\dot{v}}/\frac{1}{2}\rho L^3$ $Z'_{\dot{v}}=Z_{\dot{v}}/\frac{1}{2}\rho L^3$ $X'_{\dot{w}}=X_{\dot{w}}/\frac{1}{2}\rho L^3$ $Y'_{\dot{w}}=Y_{\dot{w}}/\frac{1}{2}\rho L^3$ $Z'_{\dot{w}}=Z_{\dot{w}}/\frac{1}{2}\rho L^3$	加速度系数	$K'_{\dot{u}}=K_{\dot{u}}/\frac{1}{2}\rho L^4$ $M'_{\dot{u}}=M_{\dot{u}}/\frac{1}{2}\rho L^4$ $N'_{\dot{u}}=N_{\dot{u}}/\frac{1}{2}\rho L^4$ $K'_{\dot{v}}=K_{\dot{v}}/\frac{1}{2}\rho L^4$ $M'_{\dot{v}}=M_{\dot{v}}/\frac{1}{2}\rho L^4$ $N'_{\dot{v}}=N_{\dot{v}}/\frac{1}{2}\rho L^4$ $K'_{\dot{w}}=K_{\dot{w}}/\frac{1}{2}\rho L^4$ $M'_{\dot{w}}=M_{\dot{w}}/\frac{1}{2}\rho L^4$ $N'_{\dot{w}}=N_{\dot{w}}/\frac{1}{2}\rho L^4$
角加速度系数	$X'_{\dot{p}}=X_{\dot{p}}/\frac{1}{2}\rho L^4$ $Y'_{\dot{p}}=Y_{\dot{p}}/\frac{1}{2}\rho L^4$ $Z'_{\dot{p}}=Z_{\dot{p}}/\frac{1}{2}\rho L^4$ $X'_{\dot{q}}=X_{\dot{q}}/\frac{1}{2}\rho L^4$ $Y'_{\dot{q}}=Y_{\dot{q}}/\frac{1}{2}\rho L^4$ $Z'_{\dot{q}}=Z_{\dot{q}}/\frac{1}{2}\rho L^4$ $X'_{\dot{r}}=X_{\dot{r}}/\frac{1}{2}\rho L^4$ $Y'_{\dot{r}}=Y_{\dot{r}}/\frac{1}{2}\rho L^4$ $Z'_{\dot{r}}=Z_{\dot{r}}/\frac{1}{2}\rho L^4$	角加速度系数	$K'_{\dot{p}}=K_{\dot{p}}/\frac{1}{2}\rho L^5$ $M'_{\dot{p}}=M_{\dot{p}}/\frac{1}{2}\rho L^5$ $N'_{\dot{p}}=N_{\dot{p}}/\frac{1}{2}\rho L^5$ $K'_{\dot{q}}=K_{\dot{q}}/\frac{1}{2}\rho L^5$ $M'_{\dot{q}}=M_{\dot{q}}/\frac{1}{2}\rho L^5$ $N'_{\dot{q}}=N_{\dot{q}}/\frac{1}{2}\rho L^5$ $K'_{\dot{r}}=K_{\dot{r}}/\frac{1}{2}\rho L^5$ $M'_{\dot{r}}=M_{\dot{r}}/\frac{1}{2}\rho L^5$ $N'_{\dot{r}}=N_{\dot{r}}/\frac{1}{2}\rho L^5$

续表

名　　称	无因次化公式	名　　称	无因次化公式
二阶速度系数	$X'_{**}=X_{**}/\frac{1}{2}\rho L^2$ $Y'_{**}=Y_{**}/\frac{1}{2}\rho L^2$ $Z'_{**}=Z_{**}/\frac{1}{2}\rho L^2$	二阶速度系数	$K'_{**}=K_{**}/\frac{1}{2}\rho L^3$ $M'_{**}=M_{**}/\frac{1}{2}\rho L^3$ $N'_{**}=N_{**}/\frac{1}{2}\rho L^3$
二阶角速度系数	$X'_{\Delta\Delta}=X_{\Delta\Delta}/\frac{1}{2}\rho L^4$ $Y'_{\Delta\Delta}=Y_{\Delta\Delta}/\frac{1}{2}\rho L^4$ $Z'_{\Delta\Delta}=Z_{\Delta\Delta}/\frac{1}{2}\rho L^4$	二阶角速度系数	$K'_{\Delta\Delta}=K_{\Delta\Delta}/\frac{1}{2}\rho L^5$ $M'_{\Delta\Delta}=M_{\Delta\Delta}/\frac{1}{2}\rho L^5$ $N'_{\Delta\Delta}=N_{\Delta\Delta}/\frac{1}{2}\rho L^5$
耦合系数	$X'_{*\Delta}=X_{*\Delta}/\frac{1}{2}\rho L^3$ $Y'_{*\Delta}=Y_{*\Delta}/\frac{1}{2}\rho L^3$ $Z'_{*\Delta}=Z_{*\Delta}/\frac{1}{2}\rho L^3$	耦合系数	$K'_{*\Delta}=K_{*\Delta}/\frac{1}{2}\rho L^4$ $M'_{*\Delta}=M_{*\Delta}/\frac{1}{2}\rho L^4$ $N'_{*\Delta}=N_{*\Delta}/\frac{1}{2}\rho L^4$
二阶舵系数	$X'_{*\delta}=X_{*\delta}/\frac{1}{2}\rho L^2U$ $Y'_{*\delta}=Y_{*\delta}/\frac{1}{2}\rho L^2U$ $Z'_{*\delta}=Z_{*\delta}/\frac{1}{2}\rho L^2U$ $X'_{\Delta\delta}=X_{\Delta\delta}/\frac{1}{2}\rho L^3U$ $Y'_{\Delta\delta}=Y_{\Delta\delta}/\frac{1}{2}\rho L^3U$ $Z'_{\Delta\delta}=Z_{\Delta\delta}/\frac{1}{2}\rho L^3U$ $X'_{\delta\delta}=X_{\delta\delta}/\frac{1}{2}\rho L^2U^2$ $Y'_{\delta\delta}=Y_{\delta\delta}/\frac{1}{2}\rho L^2U^2$ $Z'_{\delta\delta}=Z_{\delta\delta}/\frac{1}{2}\rho L^2U^2$	二阶舵系数	$K'_{*\delta}=K_{*\delta}/\frac{1}{2}\rho L^3U$ $M'_{*\delta}=M_{*\delta}/\frac{1}{2}\rho L^3U$ $N'_{*\delta}=N_{*\delta}/\frac{1}{2}\rho L^3U$ $K'_{\Delta\delta}=K_{\Delta\delta}/\frac{1}{2}\rho L^4U$ $M'_{\Delta\delta}=M_{\Delta\delta}/\frac{1}{2}\rho L^4U$ $N'_{\Delta\delta}=N_{\Delta\delta}/\frac{1}{2}\rho L^4U$ $K'_{\delta\delta}=K_{\delta\delta}/\frac{1}{2}\rho L^3U^2$ $M'_{\delta\delta}=M_{\delta\delta}/\frac{1}{2}\rho L^3U^2$ $N'_{\delta\delta}=N_{\delta\delta}/\frac{1}{2}\rho L^3U^2$

注：二阶系数下角标中符号定义为

$*$——速度 u,v 或 w；

Δ——角速度 p,q 或 r；

δ——舵角 δ_r,δ_b 或 δ_s。

第5章　船舶动力装置的数学模型与仿真

由于船舶推进装置十分复杂，且具有非线性，这种复杂系统的分析优化只有通过计算机仿真才能实现。船舶推进系统，除了柴油机和燃气轮机等原动机外，还有传动机械、可调螺距螺旋桨、船体和监控系统等动力学部件，每一个部分都是一个比较复杂的子系统，这些子系统组合在一起形成一个更复杂的大系统。比如，船舶联合推进装置有柴油机或燃气轮机单独推进、柴柴（或燃燃）联合推进、柴燃切换等推进模式，每种模式又分起航、加速、刹车、换向、舰船回转等机动工况。现代仿真软件能对舰船推进装置这种具有非线性，甚至存在病态问题的大系统进行动态仿真分析和研究。

鉴于舰船动力装置的复杂性，其动态性能的分析和优化、控制系统的综合，都必须借助数学建模和计算机仿真来实现。舰船推进系统是舰船动力装置中最主要的部分，它由主机、传动装置、螺旋桨和船体等各设备所组成。主机通常为增压柴油机，传动装置可以包括离合器、减速齿轮箱、反向装置和轴系，螺旋桨可为定螺距螺旋桨（定距桨）或可调螺距螺旋桨（调距桨）。

舰船推进系统的基本工作原理：主机产生的扭矩，通过传动装置带动螺旋桨旋转；同时螺旋桨产生推力，推动舰船前进。船体阻力与船速有直接的关系。主机产生的扭矩与传动装置的损失扭矩、螺旋桨的吸收扭矩的不平衡支配着轴系转速的变化；而螺旋桨产生的推力与船体阻力的不平衡，导致船速发生变化。

舰船动力装置数学建模的特点是先将部件模型抽象成简单的数学形式，再由部件模型组合成设备的数学模型。计算机仿真是将各个设备的数学模型有机地联系起来，研究整个系统的动态特性的过程。

目前应用在船舶上的常用动力装置中，柴油机以其热效率高、燃料经济性好、可靠性高、便于维修等特点，被广泛作为船舶主推进原动机。本章对以涡轮增压柴油机为主机的船舶推进系统进行了建模，由于篇幅原因，忽略了对传动轴系的建模。基于本章的数学模型，本书在第七章对水面无人艇（USV）的主动力装置进行了计算机仿真分析。

5.1　船桨模型

5.1.1　螺旋桨的数学模型

螺旋桨相对于水的运动包括两个方面：速度为 v_p（m/s）的平动，转速为 n_p（r/s）的旋转运动。螺旋桨与水流相互作用，在螺旋桨轴上产生推力 T_p（N）和水阻力矩 M_p（N·m），根据螺旋桨的工作原理，它们可以表示成以下关系：

$$T_p = K_T \rho n_p^2 D^4$$

$$M_p = K_Q \rho n_p^2 D^5$$

式中：ρ——水的密度；

D——螺旋桨的直径；

K_T和K_Q——推力系数和扭矩系数，它们是无因次数，都是螺旋桨进速比 J 和螺距角 θ

(对于调距桨)的函数,其中 $J=v_p/(n_pD)$。通常 K_T 和 K_Q 是从特定桨型的图谱获得的。

式(5-1)和式(5-2)能很好地用于稳态工况计算,但在动态仿真时,对调距桨船,J 的定义域过大,而对定距桨船,除 J 的定义域过大外,更会发生除零溢出。因为定距桨船在倒车时,只能靠螺旋桨轴反转来实现,在紧急倒车时,转速由正到负的变化过程中,发生 $n_p=0$ 的情形,而当时 v_p 仍然大于零,所以无法计算 J 。一种比较好的处理方法是定义进速系数 μ,设:

$$R_p=\sqrt{v_p^2+n_p^2D^2} \tag{5-1}$$

$$\mu=\frac{v_p}{R_p}=\frac{J}{\sqrt{J^2+1}} \tag{5-2}$$

$$T_p=K_T\rho n_p^2D^4 \tag{5-3}$$

$$M_p=K_Q\rho n_p^2D^5 \tag{5-4}$$

有

$$C_Q=K_Q\frac{n_p^2D^2}{R_p^2}=K_Q\frac{1}{J^2+1} \tag{5-5}$$

$$C_T=K_T\frac{n_p^2D^2}{R_p^2}=K_T\frac{1}{J^2+1} \tag{5-6}$$

经过以上变换,C_T 和 C_Q 都是 μ 和 θ 的函数。在动态仿真时,C_T 和 C_Q 都是根据 μ 和 θ 插值得到的。μ 的定义域在极限情况下为[−1,1],它属于有限区间,对于仿真是非常有利的。图 5-1 和图 5-2 分别是某调距桨的 C_T 和 C_Q 曲线。

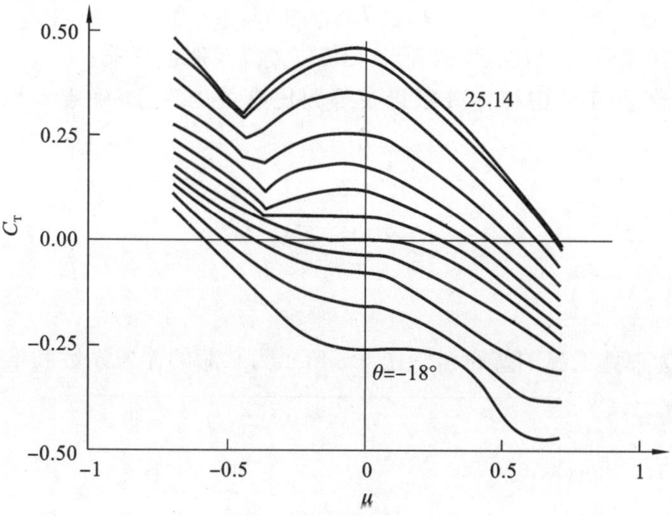

图 5-1　某调距桨的 C_T 曲线

对于定距桨,螺旋桨轴有时需要反转,而螺旋桨的正反转特性是不同的,但是,上述 μ 的定义中没有反映正反转的差异,所以,任意一个 μ 值,对应正反转分别有两个 C_T 和 C_Q 值。这给仿真带来困难。有些文献定义进速参数为

$$W=\text{sign}(n_p)(\mu+1) \tag{5-7}$$

W 的取值范围为[−2,2]。$n_p<0$ 时,$W=-2\sim0$;$n_p\geqslant0$ 时,对应 $W=0\sim2$。如此定义之后,C_T 和 C_Q 都仅是 W 的单值连续函数,W 又是有限定义域,这样十分便于仿真计算。

以上讨论的数学模型属于螺旋桨的敞水特性,实际上,当螺旋桨装置于船体尾部时,船体对螺旋桨产生伴流和推力减额两个效应。螺旋桨的平均速度与船速相同,但船体后面的水被

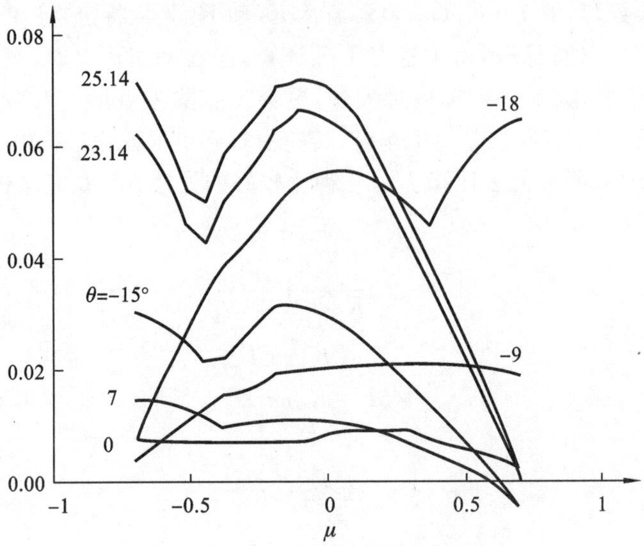

图 5-2　某调距桨的 C_Q 曲线

船体带动，不再是静止的，所以螺旋桨相对于水的速度并不等于船速 v_s(m/ s)，即

$$v_p = v_s(1-w) \tag{5-8}$$

式中：w——伴流系数，与船型、螺旋桨安装位置以及船速有关。螺旋桨的有效推力为

$$P_e = T_p(1-t_p t) \tag{5-9}$$

式中：t——推力减额系数，也与船型、螺旋桨安装位置以及船速有关；

t_p——螺距系数，用于考虑推力减额以及螺距比有关的现象，确定 t_p 可采用 Donnelly 的公式：

$$t_p=\begin{cases}3, & r_\theta \leqslant -1\\ -3r_\theta, & -1<r_\theta<0\\ r_\theta, & 0\leqslant r_\theta<1\\ 1, & r_\theta \geqslant 1\end{cases} \tag{5-10}$$

式中：$r_\theta=\theta/\theta_0$，θ_0 为设计工况的螺距角。图 5-3 所示为某船的伴流系数和推力减额系数曲线。

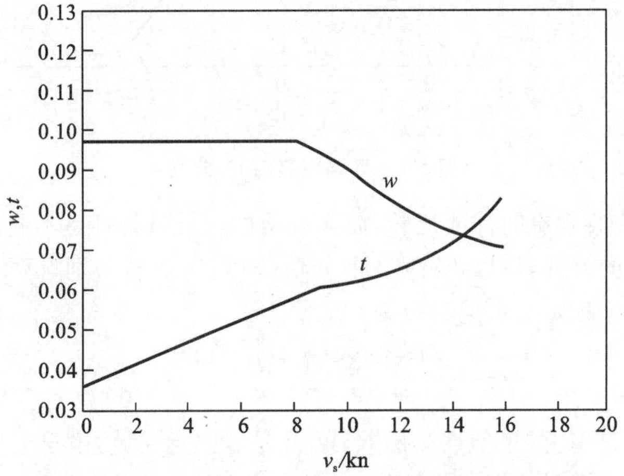

图 5-3　某船的伴流系数 w 和推力减额系数 t 曲线

螺旋桨转速 n_p：当主机与螺旋桨刚性连接时，由传动轴系转子运动方程求出，其运动方程为

$$\frac{\pi}{30}I\frac{dn_p}{dt}=M_s-M_p-M_f \tag{5-11}$$

式中：I——主机、传动系统、轴系及螺旋桨各桨叶总的当量转动惯量；

M_s——主机输出扭矩；

M_p——螺旋桨回转产生的水阻力矩；

M_f——主机传动系统、轴系中因机械损失所消耗的力矩。

主机和轴系间的摩擦损失力矩 M_f 可以近似看成调距桨转速的函数，但因为摩擦损失力矩 M_f 与主机输出扭矩 M_s、调距桨的负荷扭矩 M_p 相比很小，故为了简化模型，可以认为 M_f 是不变的，即 $M_f=0.02M_H$（M_H 为额定工况下的主机输出扭矩）。

5.1.2　船体的数学模型

根据船舶运动方程，可得船舶运动方程为

$$m\frac{dv_s}{dt}=P_e-R \tag{5-12}$$

式中：m——船舶质量与船体附连水质量之和；

v_s——船速(m/s)；

t——时间；

P_e——螺旋桨有效推力；

R——船体总阻力(N)。

船舶稳定航行时，船体总阻力 R 是与航速 v_s 的平方成正比，即

$$R=A_R v_s^2 \tag{5-13}$$

式中：A_R——阻力系数，与船体线型、排水量、污底程度、拖带、航道及海情等因素有关。

5.2　柴油机数学模型

本模型是把柴油机运转过程等效为一系列稳态过程[1]，以热力学、动力学定理为理论基

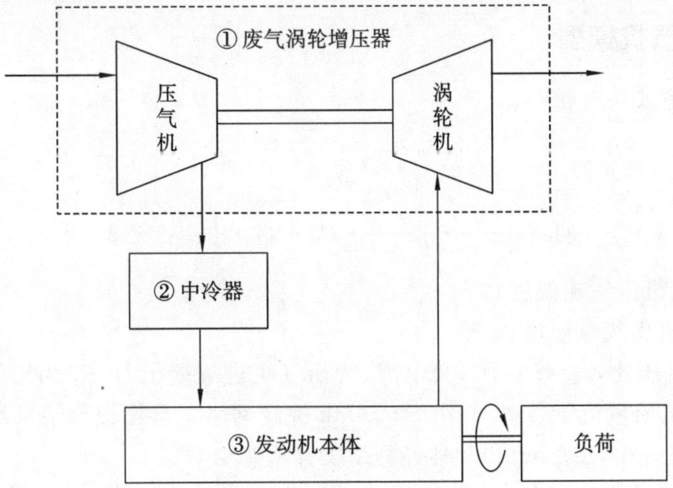

图 5-4　柴油机模型结构

础，参考以往实验总结的经验公式，忽略进排气道对柴油机工作状态的影响。如图 5-4 所示，模型主要分为三个部分：①废气涡轮增压器；②中冷器；③发动机本体。

建模过程做如下假设：

(1) 忽略柴油机系统中任何存储容积对动态过程的影响。

(2) 系统中的物理量(温度、压力与气体的质量流量)用均值表示，将所有状态参量看作时间的函数。

(3) 缸内参数用循环均值表示，不进行缸内工作循环计算。

5.3　废气涡轮增压器模型

5.3.1　增压器转子模型

增压器利用柴油机排出废气的动能和内能将新鲜空气进行压缩[2]，用增加进入气缸的空气质量的方式来提高柴油机的升功率，进而提高整机功率。增压器动力学模型可简化为

$$\frac{\pi I_{tc}}{30}\frac{dn_{tc}}{dt}=M_T-M_C \tag{5-14}$$

式中：I_{tc}——增压器转动惯量；

n_{tc}——增压器转速；

M_T——涡轮机输出转矩；

M_C——压气机输出转矩；

搭建好的 Simulink 增压器转子仿真模型如图 5-5 所示。

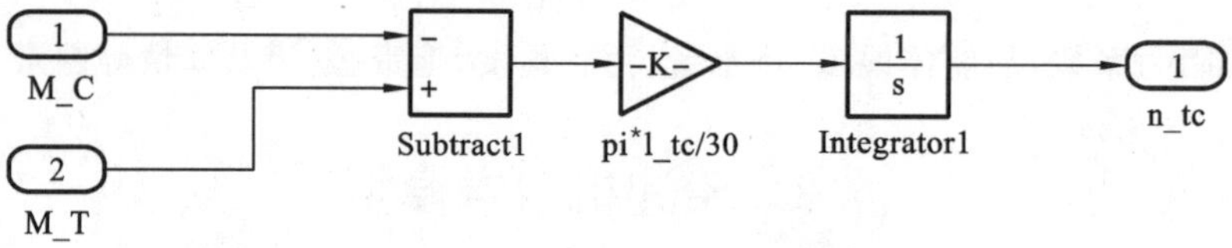

图 5-5　增压器转子仿真模型

5.3.2　压气机模型

采用单级径流式压气机[3]：

$$T_2=T_1+\frac{T_1}{\eta_c}\left(\pi_c^{\frac{k_1-1}{k_1}}-1\right) \tag{5-15}$$

$$M_C=\frac{G_c}{\omega_{tc}\eta_c}\cdot\frac{k_1}{k_1-1}\cdot R_a\cdot T_1\cdot\left(\pi_c^{\frac{k_1-1}{k_1}}-1\right) \tag{5-16}$$

式中：T_1——压气机进气端温度；

T_2——压气机出气端温度；

π_c——压气机压比，$\pi_c=P_2/P_1$，其中 P_1 为压气机进气端压力，P_2 为压气机出气端压力；

G_c——压气机质量流量(kg/s)，由 Simulink 神经网络工具箱拟合结果给出；

η_c——压气机效率，由 Simulink 神经网络工具箱拟合算出；

ω_{tc}——涡轮转子角速度；

k_1——压气机多变压缩指数；

R_a——空气的气体常数。搭建好的压气机仿真模型如图 5-6 所示。

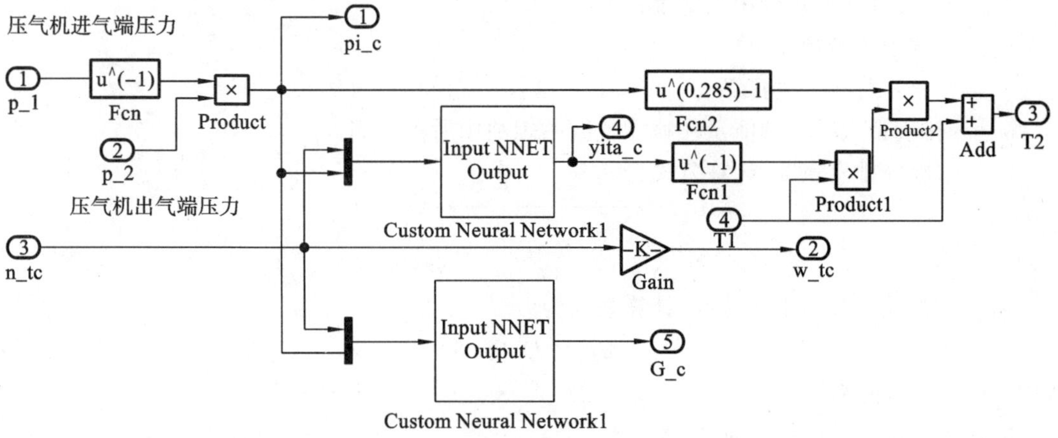

图 5-6　压气机仿真模型

5.3.3　涡轮机模型

文献[4]详细介绍了柴油机各子系统的数学模型，提出了涡轮机的转矩数学模型如下：

$$M_T=\frac{G_T}{\omega_{tc}}\cdot\frac{k_2}{k_2-1}\cdot R_T\cdot T_4\cdot\eta_T\left[1-\left(\frac{1}{\pi_T}\right)^{\frac{k_2-1}{k_2}}\right]\tag{5-17}$$

式中：G_T——废气流量(计算公式见式(5-18))；

k_2——废气绝热指数；

ω_{tc}——涡轮转子角速度；

R_T——废气气体常数，$R_T=286.354$ J/(kg·K)；

π_T——膨胀比，$\pi_T=P_4/P_r$，P_4 为涡轮前废气压力(Pa)，P_r 为排气背压(Pa)，近似等于 P_1，常取 $P_4=1.6P_r$。

$$G_T=\alpha\cdot A_v\cdot C_T\cdot\frac{P_4}{\sqrt{R_T\cdot T_4}}\left[k_2\cdot\left(\frac{2}{k_2+1}\right)^{\frac{k_2+1}{k_2-1}}\right]^{\frac{1}{2}}\tag{5-18}$$

式中：α——涡轮的流通系数；

C_T——废气通过涡轮当量流通面积的阻力系数；

A_v——涡轮的当量流通面积；

T_4——涡轮前废气温度(K)，要求小于 650 ℃；

η_T——涡轮效率。η_T 和 T_4 计算公式分别为

$$\eta_T=k_{20}\cdot\left(\frac{u_T}{C_s}\right)^2+k_{10}\cdot\left(\frac{u_T}{C_s}\right)+k_{00}\tag{5-19}$$

$$T_4=T_3+\frac{\chi}{1+A_F}\cdot\frac{H_u\eta_{cy}}{C_{pex}}+f(n_D)\tag{5-20}$$

式中：k_{20}，k_{10}，k_{00}——由涡轮特性曲线求得；

T_3——中冷器空气出口温度；

A_F——空燃比；

H_u——燃料的低热值(J/kg)；

η_{cy}——燃烧效率；

C_{pex}——废气在燃烧管中的速度；

n_D——柴油机转速；

$f(n_D)$——关于 n_D 的函数；

χ——排气带入排气管能量在喷入气缸的燃油中所占比例；

C_s——废气排出速度，计算公式为

$$C_s=\sqrt{\frac{2k_2}{k_2-1}R_T T_4\left[1-\left(\frac{1}{\pi_T}\right)^{\frac{k_2-1}{k_2}}\right]} \tag{5-21}$$

u_T——涡轮叶片顶端线速度，计算公式为

$$u_T=\pi D_T n_{tc}/60 \tag{5-22}$$

式中：D_T——涡轮外径。

涡轮出口温度 T_5（单位为 K）为

$$T_5=T_4\left\{1-\eta_T\left[1-\left(\frac{1}{\pi_T}\right)^{\frac{k_2-1}{k_2}}\right]\right\} \tag{5-23}$$

注意：为保证燃烧室有良好的扫气，涡轮前废气压力 P_4 必须大于排气背压 P_r。搭建好的涡轮机仿真模型如图 5-7 所示。

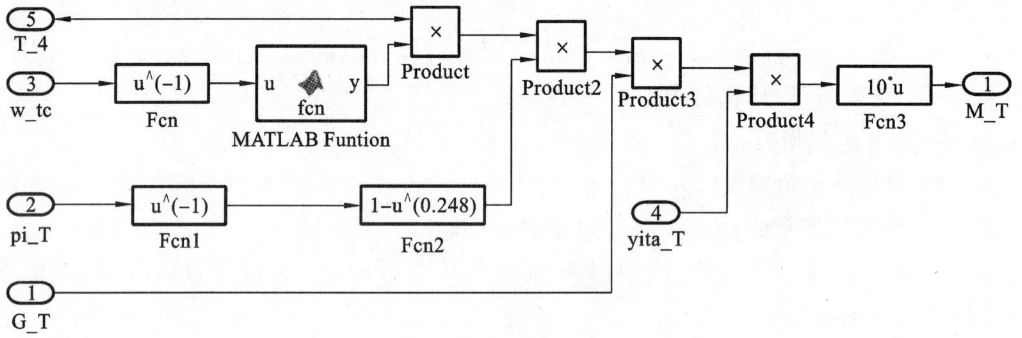

图 5-7　涡轮机仿真模型

5.4　中冷器模型

中冷器精确模型较为复杂[3]，在仿真的过程中为了简化中冷器模型可以忽略中冷器的热惯性作用，只考虑中冷器的冷却效果和压降，用参数冷却效率 epsilon 进行简化处理：

$$T_3=T_2-\varepsilon(T_2-T_w) \tag{5-24}$$

$$P_3=P_2+\Delta P=P_2+\gamma_2 G_c^2/\rho_k \tag{5-25}$$

式中：T_w——冷却水进口温度；

T_2——中冷器空气进口温度；

T_3——中冷器空气出口温度；

ε——冷却效率；

P_2——中冷器空气进口压力；

P_3——中冷器空气出口压力；

ρ_k——中冷器进口空气密度(kg/m^3)；

γ_2——阻力系数；

G_c——中冷器进入进气管空气量。

搭建好的中冷器仿真模型如图 5-8 所示。

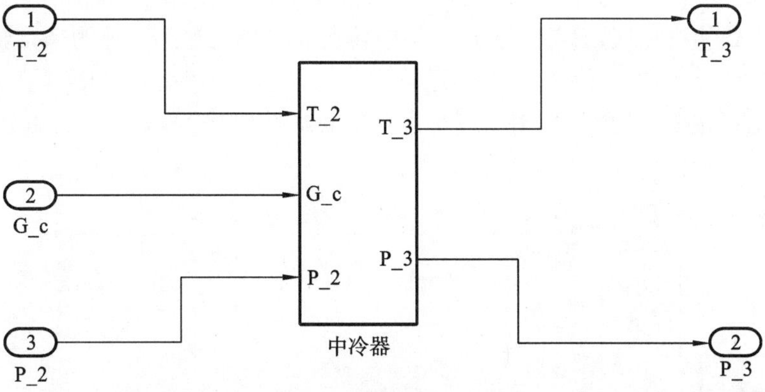

图 5-8　中冷器仿真模型

5.5　柴油机本体模型

5.5.1　柴油机输出转矩

影响柴油机输出转矩的两个最主要的因素就是供入气缸的燃油量及缸内燃烧情况。柴油机的输出转矩[5]可表示为

$$M_D = k \cdot g_c \cdot \eta_e \tag{5-26}$$

式中：

$$k = 1000 H_u \cdot i/\pi\tau \tag{5-27}$$

η_e——柴油机有效效率，

$$\eta_e = \eta_i \cdot \eta_m \tag{5-28}$$

式中：η_m——柴油机机械效率；

η_i——柴油机指示热效率，

$$\eta_i = f(\alpha, n_D) \tag{5-29}$$

式中：α——过量空气系数，计算公式为

$$\alpha = G_d / L_0 m_f \tag{5-30}$$

式中：L_0——理想空燃比；

m_f——燃油消耗量；

G_d——单位时间内发动机本体消耗的空气量，

$$G_d = \eta_v \varphi_a i V_h n_D \rho_2 / 30\tau \tag{5-31}$$

式中：φ_a——柴油机扫气系数；

i——柴油机气缸数；

τ——柴油机冲程数；

V_h——气缸容积；

ρ_2——进入气缸的增压空气密度(kg/m³)；

η_v——增压柴油机充气系数，计算公式为

$$\eta_v=\eta_{v0}-0.014\left[\left(\frac{n_D}{n_{D0}}\right)^2-1\right] \tag{5-32}$$

式中：η_{v0}——当柴油机配气定时不变时，在某一转速 n_{D0}(规定这个转速为额定转速)下达到的最大充气系数。

在 Simulink 环境下的柴油机输出转矩仿真模型如图 5-9 所示。

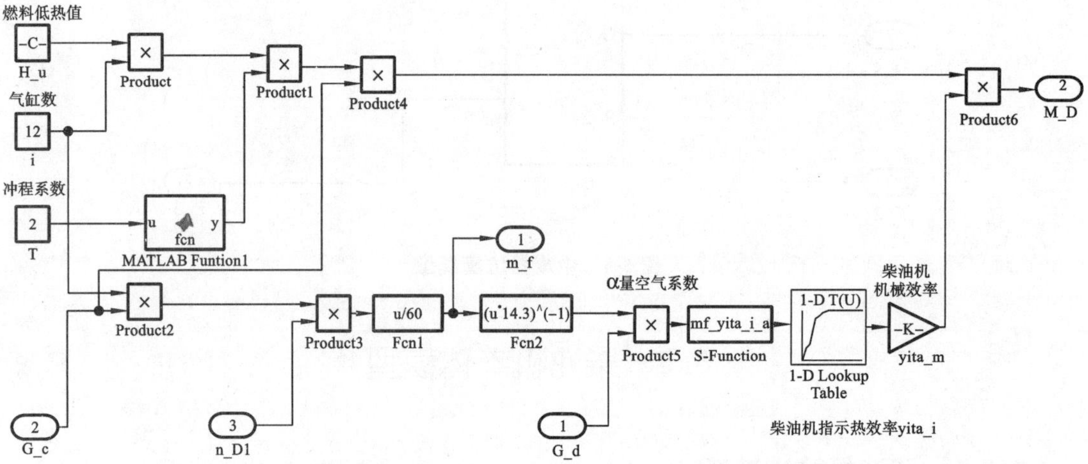

图 5-9　柴油机输出转矩仿真模型

5.5.2　柴油机转速数学模型

在实际工作过程中，不同于稳定工况，内燃机的转速并不是保持不变的。为了用数学模型描述柴油机系统，将内燃机的曲轴、飞轮、连杆等部分看成只有转动惯量的集中质量，通过无惯性轴连接在一起。内燃机的扭矩通过曲轴输出至负载，将空气阻力、摩擦阻力等效归入柴油机负载，由牛顿第二定律可得出柴油机转速数学模型：

$$\frac{\pi I_D}{30}\frac{dn_D}{dt}=M_D-M \tag{5-33}$$

式中：M_D——柴油机输出转矩；

M——柴油机负载；

I_D——柴油机曲轴转动惯量。

搭建好的柴油机转速数学模型如图 5-10 所示。模型中用到 Memory 模块[6]，作用有两处：第一是为了消除代数环；第二是为了在柴油机启动时给它一个启动的油量，这个油量很小，只有 0.001 g/cyl。

5.5.3　柴油机调速器模型

目前在柴油机的调速控制系统[7]中，常用 PID 控制，其原理如图 5-11 所示。

PID 控制器作为一种线性控制器，其调节原理是利用目标值与实际输入值的偏差，将偏差的比例(proportion)、积分(integration)和微分(differentiation)三部分线性组合构成控制量，

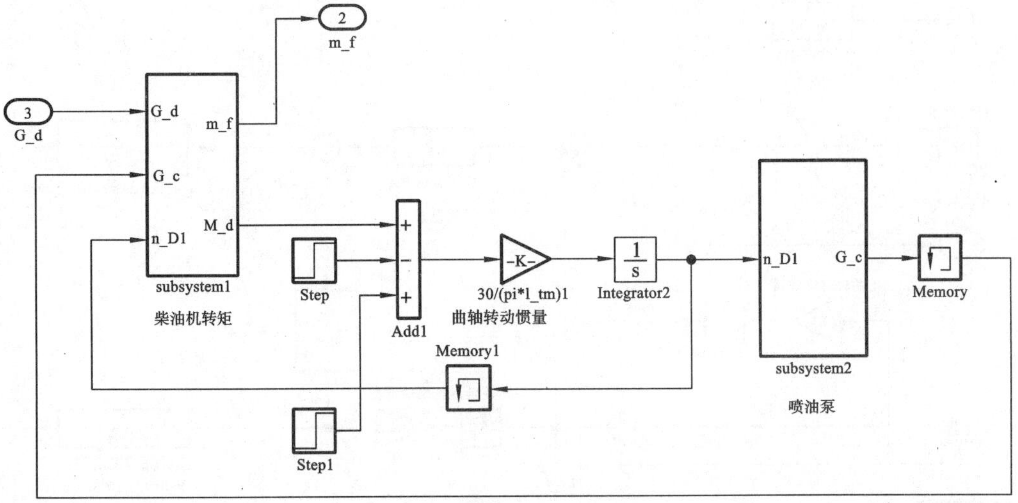

图 5-10　柴油机转速数学模型

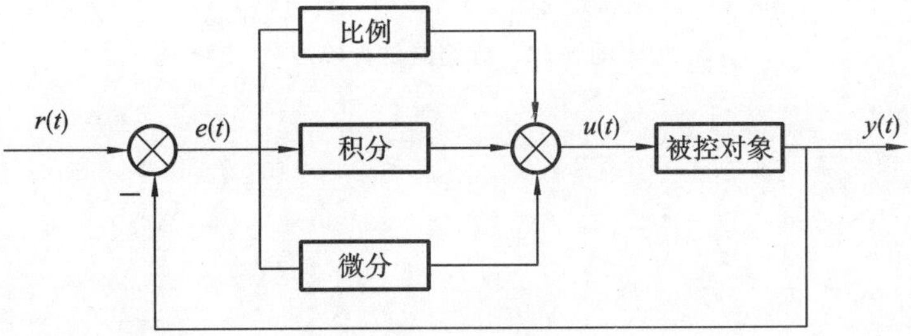

图 5-11　PID 控制原理

对被控对象进行控制。其控制规律为

$$u(t)=K_{\mathrm{p}}\left[e(t)+\frac{1}{T_{\mathrm{i}}}\int e(t)\mathrm{d}t+T_{\mathrm{d}}\frac{\mathrm{d}e(t)}{\mathrm{d}t}\right] \tag{5-34}$$

执行器为一个电磁驱动机构，用来把控制器输出的控制信号变成调节柴油机供油齿杆的机械位移量。它的工作原理是基于电磁驱动机构和弹簧复位力的平衡。执行器的三阶传递函数可以表示为

$$G_{\mathrm{A}}(s)=\frac{1}{1+b_1 s+b_2 s^2+b_3 s^3} \tag{5-35}$$

式中：b_1，b_2，b_3——模型参数。系统中执行器在双绕组并联工作模式下的传递函数为

$$G'_{\mathrm{A}}(s)=\frac{1}{1+0.56s}$$

齿条位移采用了模拟 PID 控制器，它由模拟电路组成，经推导其传递函数为

$$G_{\mathrm{B}}(s)=k\,\frac{1+c_1 s+c_2 s^2}{s(1+as)} \tag{5-36}$$

式中：k，c_1，c_2，a——模型参数，由电路中的参数值决定。

调速器仿真模型如图 5-12 所示。

搭建好的涡轮增压柴油机模型为定转速模型，即要求在工况和负载变化的情况下，通过自身调节，柴油机能在期望转速附近稳定运行。

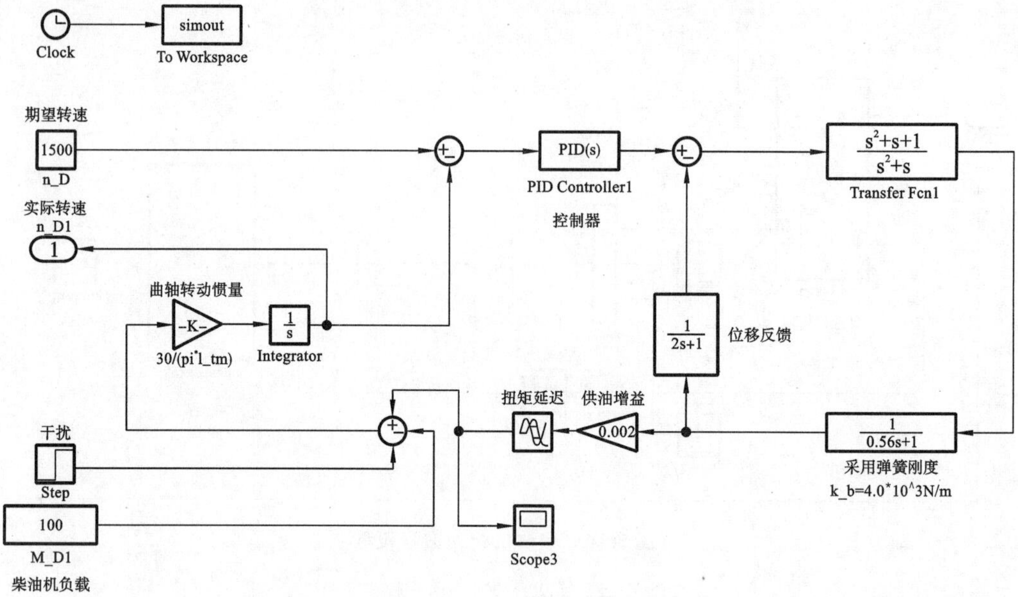

图 5-12　调速器仿真模型

第6章　水面无人艇动力系统匹配建模与仿真

本章以水面无人艇(USV)为例，针对无人艇系统设计过程中存在的动力匹配问题，基于船舶动力匹配原理，根据船舶柴油机与螺旋桨的性能，采用MATLAB软件编写了无人艇动力匹配设计软件，用于无人艇的设计制造过程中的动力匹配。经过与实船数据的对比验证，该软件能有效进行船舶的动力匹配。

首先建立船舶、柴油机与螺旋桨三者之间的能量转换关系，研究螺旋桨与柴油机的匹配设计方法。然后，结合动力匹配原理，将MATLAB-GUI(GUI，graphical user interface，图形用户界面)与动力匹配原理紧密结合，设计编写动力匹配软件。软件主要功能为参照母船阻力特性曲线和螺旋桨尺寸计算船舶主机功率，根据所选的主机参数校核计算螺旋桨参数和船舶所能达到的最大航速，实现无人艇的初级动力匹配与最终动力匹配功能。

由于无人艇需要实现对给定路径的实时跟踪，因此其对航速有较高要求(速度大于15 kn)，为此采用柴油机作为无人艇的主动力装置，从而提高无人艇的动力性、经济性与稳定性。无人艇的技术参数如表6-1所示。

表6-1　无人艇参数

总长/m	型宽/m	型深/m	设计吃水/m	预期有效功率/kW	设计航速/kn
7.60	2.50	1.25	0.5	140	20

6.1　船舶系统工作特性分析

6.1.1　船舶航行受到的阻力分类

船舶航行过程中受到作用于船体上阻止船舶运动的力，称为船舶航行阻力。航行阻力一般包括空气阻力与水阻力。船舶航行阻力的大小由船舶自身大小、航速、航行的自然环境等众多因素决定，分类如图6-1所示[8]。对一般民用船舶来说，空气阻力占船舶受到总阻力的2%～4%，水阻力相较于空气阻力是船舶航行阻力的主要部分；对高速艇来说，空气阻力所占的比例会明显提升。

6.1.2　船舶有效功率曲线

船舶以某一航速航行时，因克服船体所受阻力而消耗的功率，称为船舶有效功率。将不同航速对应的有效功率依次连起来就可以得到船舶有效功率曲线；以给定的航速在静水中拖动船舶就可测得所需功率，其计算公式为

$$P_e = Rv_s \tag{6-1}$$

式中：P_e——有效功率(W)；

R——船舶阻力(N)；

v_s——船舶航速(m/s)。

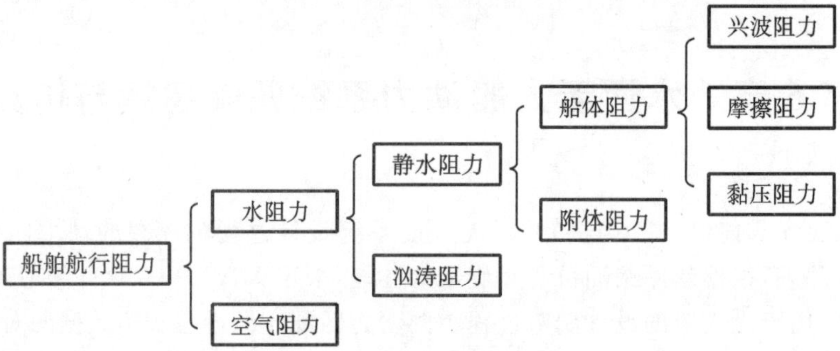

图 6-1 船舶航行阻力分类

船舶有效功率曲线 δ_P（见图 6-2）在机桨匹配中起重要作用。由 MATLAB 开发的匹配软件在初始匹配中通过有效功率曲线选择合适的螺旋桨型号，进而才能在最终匹配中选择合适的柴油机型号。

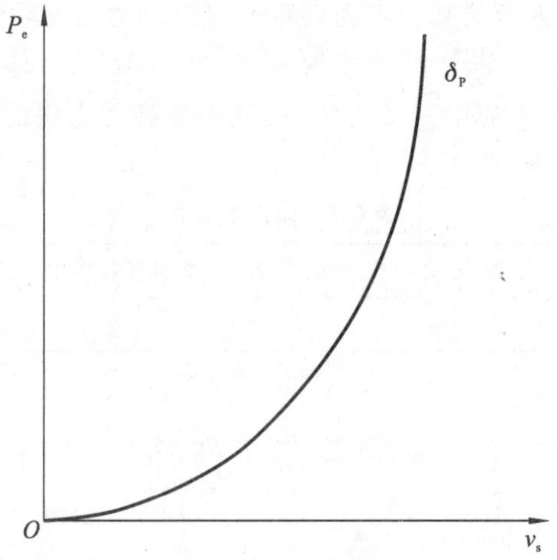

图 6-2 船舶有效功率曲线示意图

6.2 螺旋桨推进特性分析

螺旋桨进程是指螺旋桨旋转一周，其在轴线方向上所前进的距离，计算公式为

$$h_p=\frac{v_A}{n} \tag{6-2}$$

式中：v_A——螺旋桨进速（m/s）；

h_p——螺旋桨进程；

n——螺旋桨转速（r/min）。

螺旋桨进程 h_p 与螺旋桨直径 D 的比值称为螺旋桨进速系数，通常用字母 J 来表示，进速系数与螺旋桨进程之间存在线性关系，计算公式为

$$J=\frac{h_p}{D}=\frac{v_A}{n\cdot D} \tag{6-3}$$

经因次分析，螺旋桨的推力 T 与转矩 Q 计算式分别为

$$T=K_{T}\rho n^{2}D^{4} \tag{6-4}$$

$$Q=K_{Q}\rho n^{2}D^{5} \tag{6-5}$$

式中：ρ——海水密度(kg/m^3)；

K_T——推力系数(无量纲)；

K_Q——转矩系数(无量纲)；

D——螺旋桨直径(m)。

假设船舶载重不变，对应的螺旋桨为固定直径，且航行气象变化很小，航行水域密度变化也忽略不计，此时螺旋桨进速 v_A 与螺旋桨转速 n 的比值 v_A/n 可以看作定值，也即 J、K_T、K_Q 均可以视为常数。螺旋桨推力和转矩与转速的数值关系式可以分别写为

$$T=C_1 n^2 \tag{6-6}$$

$$Q=C_2 n^2 \tag{6-7}$$

式中：C_1、C_2——系数。

从这两式易知螺旋桨推力 T、转矩 Q 与螺旋桨转速平方 n^2 成正比。螺旋桨所需功率 P_{DB} 可以由 $P_{DB}=Qn/9550$ 计算得出，即

$$P_{DB}=Qn/9550=C_2 n^3/9550=Cn^3 \tag{6-8}$$

式中：$C=C_2/9550$。

螺旋桨特性曲线描述了船后螺旋桨所需功率 P_{DB} 或者转矩 Q 与螺旋桨转速之间的关系，具体描述如图 6-3 所示(以 MAU 型桨为例)。

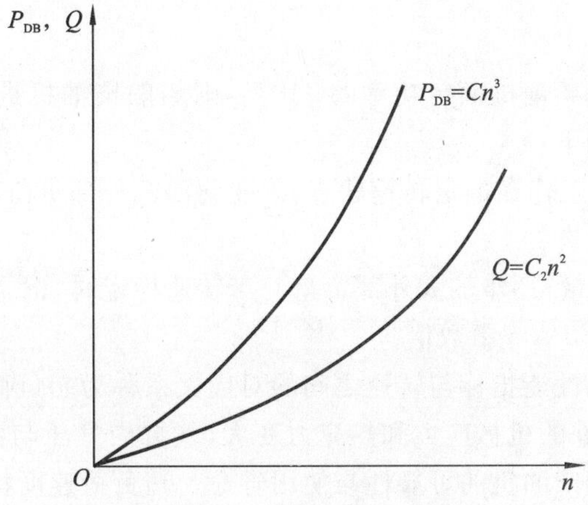

图 6-3　螺旋桨特性曲线示意图

6.3　柴油机特性

6.3.1　柴油机速度特性

柴油机的速度特性可以通过实验法来测量。在测量中保持柴油机喷油泵循环喷油量每个周期恒定不变，然后改变柴油机的负荷，记录柴油机主要工作参数与柴油机转速的变化数值。柴油机主要性能指标(平均有效压强 P_E 与有效转矩 M_e)与转速的对应关系称为柴油机的速度特性，如图 6-4 所示。

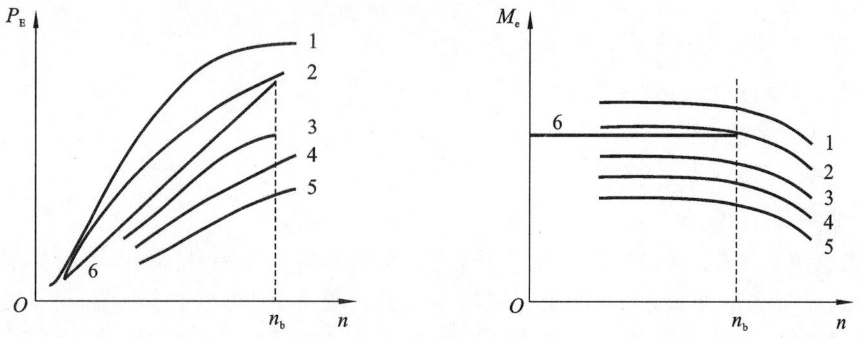

图 6-4 柴油机速度特性曲线

图 6-4 中，横坐标物理量 n_b 为柴油机的标定转速，各条曲线的意义分别是：曲线 1 为超负荷速度特性曲线；曲线 2 为全负荷速度特性曲线；曲线 3、4、5 为部分负荷速度特性曲线；曲线 6 为等转矩速度特性曲线（在柴油机限制特性中有描述）。

1. 全负荷速度特性

记录柴油机以额定转速输出额定功率时喷油泵的喷油量，保持喷油量不变并逐渐改变柴油机负荷，当转速稳定时，记录柴油机输出有效功率和有效转矩 M_e、平均有效压强 P_E 等值。柴油机性能指标与转速的对应关系称为全负荷速度特性或者外特性，此时的柴油机功率为在各转速下所能发出的最大功率（不超过标定供油量的条件下）。全负荷速度特性如图 6-4 中的曲线 2 所示。

2. 超负荷速度特性

船舶柴油机功率达到柴油机额定功率的 110%，则船舶柴油机进入超负荷状态。测定超负荷速度特性曲线步骤如下：

(1) 调节柴油机使其工作在额定转速状态，改变柴油机外部负荷与喷油泵每循环喷油量，使柴油机运行在超负荷状态。

(2) 保持喷油泵喷油量，逐步加大外部负荷。当转速稳定时，记录柴油机的有效功率和有效转矩 M_e、平均有效压强 P_E 等参数值。

超负荷状态下柴油机性能指标与转速之间的对应关系称为超负荷速度特性。在过载状态下运行的柴油机，机械零件的机械应力和热应力变大，气缸内气压与温度超出允许上限，长期运行在这种工况下会降低柴油机的可靠性与使用寿命。超负荷速度特性曲线如图 6-4 中的曲线 1 所示。

3. 部分负荷速度特性

测定部分负荷速度特性的方法：保持喷油泵每循环喷油量小于柴油机全负荷时的喷油量。待转速稳定测得的柴油机有效功率和有效转矩 M_e、平均有效压强 P_E 等参数。柴油机主要性能指标与转速之间的对应关系称为部分负荷速度特性。部分负荷速度特性曲线可以有多条，因为柴油机油门开度可以在最小喷油量与额定喷油量之间调节，如图 6-4 中的曲线 3、4、5 所示。

6.3.2 柴油机负荷特性

柴油机运转过程中使其负荷不断变化，调节喷油泵喷油量使得柴油机运行在额定转速，此时测得的柴油机各主要性能指标与加载负荷之间的对应关系称为柴油机负荷特性，其变化规律曲线称为柴油机负荷特性曲线。

6.3.3 柴油机的推进特性

当船舶柴油机作为主机驱动螺旋桨按照螺旋桨特性工作时(柴油机平均有效压强 P_E 和转速 n 是与螺旋桨特性相对应的),其性能参数随转速的变化规律称为柴油机的推进特性。

根据式(6-8),在不考虑轴系的传递损失的情况下,船后螺旋桨所需的功率近似等于船后螺旋桨的收到功率,与螺旋桨转速的三次方成正比。此时主机输出功率 $P_s = P_{DB} = Cn^3$。

6.3.4 柴油机限制特性

让柴油机工作在允许工作范围内,需要详细了解柴油机的限制特性曲线。在各转速下柴油机的最大有效功率 P_{emax} 如果超出允许范围,会导致柴油机的机械负荷和热负荷增大,如果柴油机长时间工作在非可靠工作允许范围,则柴油机工作的可靠性与经济性均会有所下降。如图 6-5 所示,曲线 1 为等排烟温度限制曲线;曲线 2 为全负荷速度特性曲线;曲线 3 为等转矩速度特性曲线;曲线 4 为超负荷速度特性曲线;曲线 5 为标定负荷速度特性曲线;曲线 6 为超负荷调速特性曲线;曲线 7 对应标定转速;曲线 8 为最低负荷特性曲线;曲线 9 对应全负荷速度特性最低稳定转速;曲线 10 对应推进特性最低稳定转速;曲线 11 为推进特性曲线。由图 6-5 可知,柴油机的最大功率分别由曲线 1、3、5、8、10 来限制。

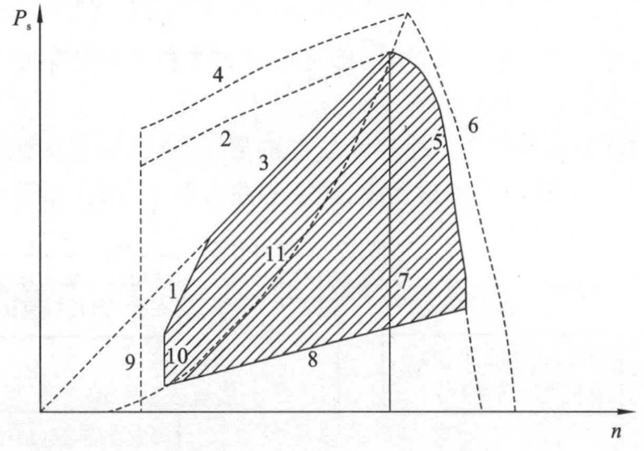

图 6-5　柴油机的允许运行区域

6.4　动力匹配主要原理

船舶柴油机、传动装置与螺旋桨作为独立的单元分别具有各自的工作特性和运动规律,组合后可构成一个有机整体。所以柴油机能否在最佳工作状态下输出功率,螺旋桨能否接收柴油机输出功率来以最有效的方式将收到功率转化为有效推力,仅仅研究船、机、桨各自的工作特性和运动规律是不够的,要在船-机-桨的系统整体中去考察,因此对船、机、桨的匹配特性进行分析与研究也十分重要。假设船舶以速度 v_s 航行,其受到的阻力为 R;船舶柴油机的转速(螺旋桨转速)为 n,输出功率(主机功率)为 P_s;螺旋桨接收柴油机输出功率产生的推力为 T,此时船、机、桨之间的能量传递及各效率(物理量与效率意义见下面)分析如下。

图 6-6 中,η_s 为轴系传递效率;η_0 为螺旋桨敞水效率;η_H 为船身效率。初始动力匹配的计

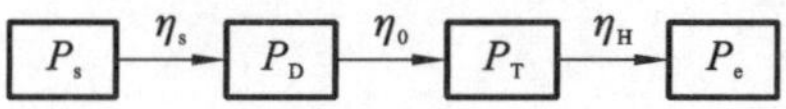

图 6-6　船-机-桨系统能量传递示意图

算思路：由图 6-6 所示的能量传递关系来倒推主机功率。具体来说，在软件中得知母船的有效功率曲线，从而得到有效功率 P_e，并预先估算出伴流系数 w 和推力减额系数 t，则可求得船身效率 η_H：

$$\eta_H=\frac{1-t}{1-w} \tag{6-9}$$

已知船身效率 η_H，螺旋桨的推力功率 P_T 的计算公式为

$$P_T=\frac{P_e}{\eta_H} \tag{6-10}$$

得到螺旋桨的推力功率 P_T 后，通过估算螺旋桨的敞水效率 η_0，可以求得螺旋桨的敞水功率 P_D：

$$P_D=\frac{P_T}{\eta_0} \tag{6-11}$$

已知了螺旋桨敞水功率 P_D，再通过估计轴系的传递效率 η_s 与相对旋转效率 η_R（为了计算方便，设为 1）[9]，可以计算得到柴油机的输出功率 P_s：

$$P_s=\frac{P_D}{\eta_s} \tag{6-12}$$

得到主机输出功率值，再考虑主机功率储备，即可计算出主机实际所需的输出功率，由此参考值进行主机选型，即可确定主机型号。

螺旋桨初始匹配，就是根据任务书对船舶航速的要求，选择合适的螺旋桨型号，根据螺旋桨的转速和效率决定主机的转速及输出功率，主要思路有两个方向，如图 6-7 所示。

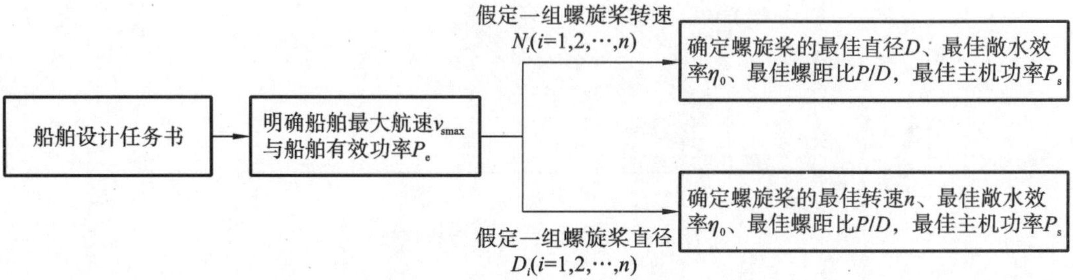

图 6-7　初始动力匹配思路示意图

初始匹配主要是围绕螺旋桨图谱 $\sqrt{B_P}$-δ 来进行的，图谱中的每一条最佳效率曲线均是根据螺旋桨模型敞水实验数据绘制而成，其优点是使用方便且安全可靠；缺点是根据用户选择的螺旋桨图谱，其桨型也必受到限制。在进行螺旋桨的设计时，需要针对设计任务书中目标船舶的特点和要求，选用合适的螺旋桨图谱。首先确定的关键数据有伴流系数 w、推力减额系数 t、轴系传递效率 η_s，然后应用图谱来解决螺旋桨的初步选型问题，最后再根据螺旋桨的参数来确定主机相关参数，从而选择相应型号。具体的初步选型过程见初始动力匹配设计程序流程图。

螺旋桨最终匹配是在完成初始匹配的基础上进行的。在得到了设计船舶所需的主机功率 P_s、螺旋桨转速 n 后，通常其数值会与初始设计过程中的计算结果不一致，因此需要结合船舶有效功率曲线，重新确定螺旋桨的尺寸与效率。具体的流程见最终动力匹配设计程序流程图。

6.5　动力匹配软件的设计与实现

动力匹配软件使用 MATLAB-GUI 工具箱设计。GUI 是指采用图形方式显示的计算机操作用户界面。与命令行界面相比，GUI 对于使用者来说更加直观、方便。它允许用户使用鼠标等输入设备进行命令选择，调用文件；通过窗口、菜单、按键等方式来操作，具有高可靠性、便于移植等特点。

本软件进行动力匹配设计的基本思路：首先，应用螺旋桨匹配设计中广泛应用的图谱设计法，根据母船的有效功率曲线与螺旋桨尺寸计算出船舶柴油机功率及转速，对计算得到的柴油机参数进行功率储备修正后，以此数据作为参考进行船舶主机的选型；随后，在最终动力匹配环节中，根据选定的主机型号再结合母船有效功率曲线，重新由图谱设计法得到螺旋桨各要素和船舶所能达到的最大航速。

6.5.1　软件设计的整体框架结构

动力匹配软件设计的主要框架结构如图 6-8 所示。软件主要由船舶数据库、主柴油机数据库、螺旋桨数据库、初始匹配模块与最终匹配模块组成。

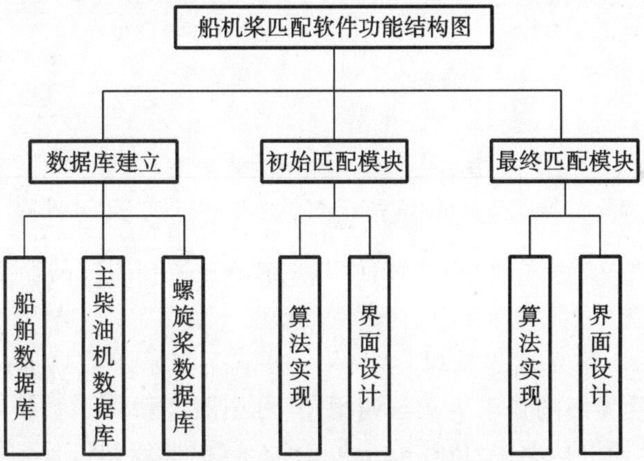

图 6-8　软件框架结构示意图

(1) 创建的船舶数据库 shipdatabase 参数包含船舶有效功率曲线 δ_P 随船舶航速 v_s 的变化情况。

(2) 创建的船舶主柴油机数据库 enginedatabase 包含了柴油机额定转速、最大持续功率等基本参数。

(3) 创建的螺旋桨数据库 propellerdatabase 包含了桨型以及螺旋桨尺寸等参数(桨型包括：B 系列螺旋桨，MAU 系列螺旋桨)。

(4) 初始匹配模块的主要功能：由设计任务书已知船舶设计最大速度 v_{smax}，根据软件船舶数据库中母船的有效功率曲线、螺旋桨桨型和螺旋桨直径 D，计算螺旋桨直径系数 δ、功率系数 B_P、螺距比 P/D、敞水效率 η_0 等参数，继而设计确定出螺旋桨最佳转速、最佳敞水效率与最佳螺距比，在考虑了功率储备的情况下分析主机性能，最后进行匹配以确定主机型号。

(5) 最终匹配模块的主要功能：已知柴油机功率 P_s、转速 n 和船舶有效功率曲线 δ_P，确定

螺旋桨的最佳直径 D、螺旋桨的敞水效率 η_0 和螺旋桨的最佳螺距比 P/D，从而确定螺旋桨的最终型号。

6.5.2 船舶匹配数据库的实现

匹配数据库界面如图 6-9 所示，该数据库可以在软件的使用过程中不断收集实际的船型数据，以提高匹配软件的实用性。该数据库主要包括船舶的有效功率曲线、伴流系数 w、推力减额系数 t 等关键参数。

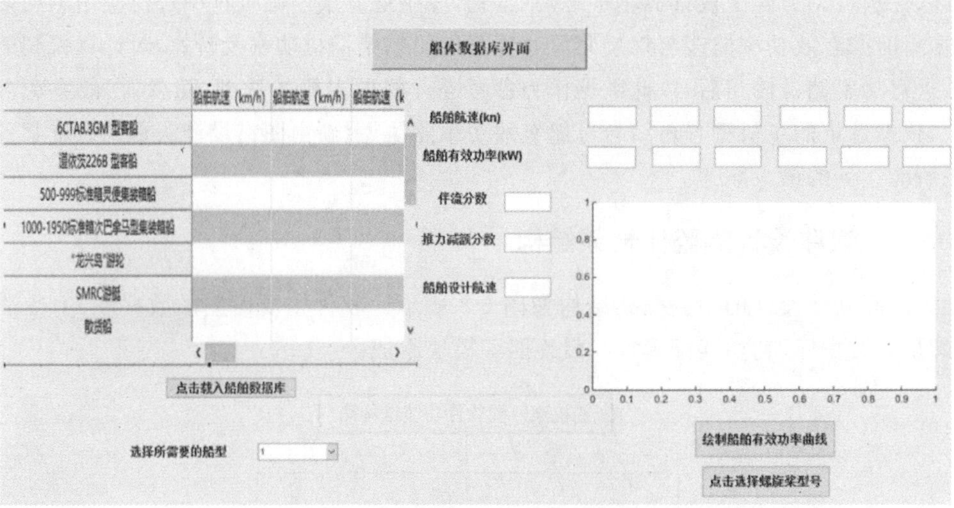

图 6-9　船体匹配数据库界面

注：图中的"伴流分数"即正文中的"伴流系数"，"推力减额分数"即"推力减额系数"，后图中同。

界面要实现的主要功能：完成与船舶设计书要求的参数相匹配的船型选择，以及船舶有效功率曲线的计算与呈现。

在界面中，左边设计建立列表框（List box），用来读取船舶数据库。该船舶数据库通过 Excel Link 实现在软件界面的自动更新与调用，其可拓展性增加了数据库的实用性。在成功载入船舶数据库后，设计下拉菜单（Pop-up menu）按钮，根据船舶设计书来选择相应的目标船型，单击对应的序号，将伴流系数、推力减额系数等关键数据传输至界面右部。

界面右部设计添加对应数量的可编辑文本框（Edit）与坐标轴控件（Axes）。下拉菜单（Pop-up menu）按钮的 callback 函数将船舶航速与对应的有效功率、伴流系数、推力减额系数、船舶设计航速等参数显示于界面右部可编辑文本框内，方便操作人员直观判断选择的船型是否与设计书要求参数相匹配。

坐标轴控件用以显示拟合出的船舶有效功率曲线，利用全局变量（Global variable）实现在接下来的匹配环节自动调用船舶有效功率曲线上的航速与功率值。该界面运行结果如图6-10所示，单击"点击选择螺旋桨型号"触控按钮以关闭当前运行界面，打开"螺旋桨数据库"界面。

设计螺旋桨选型界面如图 6-11 所示，该界面主要实现螺旋桨型号的初步选择功能。界面由列表框（List box）来承载相应的数据库 propellerdatabase，添加下拉菜单控件（Pop-up menu），软件操作人员选择相应的桨型序号，跳转界面至动力匹配初始设计运行界面，利用全局变量（Global variable）将相关参数传递到初始设计运行界面。

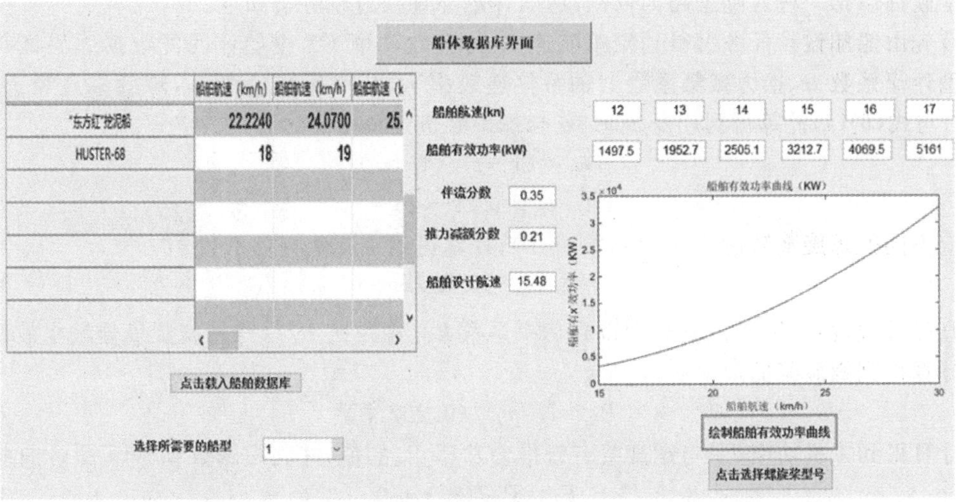

图 6-10　船舶数据库运行界面

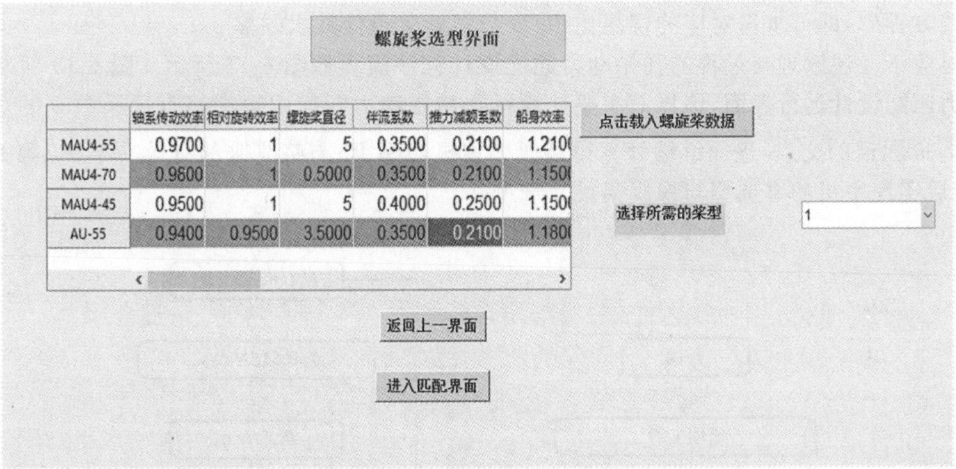

图 6-11　船舶螺旋桨选型界面

6.5.3　初始动力匹配模块设计

初始动力匹配设计的目的是匹配合适型号的螺旋桨，然后通过计算并考虑相应的功率储备，获得主机功率，据此确定主机参数。通常匹配思路有如下两种：

(1) 根据设计任务书中的目标船舶有效功率，于船舶数据库中选择对应的母船，根据船舶有效功率曲线 δ_P 获得船舶最大航速 v_{smax}，假定一组螺旋桨转速 $N_i(i=1,2,\cdots,n)$，计算螺旋桨的最佳敞水效率 η_0、最佳直径 D、最佳螺距比 P/D，再确定最佳主机功率 P_s，并据此从柴油机数据库中进行主机选型，以确定主机。

(2) 根据设计任务书中的目标船舶有效功率，于船舶数据库中选择对应的母船，根据船舶有效功率曲线 δ_P 获得船舶最大航速 v_{smax}，假定一组螺旋桨直径 $D_i(i=1,2,\cdots,n)$，选定螺旋桨最佳转速 n，计算螺旋桨的最佳敞水效率 η_0、最佳螺距比 P/D 等参数，再确定最佳主机功率 P_s，并据此从柴油机数据库中进行主机选型，从而确定主机。

本软件以第一种匹配思路为依据设计，详细原理及过程分析如下。

首先由船舶设计任务书得到船舶航速 v_s 与有效功率 P_e，由船体匹配数据库界面得到目标船型伴流系数 w、推力减额系数 t、轴系传递效率 η_s、相对旋转效率 η_R，螺旋桨直径 D；由式(6-13)与式(6-14)计算得到船身效率 η_H 与螺旋桨进速 v_A：

$$\eta_H=(1-t)/(1-w) \tag{6-13}$$

$$v_A=v_s(1-w) \tag{6-14}$$

再对应不同的螺旋桨转速 $N_i(i=1,2,\cdots,n)$，计算得到螺旋桨直径系数 δ：

$$\delta=0.515N_iD/v_A \tag{6-15}$$

根据直径系数，由 $\sqrt{B_P}$-δ 图谱分别得到功率系数 B_P、螺距比 P/D 与螺旋桨最佳敞水效率 η_0。

计算得到螺旋桨的敞水功率 P_D：

$$P_D=B_P{}^2v_s{}^5/(0.222N_i)^2 \tag{6-16}$$

计算得到主机功率 P_s 与螺旋桨有效推力功率 P_{te} 的值，并利用函数 polyfit 拟合曲线：

$$P_s=P_D/(\eta_s\cdot\eta_R) \tag{6-17}$$

$$P_{te}=P_D\cdot\eta_0\cdot\eta_H \tag{6-18}$$

求出上述曲线与船舶预期有效功率 P_e 交点的横坐标，即对应的螺旋桨转速，然后将其代入拟合曲线方程中，即可求得对应的螺距比 P/D 与螺旋桨最佳敞水效率 η_0。

对应于上述原理与过程的初始动力匹配设计程序流程如图 6-12 所示。图 6-13 所示为初始动力匹配设计运行界面，该界面主要计算得到初始动力匹配中螺旋桨直径系数 δ 的等值线与 $\sqrt{B_P}$-δ 图谱的交点，进而继续计算得到船舶主机功率 P_s 与桨克服的有效功率 P_{te} 等关键参数，最后实现主机功率选型与螺旋桨尺寸选型。

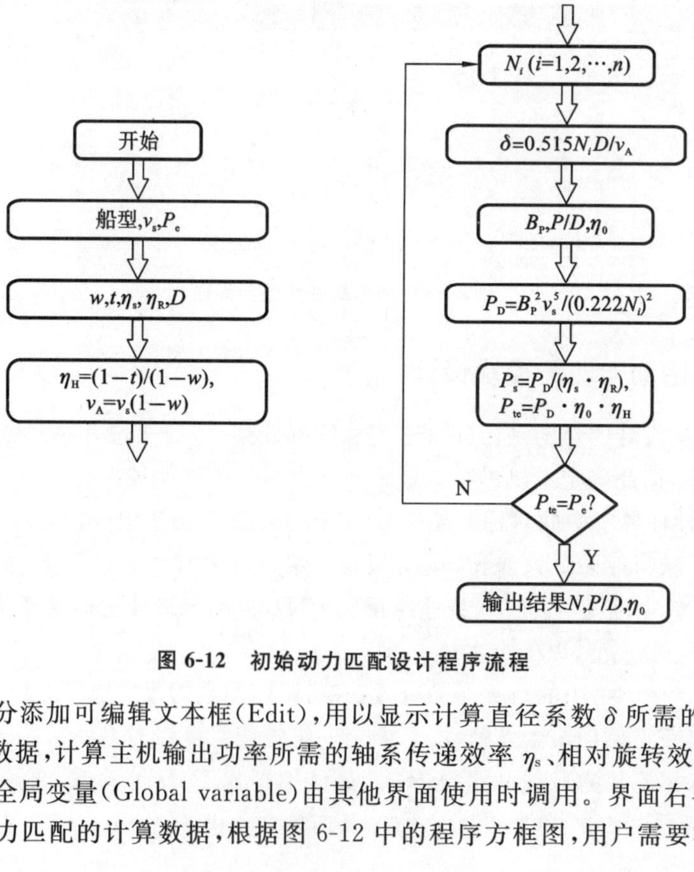

图 6-12　初始动力匹配设计程序流程

界面左半部分添加可编辑文本框(Edit)，用以显示计算直径系数 δ 所需的伴流系数 w、推力减额系数 t 等数据，计算主机输出功率所需的轴系传递效率 η_s、相对旋转效率 η_R 等数据，以上数据可以作为全局变量(Global variable)由其他界面使用时调用。界面右半部分文本框则主要显示初始动力匹配的计算数据，根据图 6-12 中的程序方框图，用户需要在右边动态文本

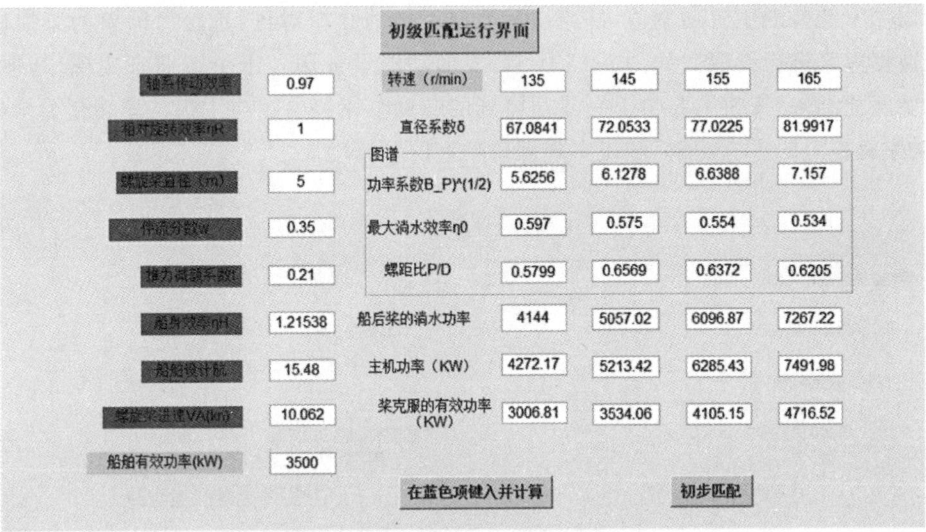

图 6-13　初始动力匹配设计运行界面

注：图中的“初级匹配”即正文中的“初始动力匹配”，“轴系传动效率”即正文中的“轴系传递效率”，“淌水”即正文中的“敞水”，后图中同。

框中输入合理的螺旋桨转速，单击“在蓝色项键入并计算”按钮后，调用计算程序模块，可得到匹配结果。

单击“初步匹配”触控按钮使程序完成计算，并将计算结果传输至初始动力匹配设计计算结果显示界面。该界面的坐标轴控件(Axes)可以坐标形式显示对应的螺旋桨最佳转速，未考虑功率储备的主机功率 P_s、螺旋桨最佳敞水效率 η_0 与最佳螺距比 P/D 等参数，初始动力匹配设计计算结果显示界面如图 6-14 所示。

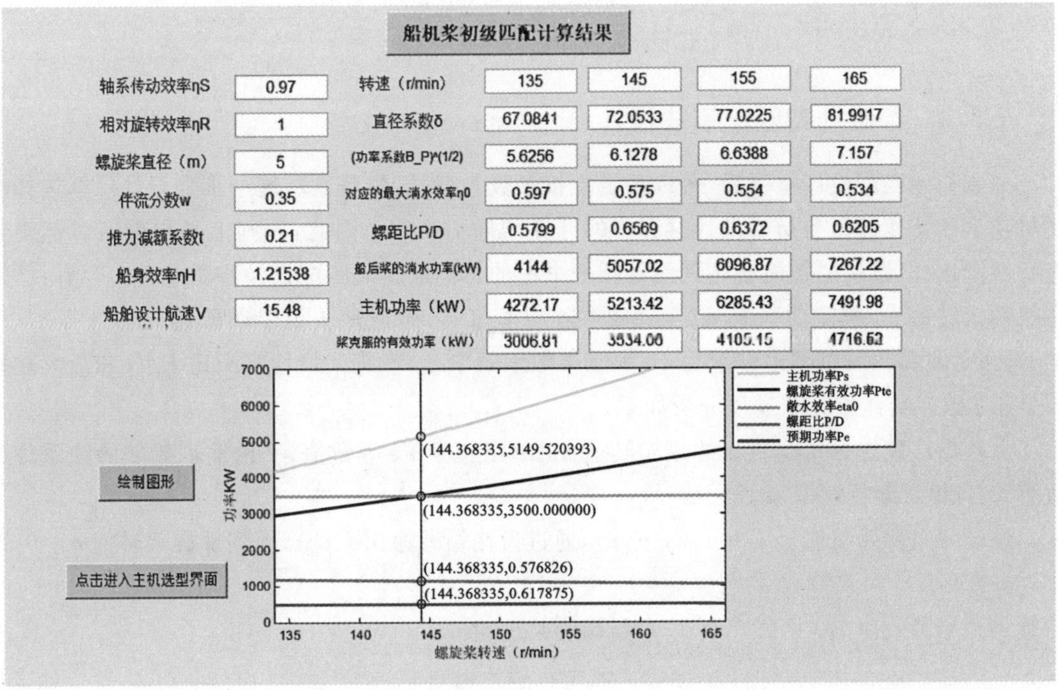

图 6-14　初始动力匹配设计计算结果显示界面

考虑功率储备的主机功率值，并与主机数据库中的数据对比，选定所需要的柴油机，使用柴油机数据库来进行读取。如图 6-15 所示，界面功能设计用若干个按钮来实现，其中，“点击载入初始匹配结果”按钮主要将上一界面得到的螺旋桨相关参数与主机功率转化为全局变量；“计算功率储备后的主机功率”按钮实现储备功率的计算功能。

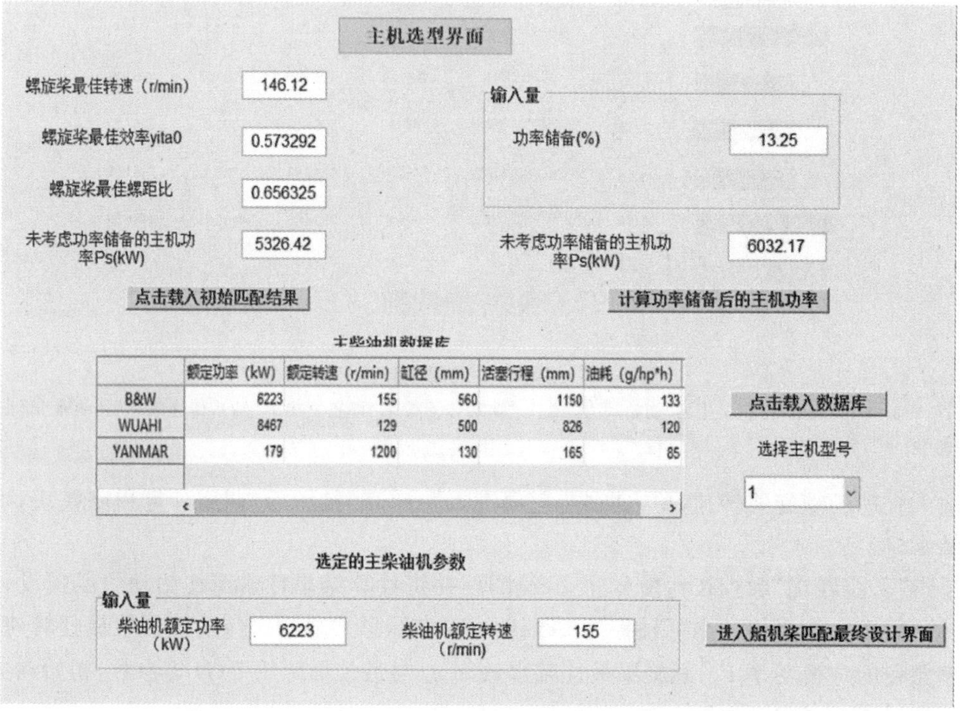

图 6-15　主机选型界面

注：图中“yita0”即正文中的 η_0，后图中同。

6.5.4　最终动力匹配模块设计

完成初始匹配设计过程后，可以确定主机参数与型号，但是通过这个步骤设计计算选择的主机功率和转速通常与初始设计过程中的计算结果不一致。因此，原则上必须重新对螺旋桨进行匹配选择，以使船舶能够达到设计任务书中的目标航速。匹配设计步骤主要内容有：已知主机额定转速 n_s、额定功率 P_s 以及船舶有效功率曲线 δ_P，假定一组船舶航速 $v_{si}(i=1,2,\cdots,n)$，即可计算得出螺旋桨最佳直径 D、螺旋桨敞水效率 η_0、螺旋桨最佳螺距比 P/D 和最大航速 v_{smax} 等参数。具体原理和过程分析如下。

由初始匹配结果得到主机的额定转速 n_s、额定功率 P_s 等数值，手动输入船舶的轴系传递效率 η_s 与相对旋转效率 η_R。

假设一组船舶航速 $v_{si}(i=1,2,\cdots,n)$，通过齿轮箱减速比 k 计算得到螺旋桨转速 n：

$$n=n_s/k \tag{6-19}$$

计算得到船身效率 η_H（见公式(6-13)）与螺旋桨进速 v_A：

$$v_A=v_{si}(1-w) \tag{6-20}$$

螺旋桨的敞水功率 P_D 由额定功率 P_s 计算得到：

$$P_D=0.9P_s\cdot\eta_s\cdot\eta_R \tag{6-21}$$

螺旋桨功率系数 B_P 与螺旋桨转速 n、敞水功率 P_D 以及进速 v_A 有关，计算公式为

$$B_P=0.222n\sqrt{P_D}/(v_A)^{2.5} \tag{6-22}$$

由 $\sqrt{B_P}$-δ 图谱分别得到螺旋桨直径系数 δ、螺距比 P/D 与螺旋桨敞水效率 η_0。计算得到螺旋桨对应的直径 D：

$$D=\delta/(0.515n_i\cdot v_A) \tag{6-23}$$

计算螺旋桨有效推力功率 P_{te}：

$$P_{te}=P_D\cdot\eta_0\cdot\eta_R \tag{6-24}$$

利用 polifit 函数得到 5 条对应拟合曲线，求得 $P_{te}=P_e$ 时对应的船舶最大航速 v_{smax}，将 v_{smax} 的值代入拟合曲线即可求得 δ、P/D、η_0 的最佳值，完成对螺旋桨的最终优化。

最终动力匹配设计程序流程如图 6-16 所示。

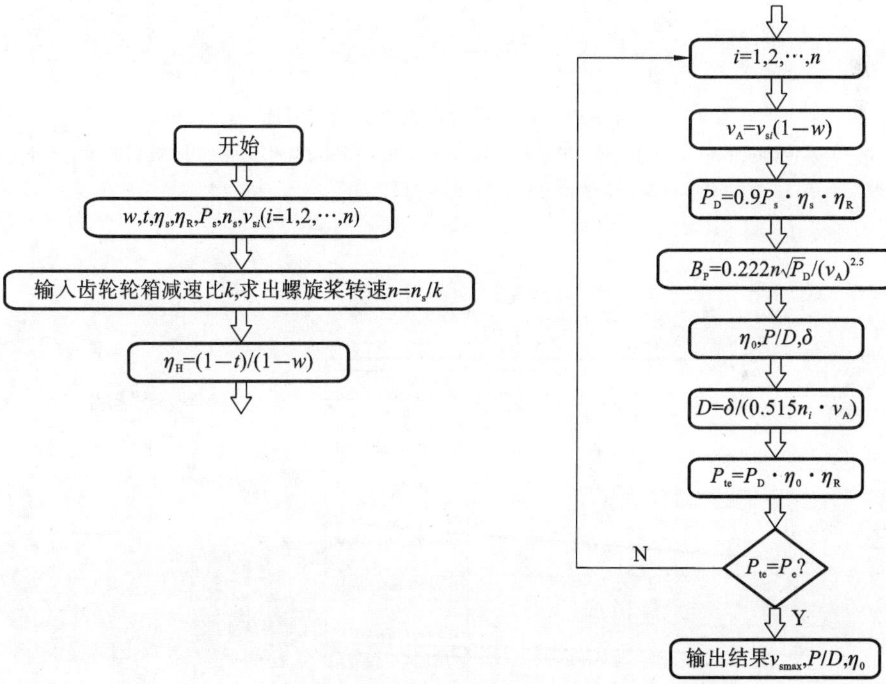

图 6-16　最终动力匹配设计程序流程

图 6-17 所示为最终动力匹配设计运行界面。界面左半部分设计若干可编辑文本框(Edit)，用以显示已知数据，右半部分文本框则主要显示最终动力匹配的计算数据，在界面下方设计了“计算”与“绘制图形”按钮。根据图 6-16 所示的计算流程，设计从初始动力匹配界面引入的轴系传递效率、螺旋桨相对旋转效率和螺旋桨转速等基本参数，以及伴流系数、推力减额系数、船身效率等由初始动力匹配界面计算得来的参数，设置全局变量，传递显示至下一界面，以便计算使用。用户需要在右半部分文本框中输入合理的船舶航速，单击“计算”按钮后，调用计算程序模块，可得到匹配结果，单击“绘制图形”按钮，跳转至下一界面，即最终动力匹配设计计算结果显示界面，如图 6-18 所示。

图 6-17　最终动力匹配设计运行界面

注：图中的“轴系传动效率 ηs”即正文中的“轴系传递效率 η_s”，“螺旋桨效率 η0”即正文中“螺旋桨敞水效率 η_0”，“螺旋桨有效推动率”即正文中的“螺旋桨有效推力功率”，后图中同。

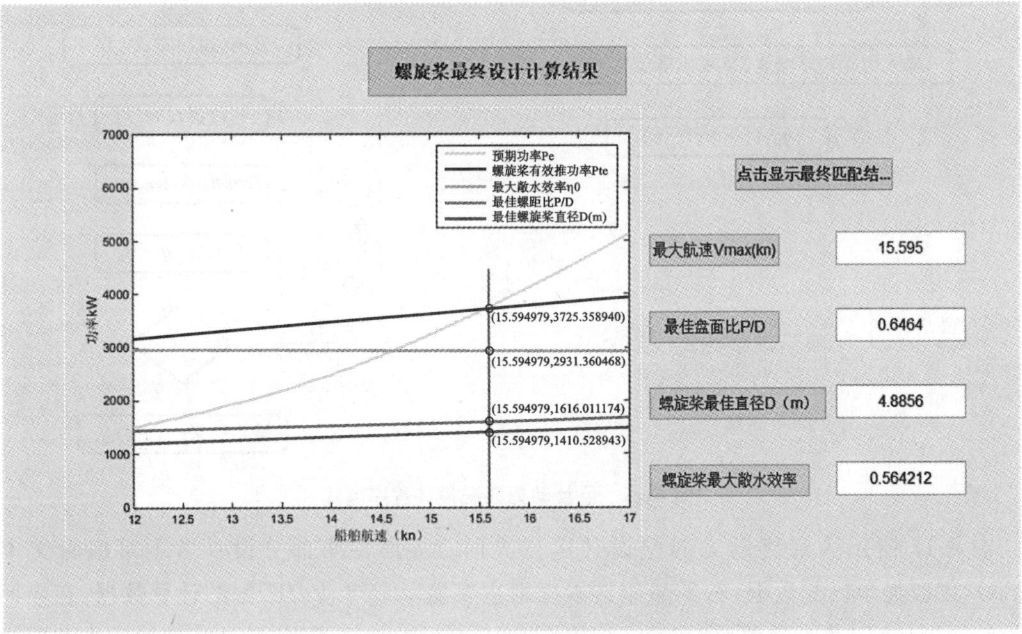

图 6-18　最终动力匹配设计计算结果显示界面

6.6　软件应用实例

6.6.1　软件的应用验证

本节以某万吨级多功能集装箱船为分析实例[4]，采用本章所设计的软件进行动力匹配，其匹配过程在前面已详细介绍，在此不再赘述。

船型：中型（机舱位于船舶中部）多功能集装箱船，球首、球尾、单桨。主要参数如表 6-2 至表 6-6 所示。

表 6-2　多功能远洋集装箱船参数

垂线间长/m	型宽/m	型深/m	设计吃水/m	方形系数	排水量/t	桨轴中心距中线/m
144.2	21.8	12.5	8.90	0.743	20800	2.95

表 6-3　多功能远洋集装箱船有效功率参数

航速/kn	14	15	16	17	18	19
满载有效功率/kW	1486.3	1951.5	2506.2	3213.6	4068.4	5162.4
压载有效功率/kW	1318.5	1730.6	2312.6	2777.7	3253.3	3748.2
100%功率/kW	1656.8	2157.3	2746.8	3543.2	4521.2	5599.4

表 6-4　主机参数

型　号	最大持续功率	转　速	旋　向
6RLB56	6222.3 kW	155 r/min	右旋

表 6-5　推进因子

伴 流 系 数	推力减额系数	螺旋桨相对旋转效率
0.34	0.2	1.0

表 6-6　集装箱船舶航速计算参数

计算用的桨型	主机功率储备/(%)	轴系传递效率
MAU4-40	15.25	0.97

经本软件匹配后得到的具体数据，以及文献[10]中的数据均列入表 6-7 中。

表 6-7　软件计算结论对照

项　目	航速/kn	盘面比	螺距比	螺旋桨效率 η_0	直径/m
文献结论	15.55	0.650	0.630	0.560	4.85
本章结论	15.59	0.646	0.640	0.553	4.88
误差率	0.25%	0.61%	1.58%	1.25%	0.61%

将文献结论与本章结论相比较，从结果可以看出本章设计的匹配软件的误差率在 1.58% 以内，证实了该软件的准确性与有效性。

6.6.2　无人艇动力匹配

无人艇的主要功能是可在无人状态下于指定海域进行作业，在执行任务完毕后需要由母船进行回收，回收过程中无人艇需要具备对母船的实时跟踪能力，因此对无人艇的航速有较高要求。为此，采用柴油机作为无人艇的动力装置，从而提高无人艇的动力性、经济性与稳定性，在实际应用中实现无人艇的可靠回收。

根据参数要求可以选择文献[10]中某船型。由于参考船型使用 MAU 型螺旋桨，因此将 MAU4-55 用于动力匹配设计计算。初始动力匹配结果如图 6-19、图 6-20 所示。

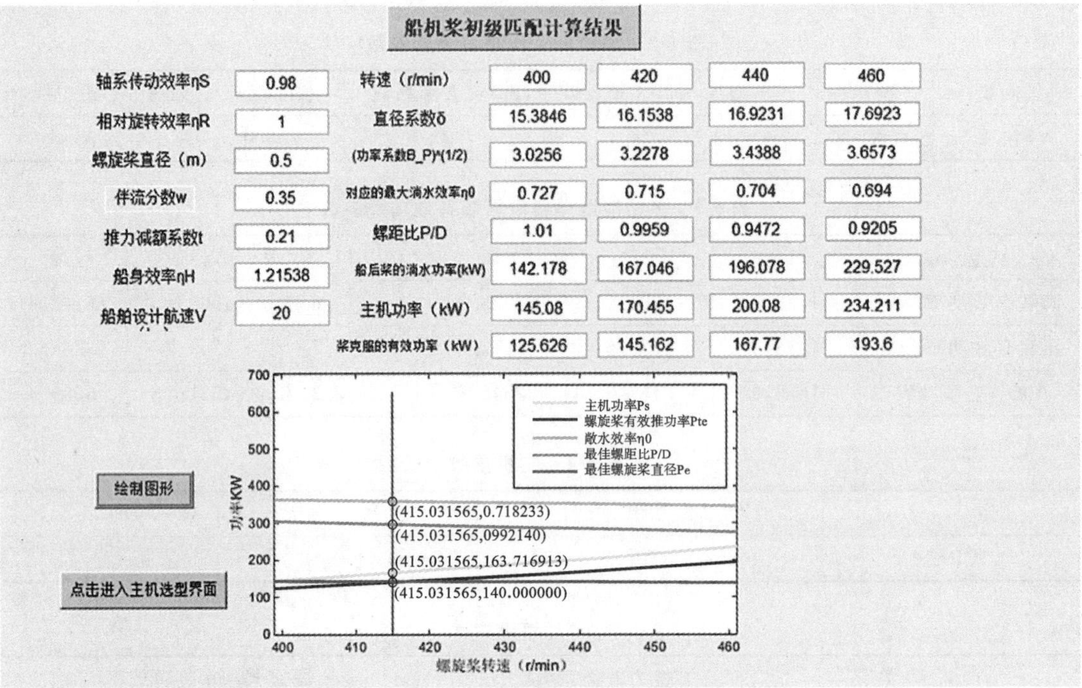

图 6-19　无人艇初始动力匹配设计运行界面

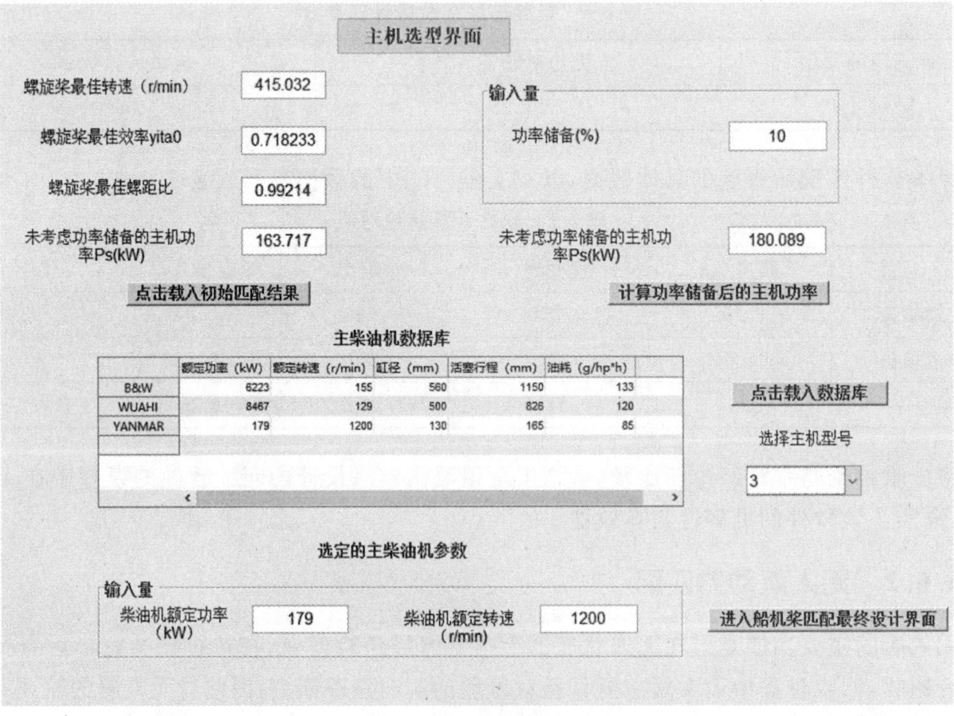

图 6-20　无人艇主机选型界面

经过初始动力匹配得到考虑功率储备的无人艇主机功率为 163 kW，考虑 10%的功率储备后得到目标主机的有效功率应该为 180 kW，所以选择的主机型号为 YANMAR 4LHA-STP。

无人艇最终动力匹配设计结果如图 6-21、图 6-22 所示，可以得到最佳螺旋桨直径为 0.55 m，可以达到的最高航速为 21 kn。

图 6-21　无人艇最终动力匹配设计运行界面

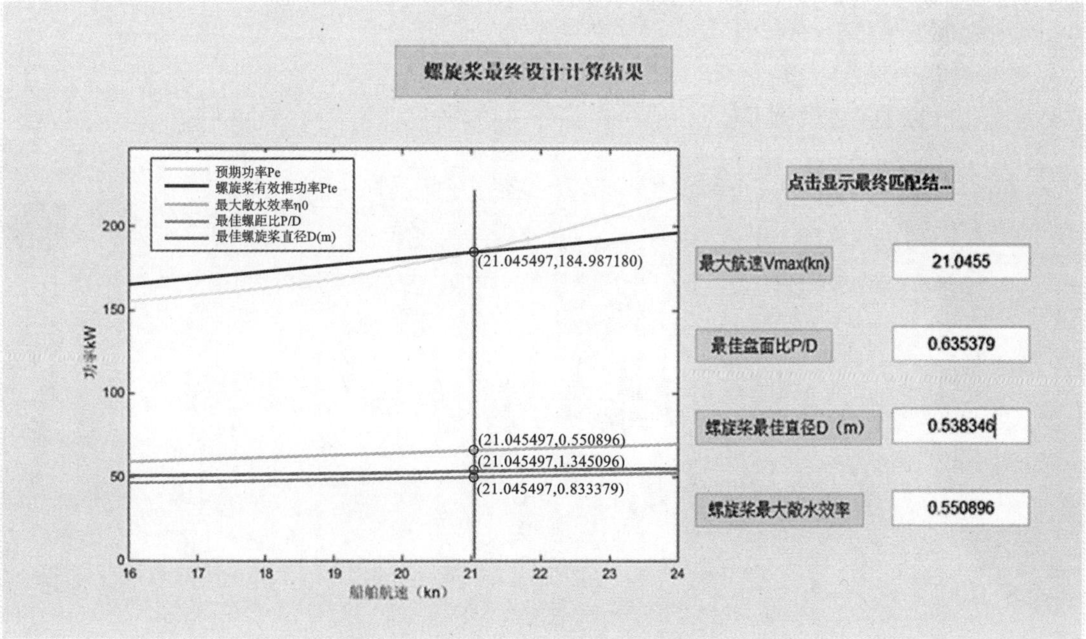

图 6-22　无人艇最终动力匹配设计计算结果显示界面

注：图中的“最佳盘面比 P/D”即正文中的“螺距比 P/D”。

6.7 本章小结

本章首先分析了船舶、柴油机与螺旋桨三者之间的能量转换关系，详细叙述了螺旋桨与柴油机的工作特性。接着介绍了软件的功能结构图，介绍了软件编写的思路与实现方法。将MATLAB-GUI与动力匹配原理紧密结合，软件主要功能是参照母船阻力特性曲线和螺旋桨尺寸计算船舶主机功率，选择合适的主机型号；然后根据该主机参数校核螺旋桨尺寸，计算船舶所能达到的最大航速，实现动力初始匹配与最终匹配功能。具体的软件设计内容包括设计动力匹配初始设计界面、动力匹配最终设计界面两部分。使用软件对多功能远洋集装箱船进行了实际的匹配计算，计算结果与文献进行比较，比较结果表明，软件计算得出的船舶设计航速 v_s，螺旋桨敞水效率 η_0、螺旋桨螺距比 P/D、螺旋桨直径 D 均接近且偏差很小，该软件可以用于海洋无人艇的主机螺旋桨选型工作。最后根据海洋无人艇的技术参数通过软件计算确定了海洋无人艇主机型号与螺旋桨型号。

第 7 章 水面无人艇主动力装置仿真

针对无人艇的动力需求，基于第 5 章介绍的船舶动力装置数学模型，忽略螺旋桨及传动装置，本章在 MATLAB/Simulink 平台上搭建了柴油机各主要部分的仿真模型，再将各个部分连接起来组成一个完整的柴油机模型进行了仿真分析。该模型将柴油机运转过程等效为一系列稳态过程，建模思想最大化顺应了模块化、可重用性、参数化的理念。

7.1 柴油机参数

对搭建好的柴油机模型进行仿真分析，以验证模型的准确性。已知柴油机 12V280 的参数如表 7-1 所示[11]：

表 7-1 柴油机参数

柴油机型号	额定转速/(r/min)	额定功率/kW	缸径/mm	缸 数	增 压 方 式
12V280	1500	3000	280	12	废气涡轮增压

7.2 柴油机稳态工况仿真

为了检验柴油机动力学模型动态特性的准确性，本节进行柴油机稳态工况仿真。图7-1

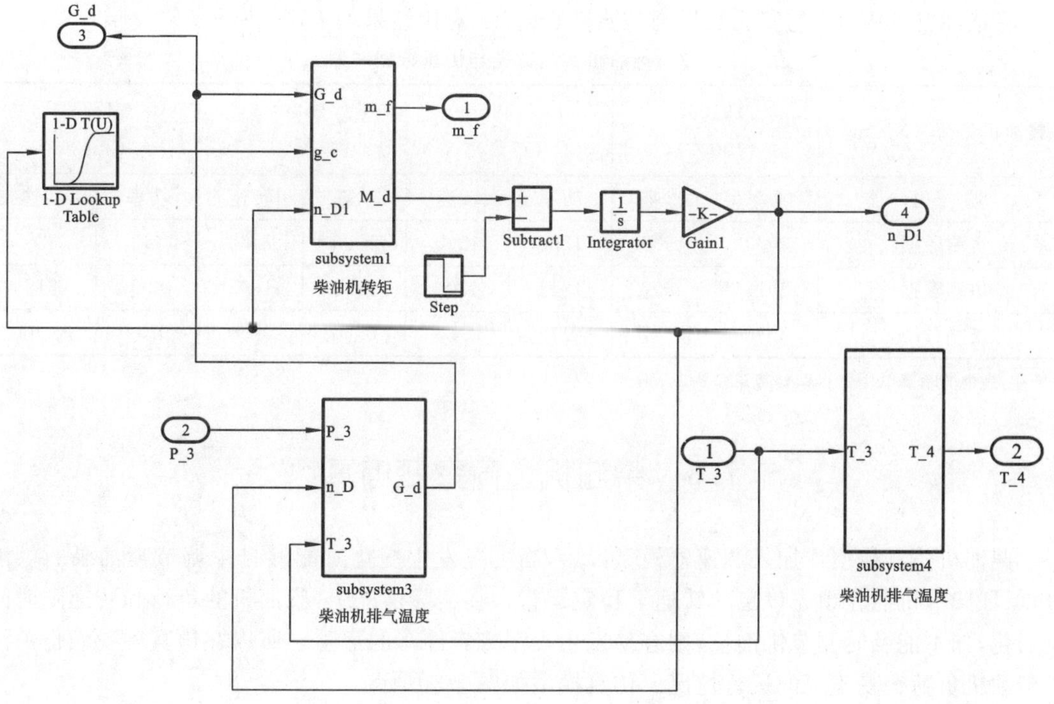

图 7-1 柴油机稳态工况仿真模型

所示为柴油机稳态工况仿真模型，图 7-2 则显示了在负荷突变和喷油量对应变化的情况下柴油机转速随时间的变化情况。第 50 s 时，柴油机负荷由 19100 N·m 减少到 14325 N·m；第 100 s 时，柴油机负荷继续减少到 9550 N·m；第 150 s 时，柴油机负荷减少到 4775 N·m。

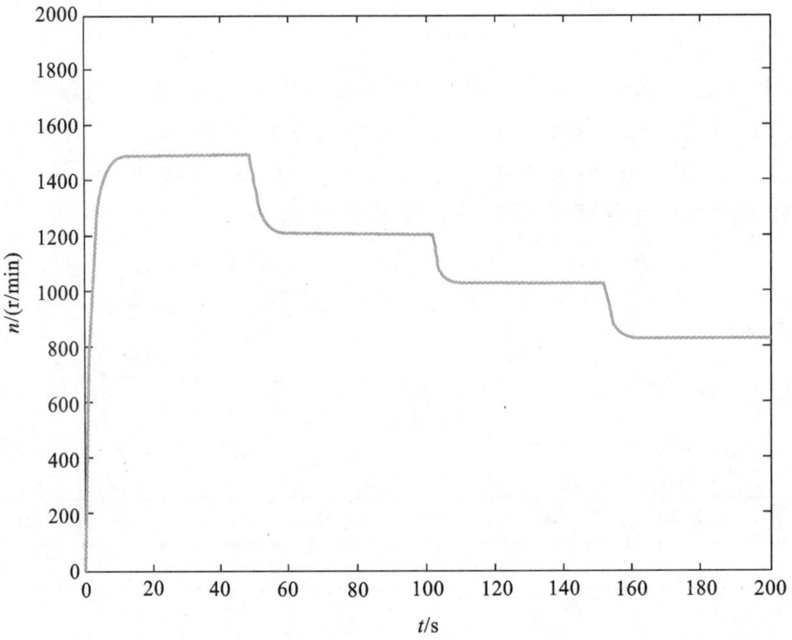

图 7-2　柴油机稳态工况转速变化曲线

观察图 7-2 中数据可知：柴油机以额定功率运行时的发动机转速为 1507 r/min，在柴油机负荷减少时，柴油机转速对应分别减少到 1209 r/min，1005 r/min，817 r/min。

将柴油机 12V280 的实测数据与仿真数据对比，对比结果如表 7-2 所示。

表 7-2　柴油机实测数据与仿真数据对照

柴油机负荷/(N·m)	19100 (100%)		14325 (75%)		9550 (50%)		4775 (25%)	
项　目	功率	转速	功率	转速	功率	转速	功率	转速
实测数据	3000	1500	1800	1200	1000	1000	413	825
仿真数据	3014	1507	1814	1209	1006	1005	409	817
误差(%)	0.46	0.47	0.78	0.75	0.60	0.50	0.97	0.97

注：表中的功率单位为 kW，转速单位为 r/min。

7.3　柴油机负荷突变仿真

柴油机仿真模型在加入调速器模型以后，当工况发生变化时能够自主调节喷油泵的供油量，保证柴油机能在预先设定的转速下稳定运行。在实际情况中，柴油机的负荷和转速随时间而变化，如不能及时调节供油量，则容易发生飞车或者停车的危险。所以在仿真中我们也关注了柴油机负荷突变工况的运行情况。仿真模型如图 7-3 所示。

搭建好的柴油机首先运行在额定转速(1500 r/min)工况，添加两个突变负荷信号(阶跃信

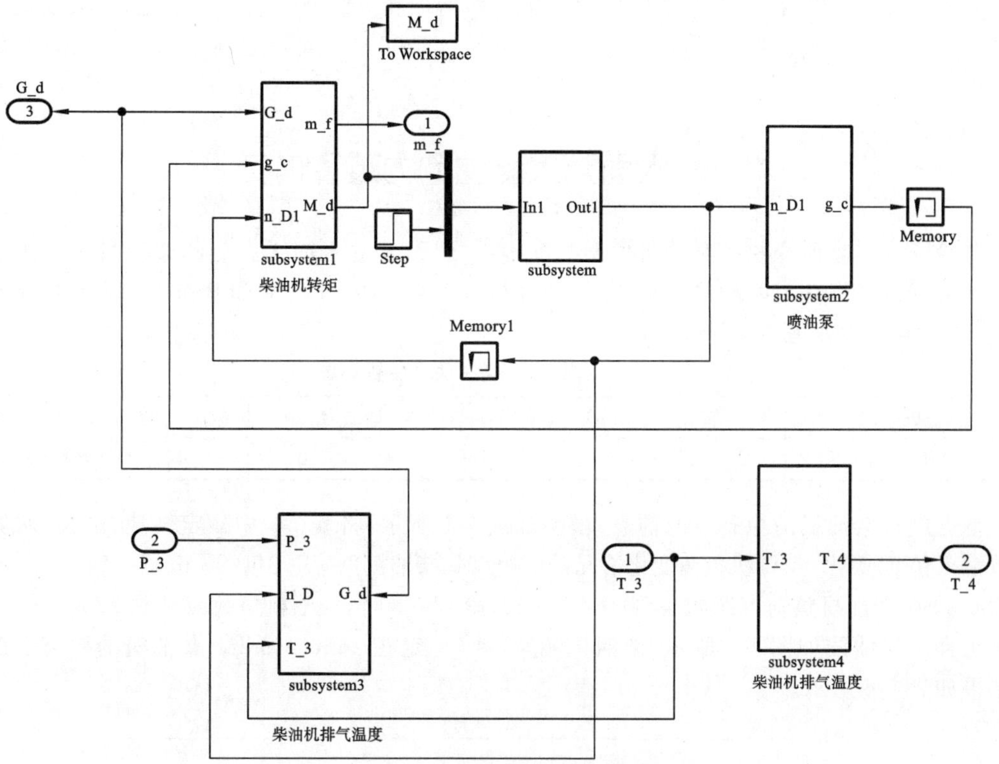

图 7-3　柴油机负荷突变仿真模型

号模块），分别在 $t=100$ s 时突加 4775 N · m、$t=200$ s 时突减 9550 N · m（不能完全忽略空气阻力与摩擦阻力），并分别让转速稳定在 1700 r/min 与 1200 r/min 以测试调试器的性能，仿真结果如图 7-4 所示。

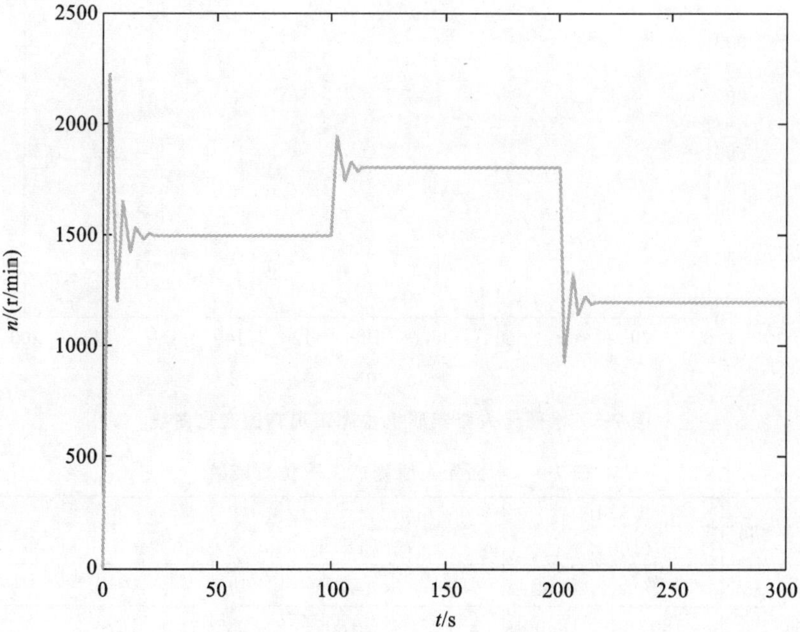

图 7-4　柴油机负荷突变工况转速变化曲线

从图 7-4 中可以看到，在柴油机负荷发生突然增加和突然减少的工况变化时，柴油机转速在调速器的作用下最终稳定到设定值 1700 r/min 与 1200 r/min 附近，从而完成了柴油机的调速过程。

7.4 水面无人艇主动力装置仿真

在验证了本章所介绍的柴油机模型的准确性之后，建立水面无人艇的柴油机主动力装置模型。根据第 6 章动力匹配的结果，选择柴油机 YANMAR 4LHA-STP 作为无人艇的主动力装置，其主要参数如表 7-3 所示。

表 7-3 水面无人艇主动力装置参数

柴油机型号	额定转速/(r/min)	额定功率/kW	缸径/mm	缸数	增压方式
YANMAR 4LHA-STP	1880	180	130	6	废气涡轮增压

首先进行柴油机的稳态工况仿真，模型如图 7-1 所示，将表 7-3 中额定转速、缸径、缸数等参数输入仿真模型。柴油机负荷变化情况：第 50 s 时，柴油机负荷由 914 N·m 减少到 686 N·m；第 100 s 时，柴油机负荷继续减少到 457 N·m；第 150 s 时，柴油机负荷减少到 229 N·m。

仿真结果曲线如图 7-5 所示，柴油机转速最终稳定在 1460 r/min。柴油机的稳态工况仿真结果如表 7-4 所示。

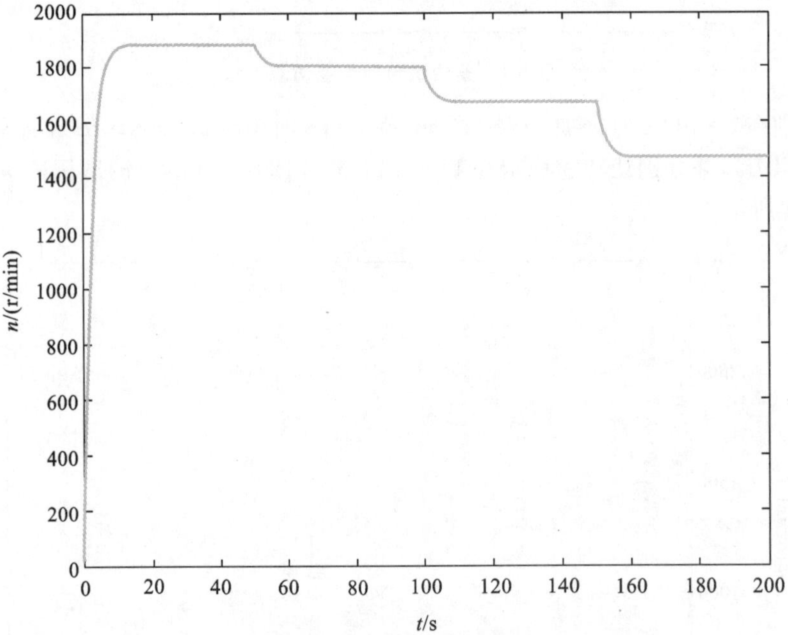

图 7-5 水面无人艇柴油机稳态工况转速变化曲线

表 7-4 水面无人艇稳态工况仿真结果

柴油机负荷/(N·m)	914 (100%)		686 (75%)		457 (50%)		229 (25%)	
项目	功率	转速	功率	转速	功率	转速	功率	转速
仿真数据	180	1880	130	1800	85	1670	45	1460

注：表中的功率单位为 kW，转速单位为 r/min。

最后进行负荷突变仿真，由于无人艇在工作环境中常受到较强的外界干扰（风、浪、流），因此需要研究无人艇在外界干扰下能否以预先设定的转速稳定运行。搭建的负荷突变模型如图 7-3 所示，仿真中分别在 $t=100$ s 时突加负荷 228 N·m，$t=200$ s 时突减负荷 228 N·m，仿真结果如图 7-6 所示。在突变负荷作用下，无人艇动力装置转速最终稳定在额定转速附近，且转速变化趋势符合调速过程的特点，响应时间小于 15 s，符合调速要求。

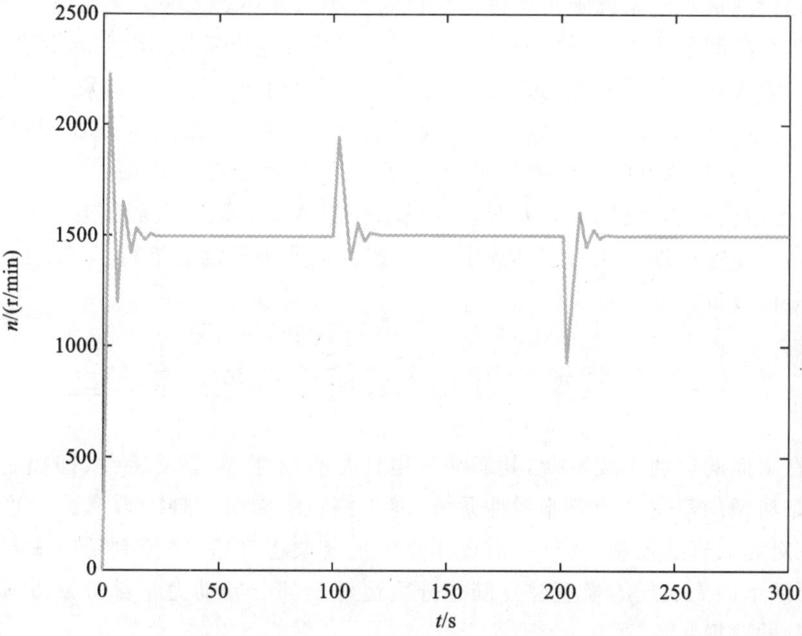

图 7-6　海洋无人艇负荷突变下转速变化曲线

7.5　本章小结

本章主要围绕水面无人艇主动力装置建模展开，进行了柴油机稳态工况仿真与负荷突变仿真，并将仿真结果与已有的实测数据进行对比，验证了仿真模型。基于已验证的模型与方法，对无人艇动力装置进行了稳态工况与负荷突变工况的仿真研究。

第 8 章　水面无人艇轨迹跟踪控制仿真

轨迹跟踪控制是水面无人艇实现自主航行的重要基础功能之一。无人艇的轨迹跟踪控制就是指无人艇在控制系统作用下克服外界干扰，从初始位置出发，稳定地跟踪期望航线并抵达目的地。针对无人艇的目标跟踪功能，首先建立了无人艇的非线性模型，采用传统的反步法设计控制器（包括纵向推进力与转向力矩），实现对期望轨迹的跟踪控制。其次，在考虑外界环境干扰的情况下，建立了轨迹跟踪误差模型，结合反步法技术与李雅普诺夫（Lyapuhov）稳定性理论，引入动态滑模控制，设计了无人艇轨迹跟踪控制器以保证无人艇闭环系统的稳定性，并基于李雅普诺夫稳定性理论证明了其稳定性。最后，对两种控制器进行了建模仿真，并对仿真结果进行了对比分析。

8.1　欠驱动水面无人艇的非线性数学模型

无人艇在水面的运动比较复杂，其运动过程具有非线性、欠驱动特性（即控制输入小于系统自由度），是典型的非完整约束非线性系统，现实控制中无法实现对其六自由度的全方位控制。因此，在对无人艇的控制研究中，需要建立一个复杂程度适中、控制精度满足要求的数学模型，将欠驱动水面无人艇的模型建立问题分为运动学部分和动力学部分来处理。下面分别阐述两个部分的建模。

8.1.1　无人艇坐标系建立与运动学模型

舰船的运动分为纵荡（surge）、横荡（sway）、垂荡（heave）、横摇（roll）、纵摇（pitch）和艏摇（yaw）6 个自由度。将固定坐标系与附体坐标系相结合，用以准确描述无人艇的位置和姿态，建立如图 8-1 所示坐标系。

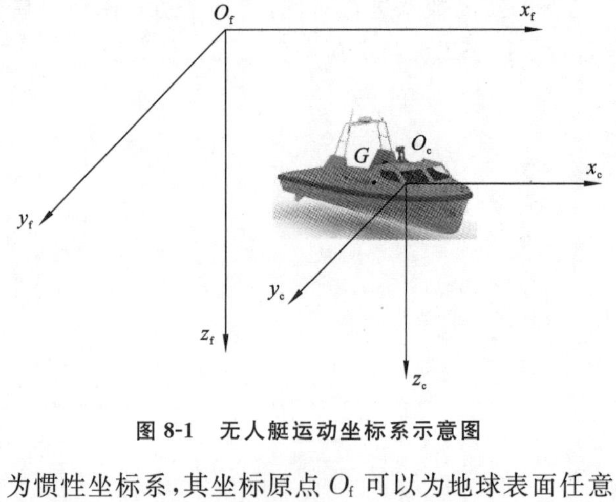

图 8-1　无人艇运动坐标系示意图

坐标系 $O_f x_f y_f z_f$ 为惯性坐标系，其坐标原点 O_f 可以为地球表面任意一点；坐标系 $O_f x_f$ 轴沿着水平面指向无人艇运动方向；$O_f y_f$ 轴与处于同一平面的 $O_f x_f$ 垂直，由右手法则确定其正方向；$O_f z_f$ 轴垂直于平面 $O_f x_f y_f$，指向地心方向。

附体坐标系 $O_cx_cy_cz_c$ 为非惯性坐标系，其坐标原点 O_c 可以选择在无人艇的质心 G。O_cx_c 轴在无人艇中纵剖面内且平行于无人艇龙骨线指向船首方向；O_cy_c 轴与无人艇基面平行且指向右舷；O_cz_c 轴垂直于平面 $O_cx_cy_c$，指向龙骨方向。

坐标系中的运动变量以向量的形式表示，如表 8-1 所示。

表 8-1　无人艇坐标系中的运动变量

参考系	$O_fx_fy_fz_f$（惯性坐标系）			$O_cx_cy_cz_c$（附体坐标系）		
	O_fx_f 轴	O_fy_f 轴	O_fz_f 轴	O_cx_c 轴	O_cy_c 轴	O_cz_c 轴
位移 $\boldsymbol{\varsigma}_1$	x	y	z	—	—	—
姿态角 $\boldsymbol{\varsigma}_2$	φ	θ	ψ	—	—	—
线速度 $\boldsymbol{\lambda}_1$	—	—	—	u	v	w
角速度 $\boldsymbol{\lambda}_2$	—	—	—	ξ	ζ	r
力 $\boldsymbol{\tau}_1$	—	—	—	x	y	z
力矩 $\boldsymbol{\tau}_2$	—	—	—	K	P	Q

表 8-1 中的运动变量表示为向量形式：

$$\begin{gathered}\boldsymbol{\varsigma}=[\boldsymbol{\varsigma}_1\quad \boldsymbol{\varsigma}_2]^{\mathrm{T}}\quad \boldsymbol{\varsigma}_1=[x\quad y\quad z]^{\mathrm{T}}\quad \boldsymbol{\varsigma}_2=[\varphi\quad \theta\quad \psi]^{\mathrm{T}}\\ \boldsymbol{\lambda}=[\boldsymbol{\lambda}_1\quad \boldsymbol{\lambda}_2]^{\mathrm{T}}\quad \boldsymbol{\lambda}_1=[u\quad v\quad w]^{\mathrm{T}}\quad \boldsymbol{\lambda}_2=[\xi\quad \zeta\quad r]^{\mathrm{T}}\\ \boldsymbol{\tau}=[\boldsymbol{\tau}_1\quad \boldsymbol{\tau}_2]^{\mathrm{T}}\quad \boldsymbol{\tau}_1=[X\quad Y\quad Z]^{\mathrm{T}}\quad \boldsymbol{\tau}_2=[K\quad P\quad Q]^{\mathrm{T}}\end{gathered}\tag{8-1}$$

将上面三组变量之间的关系写出来即为无人艇的运动学方程：

$$\left.\begin{aligned}\dot{\boldsymbol{\varsigma}}_1&=\boldsymbol{J}_1(\boldsymbol{\varsigma}_2)\boldsymbol{\lambda}_1\\ \dot{\boldsymbol{\varsigma}}_2&=\boldsymbol{J}_2(\boldsymbol{\varsigma}_2)\boldsymbol{\lambda}_2\end{aligned}\right\}\tag{8-2}$$

其中变换矩阵 $\boldsymbol{J}_1(\boldsymbol{\varsigma}_2)$、$\boldsymbol{J}_2(\boldsymbol{\varsigma}_2)$ 的具体表达式分别为

$$\boldsymbol{J}_1(\boldsymbol{\varsigma}_2)=\begin{bmatrix}\cos\theta\cos\psi & \sin\varphi\sin\theta\cos\psi-\cos\varphi\sin\psi & \cos\varphi\sin\theta\cos\psi+\sin\varphi\sin\psi\\ \cos\theta\sin\psi & \sin\varphi\sin\theta\sin\psi+\cos\varphi\sin\psi & \cos\varphi\sin\theta\sin\psi-\sin\varphi\cos\psi\\ -\sin\theta & \sin\varphi\cos\theta & \cos\varphi\cos\theta\end{bmatrix}\tag{8-3}$$

$$\boldsymbol{J}_2(\boldsymbol{\varsigma}_2)=\begin{bmatrix}1 & \sin\varphi\tan\theta & \cos\varphi\tan\theta\\ 0 & \cos\varphi & -\sin\varphi\\ 0 & \sin\varphi\sec\theta & \cos\varphi\sec\theta\end{bmatrix}\tag{8-4}$$

将附体坐标系的原点设在无人艇几何中心，设质心坐标为 $\tilde{\boldsymbol{\omega}}_G=[x_G\quad y_G\quad z_G]^{\mathrm{T}}$，无人艇几何中心与其质心不是同一点，将质心坐标代入刚体运动动量定理相关公式可得

$$\boldsymbol{\tau}_1=m[\dot{\boldsymbol{\lambda}}_1+\boldsymbol{\lambda}_2\times\boldsymbol{\lambda}_1+\boldsymbol{\lambda}_2\times(\boldsymbol{\lambda}_2\times\tilde{\boldsymbol{\omega}}_G)+\dot{\boldsymbol{\lambda}}_2\times\tilde{\boldsymbol{\omega}}_G]\tag{8-5}$$

式(8-5)就是无人艇平移运动的动力学方程，其中 m 是无人艇的总质量。展开式(8-5)，代入相关参数，可得

$$\left.\begin{aligned}X&=m\{[\dot{u}]+[\zeta w-rv]\}-[x_G(\zeta^2+r^2)-y_G(\xi\zeta-\dot{r})-z_G(\xi r+\dot{\zeta})]\\ Y&=m\{[\dot{v}]+[ru-\xi w]\}-[y_G(r^2+\xi^2)-z_G(\zeta r-\dot{\xi})-x_G(\zeta\xi+\dot{\xi})]\\ Z&=m\{[\dot{w}]+[\xi v-\zeta u]\}-[z_G(\xi^2+\zeta^2)-x_G(\xi\zeta-\dot{r})-y_G(\xi r+\dot{\zeta})]\end{aligned}\right\}\tag{8-6}$$

类似地，根据刚体相对于某一个动点的动量矩方程，有

$$\boldsymbol{\tau}_2=m\boldsymbol{\lambda}_1\times(\boldsymbol{\lambda}_2\times\tilde{\boldsymbol{\omega}}_G)+m\boldsymbol{\lambda}_2\times(\tilde{\boldsymbol{\omega}}_G\times\boldsymbol{\lambda}_1)+m(\tilde{\boldsymbol{\omega}}_G\times\dot{\boldsymbol{\lambda}}_1)+\boldsymbol{\lambda}_2\times\boldsymbol{I}\boldsymbol{\lambda}_2+\boldsymbol{I}\dot{\boldsymbol{\lambda}}_2\tag{8-7}$$

式(8-7)称为无人艇旋转运动的动力学方程，其中惯性张量矩阵 $\boldsymbol{I}$ 是无人艇相对附体坐标系原

点的一个对称阵。

$$\boldsymbol{I}=\begin{bmatrix} I_{xx} & -I_{xy} & -I_{xz} \\ -I_{yx} & -I_{yy} & -I_{yz} \\ I_{zx} & -I_{zy} & -I_{zz} \end{bmatrix} \tag{8-8}$$

式中：$I_{xx}=\int(y^2+z^2)\mathrm{d}m$；$I_{yy}=\int(x^2+z^2)\mathrm{d}m$；$I_{zz}=\int(x^2+y^2)\mathrm{d}m$；$I_{xy}=I_{yx}=\int xy\,\mathrm{d}m$；$I_{xz}=I_{zx}=\int xz\,\mathrm{d}m$；$I_{yz}=I_{zy}=\int yz\,\mathrm{d}m$。

展开式(8-8)，代入相关参数，可以得到

$$\left.\begin{aligned} K=&[I_{xx}\dot{\xi}-I_{xy}\dot{\zeta}-I_{xz}\dot{r}]+[-(I_{yy}-I_{zz})\zeta r+I_{xy}r\xi-I_{xz}\xi\zeta-I_{yz}(\zeta^2-r^2)] \\ &+[my_G(\dot{w}+\xi v-\zeta u)-mz_G(\dot{v}+ru-\xi w)] \\ P=&[I_{yy}\dot{\zeta}-I_{yz}\dot{r}-I_{yx}\dot{\xi}]+[-(I_{zz}-I_{xx})r\xi+I_{yz}\xi\zeta-I_{xz}\zeta r-I_{xz}(r^2-\xi^2)] \\ &+[mz_G(\dot{u}+\zeta w-rv)-mx_G(\dot{w}+\xi v-\zeta u)] \\ Q=&[I_{zz}\dot{r}-I_{zx}\dot{\xi}-I_{yz}\dot{\zeta}]+[-(I_{xx}-I_{yy})\zeta\xi+I_{xz}\zeta r-I_{yz}r\xi-I_{xy}(\xi^2-\zeta^2)] \\ &+[mx_G(\dot{v}+ru-\xi w)-my_G(\dot{u}+\zeta w-rv)] \end{aligned}\right\} \tag{8-9}$$

式中：K，P，Q 代表无人艇受到的合外力矩；等号右端代表无人艇受到的惯性力矩，第一项为无人艇自身运动产生的惯性力矩，第二项为由于附体坐标系转动而引起的离心惯性力矩，第三项表示附体坐标系原点 O_c 与质心 $\tilde{\omega}_G$ 的偏差引起的附加惯性力矩。

8.1.2　无人艇动力学模型

针对水面无人艇数学模型，日本船舶操纵运动数学模型研讨小组提出 MMG 理论[12]，MMG 建模思想是将作用在无人艇上的力分为主动力、流体动力、流体静力、干扰力四大类。在研究欠驱动无人艇的运动控制问题时，MMG 理论忽略垂荡、横摇与纵摇对无人艇运动的影响，镇定控制中主要考虑纵荡、横荡和艏摇，这样就将水面无人艇的六自由度控制问题简化为沿着 x、y 轴的直线运动与绕 z 轴的回转运动的三自由度平面运动控制问题。水面无人艇运动示意图如图 8-2 所示。

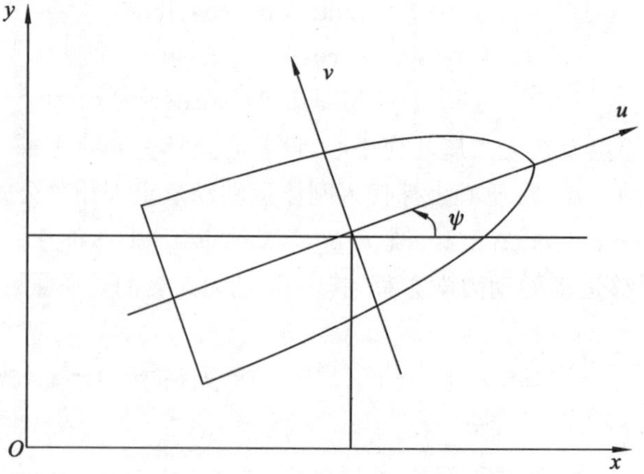

图 8-2　水面无人艇的运动变量

结合上述分析，现假设无人艇左右对称，并将附体坐标系的坐标原点取在无人艇的质心处，可以得到欠驱动无人艇的水平面运动数学模型：

$$
\left.\begin{aligned}
&\dot{\boldsymbol{\varsigma}}=\boldsymbol{J}(\psi)\boldsymbol{\lambda}\\
&\boldsymbol{M}\dot{\boldsymbol{\lambda}}=-\boldsymbol{E}(\boldsymbol{\lambda})\boldsymbol{\lambda}-[\boldsymbol{F}+\boldsymbol{F}_n(\boldsymbol{\lambda})]\boldsymbol{\lambda}+\boldsymbol{\tau}+\boldsymbol{\tau}'
\end{aligned}\right\} \tag{8-10}
$$

式中：$\boldsymbol{\varsigma}$——无人艇的位置和航向角向量，$\boldsymbol{\varsigma}=[x \quad y \quad \psi]^{\mathrm{T}}$；

$\boldsymbol{J}(\psi)$——附体坐标系到固定坐标系的旋转矩阵；

$\boldsymbol{\lambda}$——无人艇在纵荡、横荡、艏摇 3 个自由度上的速度向量，$\boldsymbol{\lambda}=[u \quad v \quad r]^{\mathrm{T}}$；

$\boldsymbol{M}$——由无人艇自身的惯性和水动力附加惯性构成的惯性矩阵；

$\boldsymbol{E}(\boldsymbol{\lambda})$——由无人艇自身惯性、水动力附加惯性等构成的科里奥利力(Coriolis force)和向心力矩阵；

$\boldsymbol{F}$——一阶水动力阻尼矩阵；

$\boldsymbol{F}_n(\boldsymbol{\lambda})$——高阶水动力阻尼矩阵；

$\boldsymbol{\tau}$——作用在无人艇上的推进力和转向力矩组成的向量；

$\boldsymbol{\tau}'$——风、浪、流等环境干扰向量。矩阵与向量的具体形式分别为

$$
\boldsymbol{J}(\psi)=\begin{bmatrix}\cos\psi & -\sin\psi & 0\\ \sin\psi & \cos\psi & 0\\ 0 & 0 & 1\end{bmatrix},\quad
\boldsymbol{F}_n(\boldsymbol{\lambda})=\begin{bmatrix}D_{11} & 0 & 0\\ 0 & D_{22} & D_{23}\\ 0 & D_{32} & D_{33}\end{bmatrix},
$$

$$
\boldsymbol{F}=\begin{bmatrix}d_{11} & 0 & 0\\ 0 & d_{22} & d_{23}\\ 0 & d_{32} & d_{33}\end{bmatrix},\quad
\boldsymbol{M}=\begin{bmatrix}m_{11} & 0 & 0\\ 0 & m_{22} & m_{23}\\ 0 & m_{32} & m_{33}\end{bmatrix},
$$

$$
\boldsymbol{E}(\boldsymbol{\lambda})=\begin{bmatrix}0 & 0 & -m_{22}v\\ 0 & 0 & m_{11}u\\ m_{22}v & -m_{11}u & 0\end{bmatrix},
$$

$$
\boldsymbol{\varsigma}=\begin{bmatrix}x\\ y\\ \psi\end{bmatrix},\quad
\boldsymbol{\lambda}=\begin{bmatrix}u\\ v\\ r\end{bmatrix},\quad
\boldsymbol{\tau}=\begin{bmatrix}\tau_u\\ 0\\ \tau_r\end{bmatrix},\quad
\boldsymbol{\tau}'=\begin{bmatrix}\tau_1\\ \tau_2\\ \tau_3\end{bmatrix}
$$

式中：ψ——航向角；

$D_{11}, D_{22}, D_{33}, D_{23}, D_{32}$——高阶水动力阻尼系数；

$d_{11}, d_{22}, d_{33}, d_{23}, d_{32}$——一阶水动力阻尼系数；

$m_{11}, m_{22}, m_{33}, m_{23}, m_{32}$——惯性系数；

τ_u——纵向推进力；

τ_r——转向力矩；

τ_1, τ_2, τ_3——在纵荡、横荡、艏摇 3 个自由度上的环境干扰项。

8.2　传统反步法轨迹跟踪控制

8.2.1　控制目标

因为式(8-10)存在耦合项，现做如下假设以简化动力学模型。

假设 8-1　将 $\boldsymbol{F}_n(\boldsymbol{\lambda})$ 视为零矩阵 $[0]_{n\times n}$，即忽略高阶水动力阻尼作用于 USV 的影响。

假设 8-2　忽略风、浪、流等外界环境的干扰，即 $\boldsymbol{\tau}'$ 为零向量。

假设 8-3　将惯性矩阵 $\boldsymbol{M}$ 和一阶水动力阻尼矩阵 $\boldsymbol{F}$ 均看作对角矩阵，忽略矩阵中非对角线元素对无人艇动力学模型的影响。

基于以上三点假设，模型(8-10)可以简化为欠驱动无人艇动力学模型，展开后可得

$$\left.\begin{aligned}
&\dot{x}=u\cos\psi-v\sin\psi\\
&\dot{y}=u\sin\psi+v\cos\psi\\
&\dot{\psi}=r\\
&\dot{u}=\frac{1}{m_{11}}(m_{22}vr-d_{11}u+\tau_u)\\
&\dot{v}=\frac{1}{m_{22}}(-m_{11}ur-d_{22}v)\\
&\dot{r}=\frac{1}{m_{33}}[(m_{11}-m_{22})uv-d_{33}r+\tau_r]
\end{aligned}\right\}\tag{8-11}$$

式中：x,y——USV 在惯性坐标系中的位置坐标；

ψ——艏摇角；

u,v,r——USV 的纵向速度、横荡速度，以及艏摇角速度。

根据欠驱动无人艇的动力学模型(8-11)，采用传统反步法(backstepping)设计合适的控制器，使欠驱动无人艇在纵向推进力与转向力矩的作用下准确跟踪期望轨迹。

定义无人艇的轨迹跟踪误差为

$$\left.\begin{aligned}
&z_e=\sqrt{x_e^2+y_e^2}\\
&\psi_e=\psi-\psi_d
\end{aligned}\right\}\tag{8-12}$$

式中：$x_e=x_d-x$；$y_e=y_d-y$。其中，x_e 为 x 方向的位置误差，y_e 为 y 方向的位置误差，(x_d,y_d)为无人艇期望位置，(x,y)为无人艇实际位置。由无人艇轨迹跟踪误差示意图 8-3 可以定义无人艇的期望航向角 $\psi_d=\arctan\left(\frac{y_e}{x_e}\right)\in(-\pi,\pi)$。

对式(8-12)求导并结合式(8-11)可得

$$\left.\begin{aligned}
\dot{z}_e&=-u\cos\psi_e+v\sin\psi_e+(x_e\dot{x}_d+y_e\dot{y}_d)\frac{1}{z_e}\\
\dot{\psi}_e&=(\psi-\psi_d)'=r-\frac{\dot{y}_ex_e-y_e\dot{x}_e}{x_e^2+y_e^2}\\
&=r+\frac{x_e(u\sin\psi+v\cos\psi)}{z_e}\cdot\frac{1}{z_e}-\frac{y_e(u\cos\psi-v\sin\psi)}{z_e}\cdot\frac{1}{z_e}-\frac{x_e\dot{y}_d-y_e\dot{x}_d}{z_e^2}\\
&=r+(u\sin\psi_e+v\cos\psi_e)\cdot\frac{1}{z_e}-(x_e\dot{y}_d-y_e\dot{x}_d)\cdot\frac{1}{z_e^2}
\end{aligned}\right\}\tag{8-13}$$

$$\left.\begin{aligned}
&\dot{u}=\frac{1}{m_{11}}(m_{22}vr-d_{11}u+\tau_u)\\
&\dot{v}=\frac{1}{m_{22}}(-m_{11}ur-d_{22}v)\\
&\dot{r}=\frac{1}{m_{33}}[(m_{11}-m_{22})uv-d_{33}r+\tau_r]
\end{aligned}\right\}\tag{8-14}$$

式中：$\sin\psi_e=\frac{x_e\sin\psi-y_e\cos\psi}{z_e}$；$\cos\psi_e=\frac{x_e\cos\psi+y_e\sin\psi}{z_e}$。

观察上面的推导可知，ψ_d 在 $z_e=0$，即 x_e、y_e 同时为 0 时没有意义(分母不能为零)，补充定

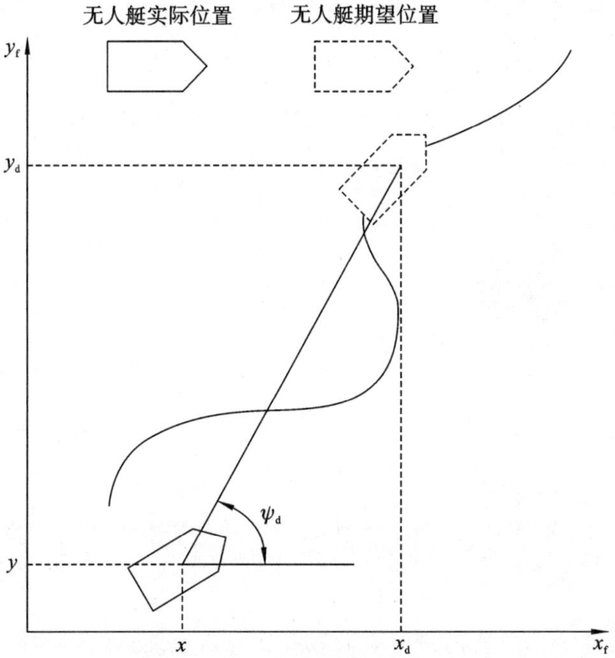

图 8-3　无人艇轨迹跟踪误差示意图

义 $\psi_d=\dfrac{dy_d}{dx_d}$ 。$\dot{z}_e$ 在 x_e、y_e 同时为 0 时同样没有意义，所以本章的控制目标为：设计合适的控制率 τ_u、τ_r 使无人艇的跟踪误差(z_e，ψ_e)收敛到原点附近任意小的邻域，保证(z_e，ψ_e)最终有界。

8.2.2　运动学控制器设计

定义 Lyapunov 函数：

$$V_1=\frac{1}{2}z_e^2 \tag{8-15}$$

对式(8-15)求导可得

$$\dot{V}_1=z_e\cdot\dot{z}_e=z_e\left[-u\cos\psi_e+v\sin\psi_e+(x_e\dot{x}_d+y_e\dot{y}_d)\frac{1}{z_e}\right] \tag{8-16}$$

将式(8-16)中的变量 u 看作 z_e 的输入，设计虚拟控制变量

$$u^\alpha=\frac{1}{\cos\psi_e}\left[k_1(z_e-\varepsilon)+v\sin\psi_e+(x_e\dot{x}_d+y_e\dot{y}_d)\frac{1}{z_e}\right]$$

定义 $u_e=u-u^\alpha$，将 $u=u_e+u^\alpha$ 代入式(8-16)可得

$$\dot{V}_1=-k_1z_e^2+k_1\varepsilon z_e-u_ez_e\cos\psi_e \tag{8-17}$$

式中：k_1，ε——参数，均为正常数。

考虑 ψ_e 子系统，定义 Lyapunov 函数：

$$V_2=\frac{1}{2}\psi_e^2 \tag{8-18}$$

对式(8-18)求导可得

$$\dot{V}_2=\psi_e\dot{\psi}_e=\psi_e\left[r+(u\sin\psi_e+v\cos\psi_e)\frac{1}{z_e}-(x_e\dot{y}_d-y_e\dot{x}_d)\frac{1}{z_e^2}\right] \tag{8-19}$$

将艏摇角速度 r 看作子系统 ψ_e 的输入，设计艏摇角速度的虚拟控制变量

$$r^{\alpha}=-k_2\psi_e-(u^{\alpha}\sin\psi_e+v\cos\psi_e)\frac{1}{z_e}+(x_e\dot{y}_d-y_e\dot{x}_d)\frac{1}{z_e^2}$$

定义艏摇角的误差变量 $r_e=r-r^{\alpha}$，将 $r=r_e+r^{\alpha}$ 代入式(8-19)并化简可得

$$\dot{V}_2=-k_2\psi_e^2+\frac{u_e\sin\psi_e}{z_e}+r_e\psi_e \tag{8-20}$$

式中：k_2——正常数。

8.2.3 动力学控制器设计

定义 Lyapunov 函数：

$$V_3=\frac{1}{2}u_e^2 \tag{8-21}$$

对式(8-21)求导可得

$$\dot{V}_3=u_e\dot{u}_e=u_e\left[\frac{1}{m_{11}}(m_{22}vr-d_{11}u+\tau_u)-\dot{u}^{\alpha}\right] \tag{8-22}$$

选取纵向推进力：

$$\tau_u=-k_3m_{11}u_e-m_{22}vr+d_{11}u+m_{11}\dot{u}^{\alpha}+m_{11}z_e\cos\psi_e-\frac{m_{11}\psi_e}{z_e}\sin\psi_e \tag{8-23}$$

代入式(8-22)并化简，可得

$$\dot{V}_3=-k_3u_e^2+z_eu_e\cos\psi_e-\frac{u_e\psi_e}{z_e}\sin\psi_e \tag{8-24}$$

式中：k_3——正常数。

考虑 r_e 子系统，定义 Lyapunov 函数：

$$V_4=\frac{1}{2}r_e^2 \tag{8-25}$$

对式(8-25)求导可得

$$\dot{V}_4=r_e\dot{r}_e=r_e\cdot\frac{1}{m_{33}}[(m_{11}-m_{22})uv-d_{33}r+\tau_r-\dot{r}^{\alpha}] \tag{8-26}$$

选取无人艇转向力矩 τ_r：

$$\tau_r=-k_4m_{33}r_e-(m_{11}-m_{22})uv+d_{33}r+m_{33}\dot{r}^{\alpha}-m_{33}\psi_e \tag{8-27}$$

所以式(8-26)可以写为

$$\dot{V}_4=-k_4r_e^2-\psi_er_e \tag{8-28}$$

式中：k_4——正常数。

8.2.4 稳定性分析

定理 8.1 对于欠驱动水面无人艇，在满足假设的前提下，设计控制器式(8-23)与式(8-27)。通过选择合适的控制参数 ε 与 $k_i(1\leqslant i\leqslant 4)$，跟踪误差$(z_e,\psi_e)$可收敛到原点附近足够小的邻域，实现最终有界，从而实现无人艇轨迹跟踪控制。

证明 定义 Lyapunov 函数：

$$V_5=\sum_{i=1}^{4}V_i$$

对其求导，结合式(8-17)、式(8-20)、式(8-24)、式(8-26)可以得到

$$\dot{V}_5 = -k_1 z_e^2 - k_2 \psi_e^2 - k_3 u_e^2 - k_4 r_e^2 + k_1 \varepsilon z_e \tag{8-29}$$

由式(8-29)可知，当误差 $z_e \geqslant \varepsilon$ 时，$\dot{V}_5 \leqslant 0$ 始终成立。通过调节控制器参数 ε 与 $k_i(1 \leqslant i \leqslant 4)$，跟踪误差可收敛到原点附近，根据 Lyapunov 稳定性理论，系统误差(z_e, ψ_e, u_e, r_e)最终有界，表明无人艇在对期望运动轨迹的跟踪过程中，系统是渐近稳定的，证明完毕。

8.2.5　控制仿真

对上述采用传统反步法设计的轨迹跟踪控制器进行仿真研究，以验证控制器的正确性和有效性。无人艇的模型参数根据海洋柴油机动力无人艇的技术参数确定，无人艇设计艇长 7.6 m、质量为 2450 kg，模型参数如下：

$m_{11}=969$ kg；$m_{22}=1255$ kg；$m_{33}=233$ kg；

$d_{11}=455$ kg · s^{-1}；$d_{22}=638$ kg · s^{-1}；$d_{33}=112$ kg · s^{-1}。

控制参数选择：$k_1=1, k_2=15, k_3=2.5, k_4=2$。环境干扰 τ_1、τ_2、τ_3 分别为均匀分布的随机值，对应分别分布在区间$(-0.2, 0.2)$、$(-0.2, 0.2)$、$(-2.4, 2.4)$内[13]。所跟踪期望点的运动轨迹方程由直线和曲线部分组成，表达式为

$$\begin{cases} x_d = 10t, \\ y_d = 0; \end{cases} \quad t < 50 \text{ s}$$

$$\begin{cases} x_d = 500 + 200\sin[0.01\pi(150 - t)], \\ y_d = 200 + 200\cos[0.01\pi(150 - t)]; \end{cases} \quad 50 \text{ s} \leqslant t < 100 \text{ s}$$

$$\begin{cases} x_d = 700, \\ y_d = 10t - 800; \end{cases} \quad 100 \text{ s} \leqslant t < 200 \text{ s}$$

$$\begin{cases} x_d = 900 + 200\cos[0.01\pi(300 - t)], \\ y_d = 1200 + 200\sin[0.01\pi(300 - t)]; \end{cases} \quad 200 \text{ s} \leqslant t < 250 \text{ s}$$

$$\begin{cases} x_d = 3.6t, \\ y_d = 1400; \end{cases} \quad t \geqslant 250 \text{ s}$$

$$(x_0, y_0, \psi_0, u_0, v_0, r_0) = (0, 120, 0, 0, 0, 0)$$

仿真时间选择为 500 s，仿真结果如图 8-4 和图 8-5 所示。

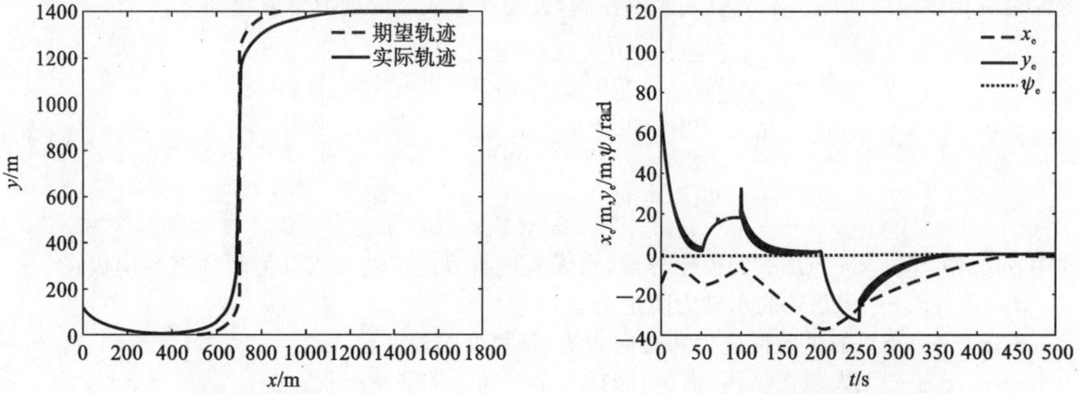

(a) 轨迹跟踪曲线　　(b) 轨迹跟踪误差曲线

图 8-4　传统反步法的无人艇轨迹跟踪曲线与无人艇轨迹跟踪误差曲线

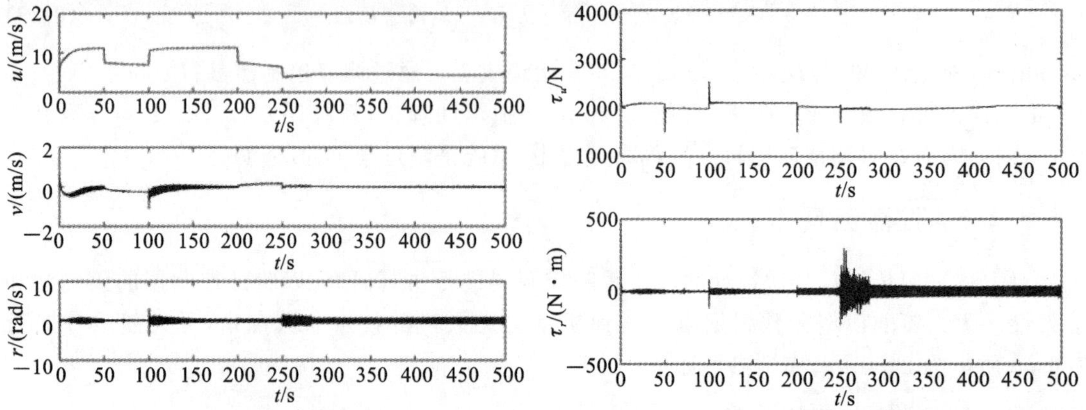

(a) 速度参数曲线　　　　(b) 控制输入曲线

图 8-5　传统反步法的无人艇速度参数曲线与无人艇控制输入曲线

由仿真曲线可以得知：

(1) 在采用传统反步法设计的控制器作用下，无人艇的误差控制变量可以收敛，但是误差收敛速度较慢。在直线行驶阶段(100～200 s，以及 250 s 以后)，无人艇运动对环境干扰较为敏感，误差 y_e(见图 8-4(b))、横荡速度 v(见图 8-5(a))、控制输入 τ_r(见图 8-5(b))均有明显的抖振现象。

(2) 在直线路径由曲线路径变化时，误差 y_e 对无人艇轨迹跟踪影响最大，这使得船舶行驶路径在 y 方向上存在静差，这也是由系统对环境干扰的鲁棒性不足所致，如图 8-4 所示。

(3) 无人艇行驶过程中，在直线路径与曲线路径交替的地方(分别在时间 t 等于 50 s、100 s、200 s、250 s 时)推进力和转向力矩发生波动，这与实际情况相符，但是该控制方法作用下控制力矩变化巨大，对实际运行中的船舶柴油机和螺旋桨不利，会降低无人艇系统的稳定性和使用寿命。

8.3　引入滑模控制的无人艇轨迹跟踪控制研究

在考虑环境干扰的情况下，如何设计合适的控制器，使无人艇系统具有更好的鲁棒性与稳定性是亟待解决的问题。本节引入滑模控制，欠驱动无人艇的动力学方程如下：

$$\left.\begin{aligned}\dot{u}&=\frac{m_{22}}{m_{11}}vr-\frac{d_{11}}{m_{11}u}+\frac{1}{m_{11}}\tau_u+\frac{1}{m_{11}}\tau_1\\\dot{v}&=-\frac{m_{11}}{m_{22}}ur-\frac{d_{22}}{m_{22}}v+\frac{1}{m_{22}}\tau_2\\\dot{r}&=\frac{m_{11}-m_{22}}{m_{33}}uv-\frac{d_{33}}{m_{33}}r+\frac{1}{m_{33}}\tau_r+\frac{1}{m_{33}}\tau_3\end{aligned}\right\}\tag{8-30}$$

式中：m_{11},m_{22},m_{33}——USV 的惯性分量，由无人艇自身的惯性和水动力附加惯性构成；

d_{11},d_{22},d_{33}——USV 的水动力阻尼分量；

τ_u,τ_r——USV 的纵向推进力和转向力矩，是可变的控制输入；

τ_1,τ_2,τ_3——无人艇在纵荡、横荡、艏摇三个方向上的环境干扰。

8.3.1　控制目标

本节的控制目标就是设计合适的控制器，使得无人艇在环境干扰(τ_1、τ_2、τ_3)下能按照期望的轨迹(x_d、y_d、ψ_d)航行，其中 x_d、y_d、ψ_d 分别表示惯性坐标系下期望轨迹的位置坐标与航向角。

在控制器设计中，我们定义误差变量 x_e、y_e、ψ_e 为

$$\left.\begin{aligned} x_e &= x - x_d \\ y_e &= y - y_d \\ \psi_e &= \psi - \psi_d \end{aligned}\right\} \tag{8-31}$$

控制器中的关键量纵向推进力 τ_u 和转向力矩 τ_r 均需要在附体坐标系中考察。我们需要做如下变换：

误差变量在惯性坐标系 $O_f x_f y_f z_f$(见图 8-1)下表示为

$$\begin{bmatrix} x_e \\ y_e \\ \psi_e \end{bmatrix} = \boldsymbol{T} \begin{bmatrix} x - x_d \\ y - y_d \\ \psi - \psi_d \end{bmatrix}$$

式中：$\boldsymbol{T}$——从惯性坐标系到附体坐标系的变换矩阵，

$$\boldsymbol{T} = \begin{bmatrix} \cos\psi & \sin\psi & 0 \\ -\sin\psi & \cos\psi & 0 \\ 0 & 0 & 1 \end{bmatrix}$$

为矩阵 $\boldsymbol{J}(\psi)$ 的转置矩阵。

$$\left.\begin{aligned} x_e &= \cos\psi(x - x_d) + \sin\psi(y - y_d) \\ y_e &= -\sin\psi(x - x_d) + \cos\psi(y - y_d) \\ \psi_e &= \psi - \psi_d \end{aligned}\right\} \tag{8-32}$$

设计过程中为了计算简化，我们做如下定义：期望航向角是只与轨迹有关的量，且

$$\left.\begin{aligned} \psi_d &= \arctan \frac{\dot{y}_d}{\dot{x}_d} \\ \kappa &= \sqrt{\dot{x}_d^2 + \dot{y}_d^2} \end{aligned}\right\} \tag{8-33}$$

对式(8-31)左右两端同时求导，并结合式(8-32)、式(8-33)，可以得到跟踪误差模型：

$$\left.\begin{aligned} \dot{x}_e &= u - \kappa\cos\psi_e + r y_e \\ \dot{y} &= v + \kappa\sin\psi_e + r x_e \end{aligned}\right\} \tag{8-34}$$

所以轨迹跟踪的控制目标就转化为式(8-34)的镇定问题。在镇定误差模型之前，我们需要做一些符合实际的假设：

假设 8-4　期望纵向速度 u_d 及其变化率 $\dot{u}_d$、艏摇角速度 r_d 及其变化率 $\dot{r}_d$，在纵荡、横荡、艏摇三个方向上的环境干扰(τ、τ_2、τ_3)均有界。

假设 8-5　期望轨迹参数 x_d、x_d'、x_d''、y_d、y_d'、y_d''、ψ_d'均有界。

8.3.2　控制器的设计与分析

本小节将针对上一小节的控制目标采用 backstepping 和比例积分滑模控制进行轨迹跟踪控制器设计。

Step 1　镇定(x_e，y_e)子系统

定义 Lyapunov 函数：

$$V_1 = \frac{1}{2}(x_e^2 + y_e^2) \tag{8-35}$$

对式(8-35)两端求导，将式(8-34)代入并化简，可得

$$\begin{aligned}\dot{V}_1 &= x_e\dot{x}_e + y_e\dot{y}_e \\ &= x_e(u-\kappa\cos\psi_e + ry_e) + y_e(v+\kappa\sin\psi_e - rx_e) \\ &= x_e(u-\kappa\cos\psi_e) + y_e(v+\kappa\sin\psi_e)\end{aligned} \tag{8-36}$$

定义虚拟速度变量

$$\sigma_v = \kappa\sin\psi_e$$

为了使函数 V_1 为负定，同时减小误差变量 x_e、y_e 对控制变量带来的影响，定义虚拟控制变量：

$$\left.\begin{aligned}u_d &= \kappa\cos\psi_e - k_1\frac{x_e}{\sqrt{1+x_e^2+y_e^2}} \\ \sigma_d &= -v - k_2\frac{y_e}{\sqrt{1+x_e^2+y_e^2}}\end{aligned}\right\} \tag{8-37}$$

式中：k_1，k_2——正常数。进而可得误差变量 u_e、σ_e：

$$\left.\begin{aligned}u_e &= u - u_d \\ \sigma_e &= \sigma_v - \sigma_d\end{aligned}\right\} \tag{8-38}$$

联合式(8-33)至式(8-37)，式(8-34)变换为

$$\left.\begin{aligned}\dot{x}_e &= u_e - k_1x_e + ry_e \\ \dot{y}_e &= \sigma_e - k_2y_e - rx_e\end{aligned}\right\} \tag{8-39}$$

所以

$$\dot{V}_1 = -(k_1x_e^2 + k_2y_e^2) + u_ex_e + \sigma_ey_e \tag{8-40}$$

Step 2　镇定误差变量(u_e，σ_e)子系统

为了使 V_1 稳定，我们需要镇定 u_e、σ_e。将 u_d 作为虚拟控制变量，对误差变量 u_e 求导，可得

$$\dot{u}_e = \dot{u} - \dot{u}_d = \frac{m_{22}}{m_{11}}vr - \frac{d_{11}}{m_{11}}u + \frac{1}{m_{11}}\tau_u + \frac{1}{m_{11}}\tau_1 - \dot{u}_d = m_{11}{}^{-1}(\delta_1 + \tau_u) \tag{8-41}$$

式中：$\delta_1 = m_{22}vr - d_{11}u - m_{11}\dot{u}_d + \tau_1$。

为了使得式(8-40)负定，我们暂且定义过渡函数：

$$F_1 = V_1 + \frac{1}{2}m_{11}u_e^2 + \frac{1}{2}(\delta_1 - \hat{\delta}_1)^2 \tag{8-42}$$

式中：$\hat{\delta}$——虚拟控制率。

镇定过渡函数 F_1 需要引入滑模面 s_1：

$$s_1 = u_e + k_3\int_0^t u_e\mathrm{d}\tau + m_{11}{}^{-1}\int_0^t x_e\mathrm{d}\tau - m_{11}{}^{-1}\int_0^t(\delta_1 - \hat{\delta}_1)\mathrm{d}\tau \tag{8-43}$$

式中：k_3——正常数。对滑模面 s_1 求导，可得

$$\begin{aligned}\dot{s}_1 &= \dot{u}_e + k_3u_e + m_{11}{}^{-1}x_e - m_{11}{}^{-1}(\delta_1 - \hat{\delta}_1) \\ &= (\delta_1 + \tau_u)m_{11}{}^{-1} + k_3u_e + m_{11}{}^{-1}x_e - m_{11}{}^{-1}(\delta_1 - \hat{\delta}_1)\end{aligned} \tag{8-44}$$

根据式(8-44)，误差变量 u_e 的导数 $\dot{u}_e$ 可以表示为关于滑模面 s_1 的函数：

$$\dot{u}_e = \dot{s}_1 - k_3u_e - m_{11}{}^{-1}x_e + m_{11}{}^{-1}(\delta_1 - \hat{\delta}_1) \tag{8-45}$$

于是，

$$\dot{F}_1 = \dot{V}_1 + m_{11}u_e\dot{u}_e - \dot{\hat{\delta}}_1(\delta_1 - \hat{\delta}_1)$$

$$= \dot{V}_1 + m_{11}u_e[\dot{s}_1 - k_3u_e - m_{11}{}^{-1}x_e + m_{11}{}^{-1}(\delta_1 - \hat{\delta}_1)] - \dot{\hat{\delta}}_1(\delta_1 - \hat{\delta}_1)$$

$$= -(k_1x_e^2 + k_2y_e^2) + \sigma_e y_e - k_3m_{11}u_e^2 + m_{11}\dot{s}_1u_e + (u_e - \dot{\hat{\delta}}_1)(\delta_1 - \hat{\delta}_1) \tag{8-46}$$

注意到 $\dot{F}_1$ 的结构，我们自然想到构造如下过渡函数 F_2：

$$F_2 = F_1 + \frac{1}{2}m_{11}s_1^2 \tag{8-47}$$

对其求导，将式(8-44)、式(8-46)代入并化简，可得

$$\dot{F}_2 = \dot{F}_1 + m_{11}s_1\dot{s}_1$$

$$= -(k_1x_e^2 + k_2y_e^2) + \sigma_e y_e - k_3m_{11}u_e^2 + m_{11}\dot{s}_1(u_e + s_1) + (u_e - \dot{\hat{\delta}}_1)(\delta_1 - \hat{\delta}_1)$$

$$= -(k_1x_e^2 + k_2y_e^2) + \sigma_e y_e - k_3m_{11}u_e^2 + (u_e - \dot{\hat{\delta}})(\delta_1 - \hat{\delta}_1)$$

$$+ m_{11}[(\delta_1 + \tau_u)m_{11}{}^{-1} + k_3u_e + m_{11}{}^{-1}x_e - m_{11}{}^{-1}(\delta_1 - \hat{\delta}_1)](u_e + s_1) \tag{8-48}$$

观察式(8-48)，在镇定过程中可以使得 $\dot{\hat{\delta}} = u_e$，控制率 τ_u 为

$$\tau_u = -\hat{\delta}_1 - k_3m_{11}u_e - x_e + u_e - s_1 \tag{8-49}$$

代入式(8-48)中，化简可得

$$\dot{F}_2 = -(k_1x_e^2 + k_2y_e^2) + \sigma_e y_e - (k_3m_{11} - 1)u_e^2 - s_1^2 \tag{8-50}$$

根据式(8-36)、式(8-37)，变量 $\dot{\sigma}_e$ 可以写为

$$\dot{\sigma}_e = \dot{\sigma}_v - \dot{\sigma}_d$$

$$= \dot{\kappa}\sin\psi_e + \kappa\cos\psi_e(r - \dot{\psi}_d) + \dot{v} + k_2\dot{y}_e$$

$$= \dot{\kappa}\sin\psi_e + \kappa\cos\psi_e(r - \dot{\psi}_d) + \delta_2m_{22}{}^{-1} + \lambda \tag{8-51}$$

式中：$\delta_2 = -m_{11}ur - d_{22}v + \tau_2$；$\lambda = k_2\left(\frac{y_e}{\sqrt{x_e^2 + y_e^2}}\right)$。

设计期望航向角 r_d 为

$$r_d = \dot{\psi}_d + (-\dot{\kappa}\sin\psi_e - \hat{\delta}_2m_{22}{}^{-1} - \lambda - k_4\sigma_e - y_em_{22}{}^{-1})(\kappa\cos\psi_e)^{-1} \tag{8-52}$$

式中：k_4——正常数。将 r_d 看作虚拟控制变量，其自身误差变量为

$$r_e = r - r_d \tag{8-53}$$

联立式(8-51)、式(8-52)、式(8-53)，可得 σ_e 的导数 $\dot{\sigma}_e$：

$$\dot{\sigma}_e = r_e\kappa\cos\psi_e - k_4\sigma_e - y_em_{22}{}^{-1} + (\delta_2 - \hat{\delta}_2)m_{22}{}^{-1} \tag{8-54}$$

定义 Lyapunov 函数 V_2：

$$V_2 = V_1 + \frac{1}{2}m_{11}u_e^2 + \frac{1}{2}(\delta_1 - \hat{\delta}_1)^2 + \frac{1}{2}m_{11}s_1^2$$

$$+ \frac{1}{2}m_{22}\sigma_e^2 + \frac{1}{2}(\delta_2 - \hat{\delta}_2)^2$$

$$= F_2 + \frac{1}{2}m_{22}\sigma_e^2 + \frac{1}{2}(\delta_2 - \hat{\delta}_2)^2 \tag{8-55}$$

对式(8-55)求导，并将式(8-50)、式(8-54)代入，$\dot{V}_2$ 可以写作

$$\dot{V}_2 = \dot{F}_2 + m_{22}\sigma_e\dot{\sigma}_e - \dot{\hat{\delta}}_2(\delta_2 - \hat{\delta}_2)$$

$$= -(k_1x_e^2 + k_2y_e^2) - (k_3m_{11} - 1)u_e^2 - s_1^2$$

$$-k_4 m_{22}\sigma_e^2+m_{22}\sigma_e r_e\kappa\cos\psi_e+(\sigma_e-\dot{\hat{\delta}}_2)(\delta_2-\hat{\delta}_2) \quad (8\text{-}56)$$

为了简化控制器设计，选择适应率 $\hat{\delta}_2$ 的导数 $\dot{\hat{\delta}}_2=\sigma_e$，这样 $\dot{V}_2$ 简化为

$$\dot{V}_2=-(k_1x_e^2+k_2y_e^2)-(k_3m_{11}-1)u_e^2-s_1^2-k_4m_{22}\sigma_e^2+m_{22}\sigma_e r_e\kappa\cos\psi_e \quad (8\text{-}57)$$

Step 3　镇定误差变量(r_e，ψ_e)子系统

考察需要镇定的虚拟控制量 $r_e=r-r_d$，其导数 $\dot{r}_e=\dot{r}-\dot{r}_d$，注意到 $\dot{r}$ 已由式(8-30)给出，将其代入 $\dot{r}_e$ 的表达式，可以得到

$$\dot{r}_e=\dot{r}-\dot{r}_d=[(m_{11}-m_{22})uv-d_{33}r+\tau_r+\tau_3-m_{33}\dot{r}_d]m_{33}{}^{-1}=(\tau_r+\delta_3)m_{33}{}^{-1} \quad (8\text{-}58)$$

式中：$\delta_3=(m_{11}-m_{22})uv-d_{33}r-m_{33}\dot{r}_d+\tau_3$。

尝试构造过渡函数：

$$F_3=V_2+\frac{1}{2}m_{33}r_e^2+\frac{1}{2}(\delta_3-\hat{\delta}_3)^2 \quad (8\text{-}59)$$

为了使得 $\dot{V}_2$ 负定，根据式(8-57)引入滑模面 s_2：

$$s_2=r_e+k_5\int_0^t r_e\mathrm{d}\tau+m_{33}{}^{-1}\int_0^t m_{22}\sigma_e\kappa\cos\psi_e\mathrm{d}\tau-m_{33}{}^{-1}\int_0^t(\delta_3-\hat{\delta}_3)\mathrm{d}\tau \quad (8\text{-}60)$$

式中：k_5——正常数。对 s_2 求导，可得

$$\begin{aligned}\dot{s}_2&=\dot{r}_e+k_5r_e+m_{22}m_{33}{}^{-1}\sigma_e\kappa\cos\psi_e-m_{33}{}^{-1}(\delta_3-\hat{\delta}_3)\\&=(\tau_r+\delta_3)m_{33}{}^{-1}+k_5r_e+m_{22}m_{33}{}^{-1}\sigma_e\kappa\cos\psi_e-m_{33}{}^{-1}(\delta_3-\hat{\delta}_3)\end{aligned} \quad (8\text{-}61)$$

注意到等式右边第一项为 $\dot{r}_e$，移项可得艏摇角偏差变化率 $\dot{r}_e$：

$$\dot{r}_e=\dot{s}_2-k_5r_e-m_{22}m_{33}{}^{-1}\sigma_e\kappa\cos\psi_e+m_{33}{}^{-1}(\delta_3-\dot{\delta}_3) \quad (8\text{-}62)$$

对式(8-59)两端求导，可得

$$\begin{aligned}\dot{F}_3&=\dot{V}_2+m_{33}r_e\dot{r}_e-\dot{\hat{\delta}}_3(\delta_3-\hat{\delta}_3)\\&=-(k_1x_e^2+k_2y_e^2)-(k_3m_{11}-1)u_e^2-s_1^2-k_4m_{22}\sigma_e^2-k_5m_{33}r_e^2\\&\quad+m_{33}r_e\dot{s}_2+(r_e-\dot{\hat{\delta}}_3)(\delta_3-\hat{\delta}_3)\end{aligned} \quad (8\text{-}63)$$

观察式(8-61)和式(8-63)尾项形式，考虑构造如下 Lyapunov 函数：

$$V_3=F_3+\frac{1}{2}m_{33}s_2^2 \quad (8\text{-}64)$$

对式(8-64)求导：

$$\begin{aligned}\dot{V}_3&=\dot{F}_3+m_{33}s_2\dot{s}_2\\&=-(k_1x_e^2+k_2y_e^2)-(k_3m_{11}-1)u_e^2-s_1^2-k_4m_{22}\sigma_e^2-k_5m_{33}r_e^2\\&\quad+m_{33}r_e\dot{s}_2+(r_e-\dot{\hat{\delta}}_3)(\delta_3-\hat{\delta}_3)+m_{33}s_2\dot{s}_2\end{aligned} \quad (8\text{-}65)$$

将式(8-61)代入式(8-65)：

$$\begin{aligned}\dot{V}_3&=\dot{F}_3+m_{33}s_2\dot{s}_2\\&=-(k_1x_e^2+k_2y_e^2)-(k_3m_{11}-1)u_e^2-s_1^2-k_4m_{22}\sigma_e^2-k_5m_{33}r_e^2\\&\quad+(r_e-\dot{\hat{\delta}}_3)(\delta_3-\hat{\delta}_3)+m_{33}(r_e+s_2)[(\delta_3+\tau_r)m_{33}{}^{-1}+k_5r_e\\&\quad+m_{22}m_{33}{}^{-1}\sigma_e\kappa\cos\psi_e-m_{33}{}^{-1}(\delta_3-\hat{\delta}_3)]\end{aligned} \quad (8\text{-}66)$$

在镇定式(8-66)的过程中可以选择适应率和控制率为

$$\left.\begin{aligned}&\dot{\hat{\delta}}_3=r_e\\&\tau_r=-\hat{\delta}_3-k_5m_{33}r_e-m_{22}\sigma_e\kappa\cos\psi_e+r_e-s_2\end{aligned}\right\} \quad (8\text{-}67)$$

因此式(8-66)可以写为

$$\begin{aligned}\dot{V}_3 &= \dot{F}_3 + m_{33}s_2\dot{s}_2 \\ &= -(k_1x_e^2 + k_2y_e^2) - (k_3m_{11} - 1)u_e^2 - s_1^2 \\ &\quad - k_4m_{22}\sigma_e^2 - (k_5m_{33} - 1)r_e^2 - s_2^2\end{aligned} \tag{8-68}$$

要使得式(8-68)负定，需满足

$$\left.\begin{aligned}k_3m_{11} - 1 \geqslant 0 \\ k_5m_{33} - 1 \geqslant 0\end{aligned}\right\}$$

考察

$$V_3 = F_3 + \frac{1}{2}m_{33}s_2^2 = \frac{1}{2}(x_e^2 + y_e^2) + \frac{1}{2}m_{11}u_e^2 + \frac{1}{2}m_{11}s_1^2 + \frac{1}{2}m_{22}\sigma_e^2 + \frac{1}{2}m_{33}r_e^2 + \frac{1}{2}m_{33}s_2^2$$

可知：对于任意的非零误差变量 $X_e(x_e, y_e, u_e, \sigma_e, r_e)$，均有 $\dot{V}_3 < 0$ 成立，且当 $X_e = 0$ 时，$V_3(X_e, t) = 0$；当 $X_e \neq 0$ 时，$V_3(X_e, t) > 0$。根据李雅普诺夫稳定性定理，可以得知函数 V_3 全局一致渐进稳定，当时间 $t \to \infty$ 时，误差变量 x_e、y_e、u_e、σ_e、r_e 均收敛到 0。式(8-37)、式(8-49)、式(8-67)中的中间变量 u_d、σ_d、r_d、τ_u、τ_r 均有界。

根据缓变性假设，适应率 δ_1、δ_2、δ_3 的变化率小，所以 $\dot{\delta}_1$、$\dot{\delta}_2$、$\dot{\delta}_3$ 均为零，式(8-45)、式(8-55)、式(8-63)的化简均用到此假设。又由前面选择的适应率 $\dot{\hat{\delta}}_1 = u_e$、$\dot{\hat{\delta}}_2 = \sigma_e$、$\dot{\hat{\delta}}_3 = r_e$，易知当 $t \to \infty$ 时，$\dot{\hat{\delta}}_1 = 0$，$\dot{\hat{\delta}}_2 = 0$，$\dot{\hat{\delta}}_3 = 0$，所以 δ_1、δ_2、δ_3 均有界。

8.3.3　控制仿真

为了与 8.2 节采用传统反步法设计出的轨迹跟踪控制器效果进行对比，这里对本节所设计的轨迹跟踪控制器进行仿真试验来验证控制器的正确性和有效性，我们使用与 8.1 节同样的无人艇模型，模型参数如表 8-1 所示。

控制参数选择如下：$k_1 = 0.165$，$k_2 = 10$，$k_3 = 3.5$，$k_4 = 1$，$k_5 = 1$；环境干扰 τ_1、τ_2、τ_3 分别选择为均匀分布的随机信号 $(-0.2, 0.2)$、$(-0.2, 0.2)$、$(-2.4, 2.4)$[14]。所跟踪期望点的轨迹方程与 8.2.5 小节所述仿真轨迹一致，由直线和曲线部分组成。表达式与 8.2.5 小节航迹表达式相同，仿真时间选择为 500 s，仿真结果如图 8-6 和图 8-7 所示。

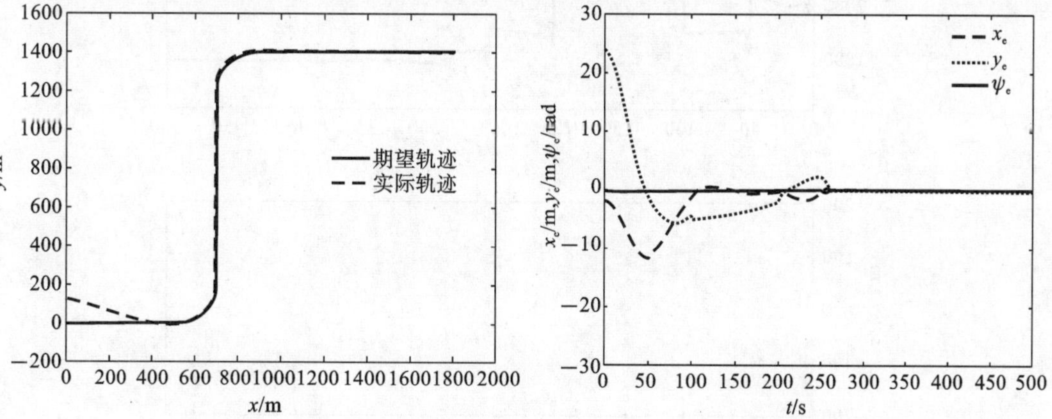

(a) 轨迹跟踪曲线　　(b) 轨迹跟踪误差曲线

图 8-6　引入滑模控制的无人艇轨迹跟踪曲线与无人艇轨迹跟踪误差曲线

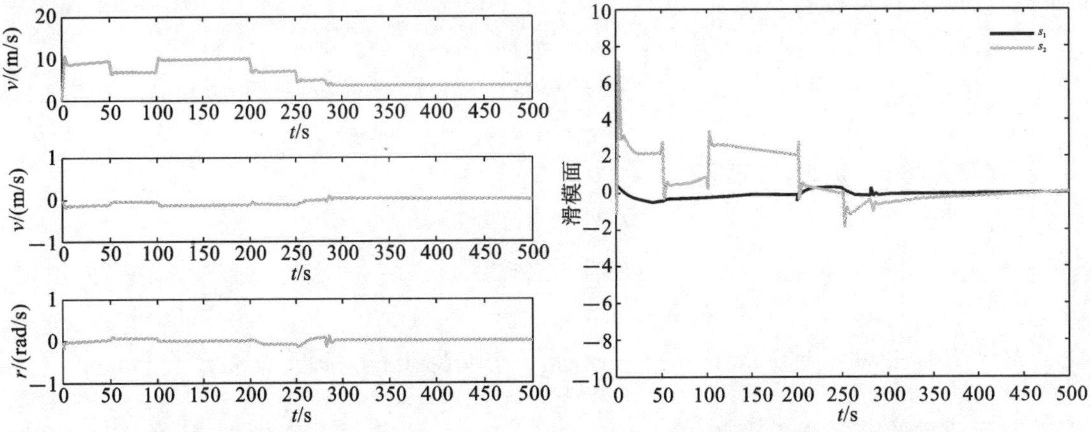

(a) 速度参数曲线　　(b) 滑模面随时间的变化曲线

图 8-7　引入滑模控制的无人艇速度参数曲线与滑模面随时间的变化曲线

(1) 图 8-6(a)中，无人艇从(0,150)出发，在有固定环境干扰的情况下完成对期望运动轨迹的跟踪，且跟踪轨迹光滑，误差较小，跟踪效果良好。

(2) 图 8-6(b)所示为无人艇轨迹跟踪误差曲线，可以看出：三个自由度的误差都收敛到 0 附近，抖振较小；通过调节 k_1、k_2、k_3、k_5 的值，可以调节跟踪误差收敛速度。

(3) 图 8-7(a)所示为无人艇速度参数曲线，可以看出：三个方向的速度在目标曲线发生变化时(分别在 $t=50$ s，$t=100$ s，$t=200$ s，$t=250$ s 时)响应速度很快且范围均一致有界，符合实际情况。

(4) 图 8-7(b)所示为滑模面随时间的变化曲线，可以看到：随跟踪曲线变化，两个滑模面也相应发生变化，且最终收敛到 0 点附近。

(5) 图 8-8 所示为控制输入曲线，可以观察到：纵向推进力与转向力矩的变化点均与跟踪轨迹曲线变化时间点一一对应，符合实际情况，抖振满足实际工作要求。

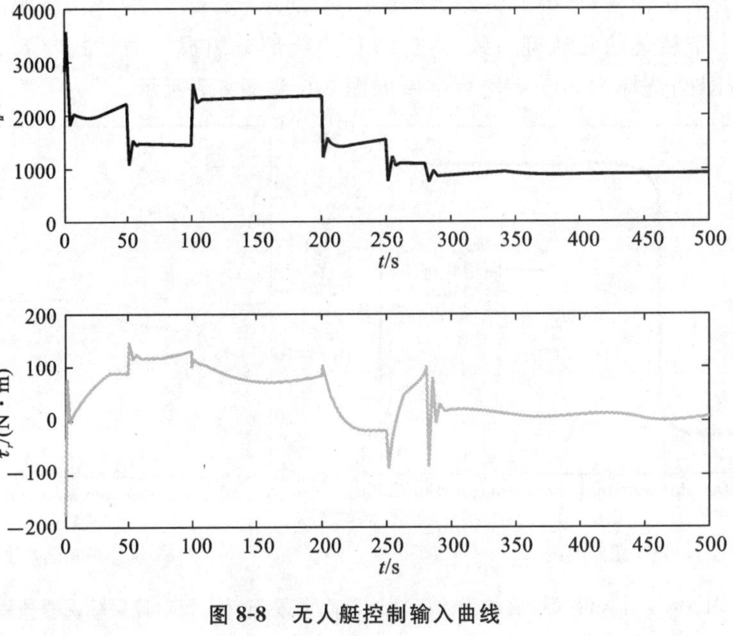

图 8-8　无人艇控制输入曲线

在其他条件相同的情况下，比较一下两种控制器控制下无人艇运行的误差，如图 8-9 所示。

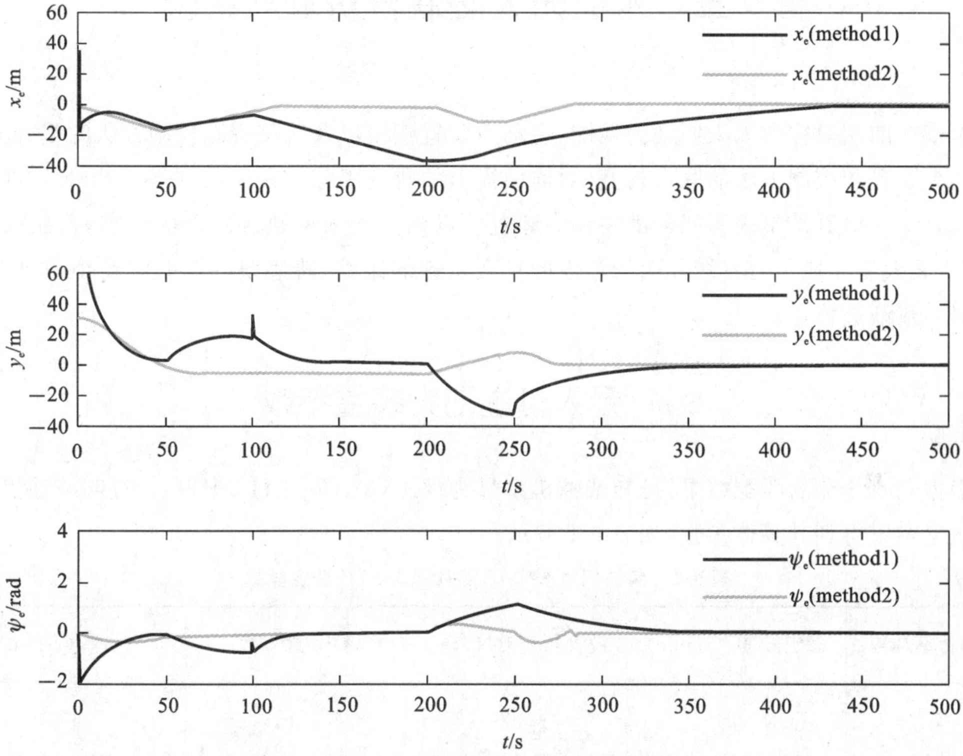

图 8-9　两种控制器作用下无人艇运行误差对比

(1) 在考虑环境干扰的情况下，传统反步法(method1)与引入滑模控制的方法(method2)设计出的控制器作用于无人艇，在 x 方向上的误差均比较小，能够很快将误差收敛到 0 附近，说明在纵向干扰力矩的作用下，两种方法的鲁棒性均比较好。

(2) 在横荡干扰力矩和艏摇干扰力矩的作用下，引入滑模控制的方法在 y 方向上的误差与航向角误差明显小于传统反步法的，且收敛速度快，响应性好。

8.4　本章小结

本章针对无人艇的轨迹跟踪问题，首先介绍了欠驱动无人艇的非线性数学模型。其次，在考虑了固定环境干扰的情况下，建立了轨迹跟踪误差模型，结合 backstepping 技术与 Lyapunov 稳定性理论，引入动态滑模控制，针对项目中的柴油动力海洋无人艇设计出轨迹跟踪的控制器，并证明了其稳定性。最后，通过与普通反步法控制仿真结果比较，说明了滑模控制在环境干扰下具有更加优秀的跟踪效果，这为水面无人艇轨迹跟踪的实际应用提供了有效的参考。

第 9 章　水面无人艇联合仿真与试验

本章在前面研究的无人艇动力匹配、主动力装置建模以及轨迹跟踪控制方法的基础上，介绍主动力装置和控制方法的联合仿真，对前面提出的轨迹跟踪控制方法在 Simulink 软件中进行仿真验证。仿真结果表明匹配的主动力装置可以满足无人艇轨迹跟踪的要求，且在控制器作用下，无人艇完成了对直线和曲线组成的复杂轨迹的跟踪，轨迹跟踪误差波动小，且整个系统全局一致渐进稳定。

9.1　无人艇主动力装置参数

根据 6.6.2 节的匹配结果，可知柴油机型号为 YANMAR 4LHA-STP 。查阅柴油机公司官网数据可以得到其具体参数，如表 9-1 所示。

表 9-1　柴油机 YANMAR 4LHA-STP 性能参数

额定功率/kW	额定转速/(r/min)	最大扭矩/(N·m)	气　缸　数	怠速/(r/min)
177	1200	1500	6	650

该型号柴油机在额定工况下的油耗率为 275 g/(kW·h)，过量空气系数为 1.6(环境温度为 50 ℃)，进气量为 0.86 kg/s；为保证涡轮增压器工作的可靠性，增压涡轮废气进气端温度需要控制在 700 ℃以下，增压器压气端的进气温度需要控制在 220 ℃以下；在中冷系统中，进气流量为 0.86 kg/s，装载柴油机工作环境温度为 50 ℃，冷却水温度为 30 ℃，具体参数如表 9-2 所示。

表 9-2　柴油机 YANMAR 4LHA-STP 运行基本参数

额定工况下油耗率/(g/(kW·h))	过量空气系数	柴油机进气量/(kg/s)	增压涡轮废气进气端温度/℃	增压器压气端进气温度/℃	中冷器进气流量/(kg/s)	冷却水温度/℃
275	1.6	0.86	≤700	≤220	0.86	30

经匹配软件计算得到螺旋桨最佳直径 D，螺旋桨敞水效率 η_0，螺旋桨最佳螺距比 P/D 和船舶所能达到的最高航速 v_{smax} 等。计算的结果如图 9-1 所示。

经匹配所得到的螺旋桨参数如表 9-3 所示。

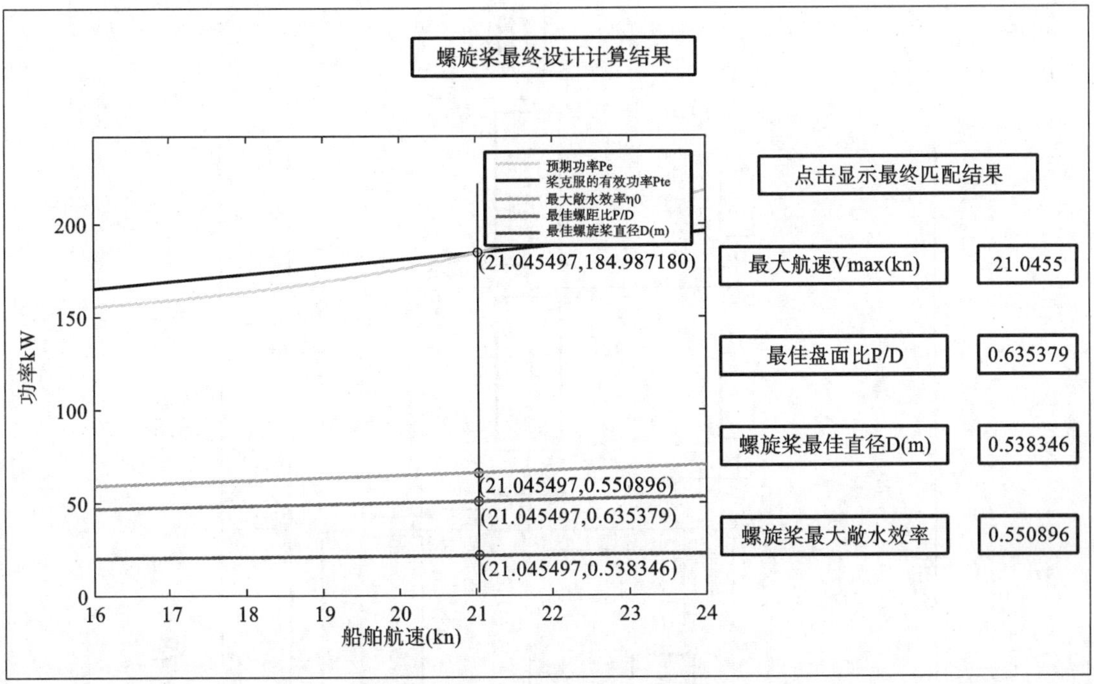

图 9-1　最终动力匹配设计计算结果

表 9-3　机桨匹配螺旋桨最终参数

螺旋桨进速系数 J	最佳螺距比 P/D	最佳直径尺寸 D/m	螺旋桨最大敞水效率 η_0
0.40	0.64	0.54	0.55

9.2　主动力装置与轨迹跟踪联合仿真

根据第 8 章可知，8.3 节讨论的控制方法在引入两个比例积分滑模面控制之后，在无人艇受到环境干扰的情况下，仿真结果在稳定度和精确度方面有很大的优势，所以本章以该控制方法进行联合仿真。联合仿真的总体结构如图 9-2 所示。

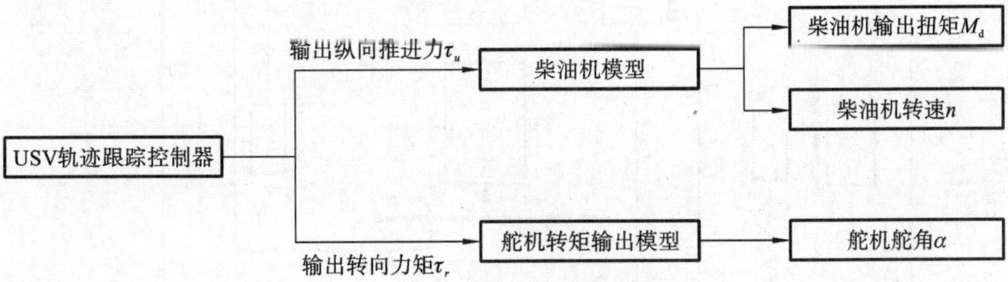

图 9-2　联合仿真整体框架

结合第 7 章已建立的无人艇主动力装置模型以及第 8 章的轨迹跟踪控制算法，联合仿真模型如图 9-3 所示。

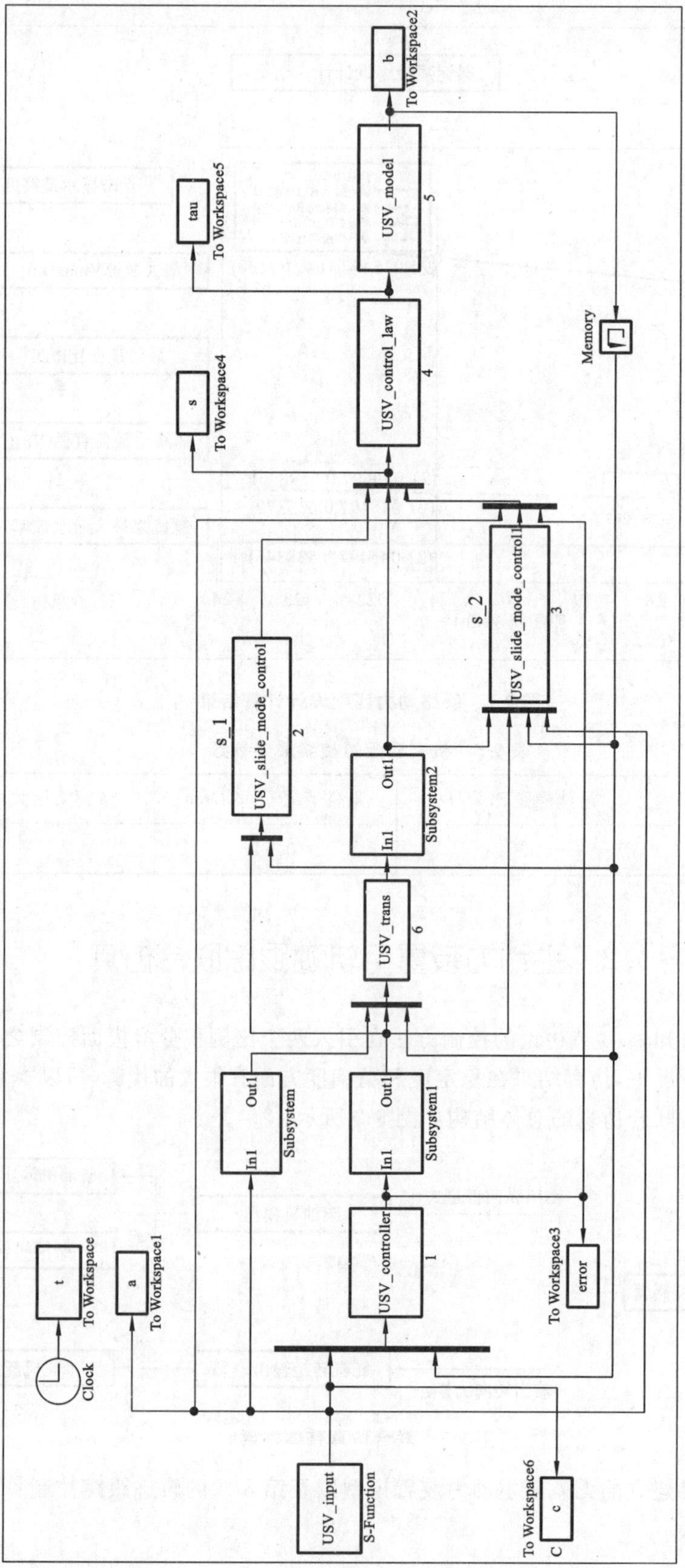

图 9-3 无人艇轨迹跟踪控制器联合仿真模型

仿真的过程为无人艇从起始点出发，跟踪期望轨迹到达指定地点。无人艇具体参数如8.3节所述，经过调试选取控制参数：$k_1=1.5$，$k_2=15$，$k_3=5$，$k_4=2$，$k_5=2$。环境干扰 τ_1、τ_2、τ_3 选择为均匀分布的随机值，分别分布在区间(－0.2,0.2)、(－0.2,0.2)、(－2.4,2.4)内[14]；期望运动轨迹方程与 8.2.5 节与 8.3.3 节所述轨迹方程一致。仿真结果如下。

(1) 在仿真时间 500 s 内，柴油机的转矩与转速如图 9-4 所示，在表 9-2 设定参数下，无人艇柴油机的运行曲线在额定数值上下波动，工作稳定，能够满足无人艇跟踪所需要的动力，间接证明了所搭建柴油机模型的准确性与稳定性。

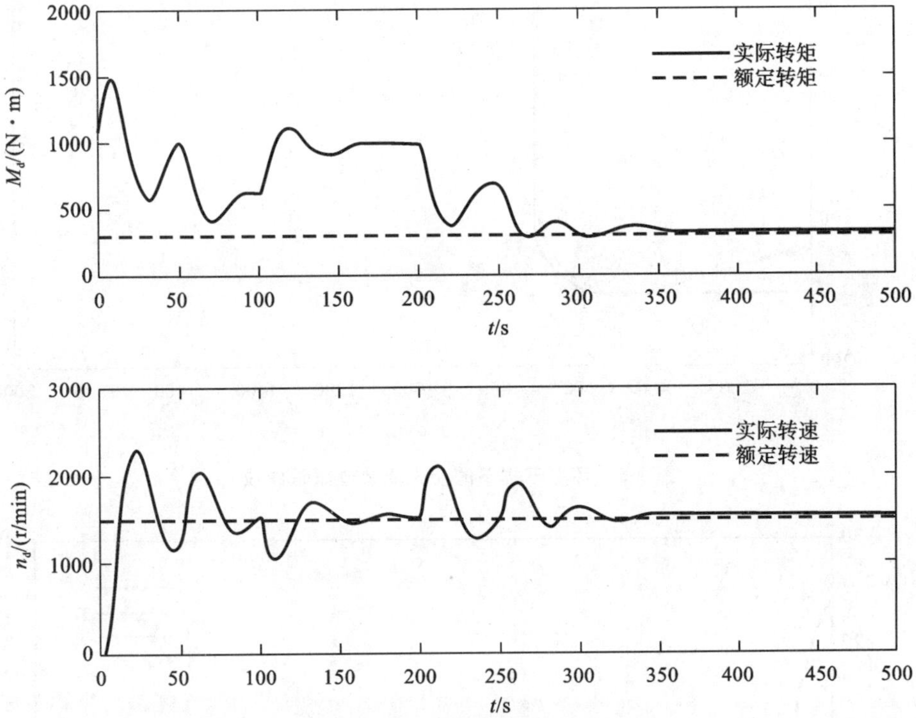

图 9-4　柴油机输出转矩与转速

(2) 图 9-5 中无人艇从(0,120)出发，在有固定环境干扰的情况下，完成了对动点目标的轨迹跟踪，且跟踪轨迹光滑，误差较小，跟踪效果良好。

(3) 图 9-6 所示为无人艇跟踪误差曲线，可以看出：三个自由度的误差都收敛到 0 附近，抖振较小，即无人艇可以顺利完成对运动目标的跟踪；通过调节 k_1、k_2、k_3、k_5 的值，可以调节跟踪误差收敛速度。

(4) 由图 9-7 中无人艇的速度曲线可以看出，在轨迹跟踪过程中，前 250 s 无人艇在控制律作用下，能够以 10 m/s 的速度运动。这一结果体现出以柴油机作为高速无人艇动力源的实际意义，同时柴油机工作的可靠性与维修的方便性也是电动机无法比拟的，仿真结果为研制高速可回收无人艇提供了有效的参考依据。最后速度控制在 4 m/s 左右，可以使无人艇以安全速度实现回收。

(5) 图 9-8 所示为滑模面随时间的变化曲线，可以看到：随跟踪曲线变化，两个滑模面 s_1、s_2 也相应发生变化，且最终收敛到平衡点附近。

(6) 图 9-9 所示为控制输入曲线，可以观察到纵向推进力与转向力矩的变化点均与跟踪轨迹曲线变化时间点一一对应，符合实际情况，且两个控制变量抖振较小，满足实际工作要求。

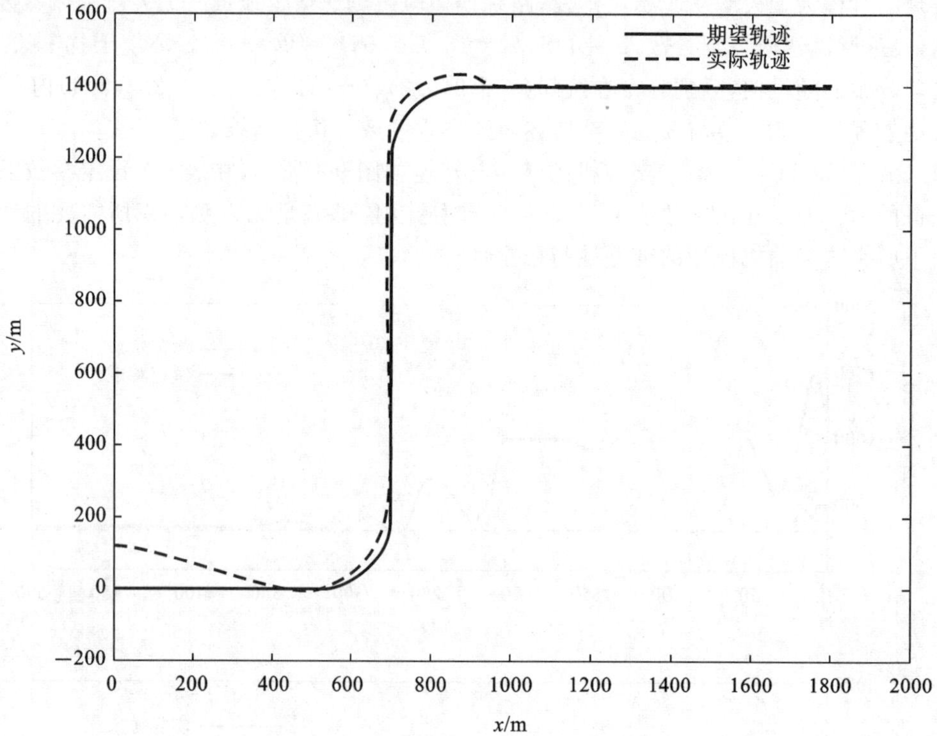

图 9-5　环境干扰下的无人艇轨迹跟踪曲线

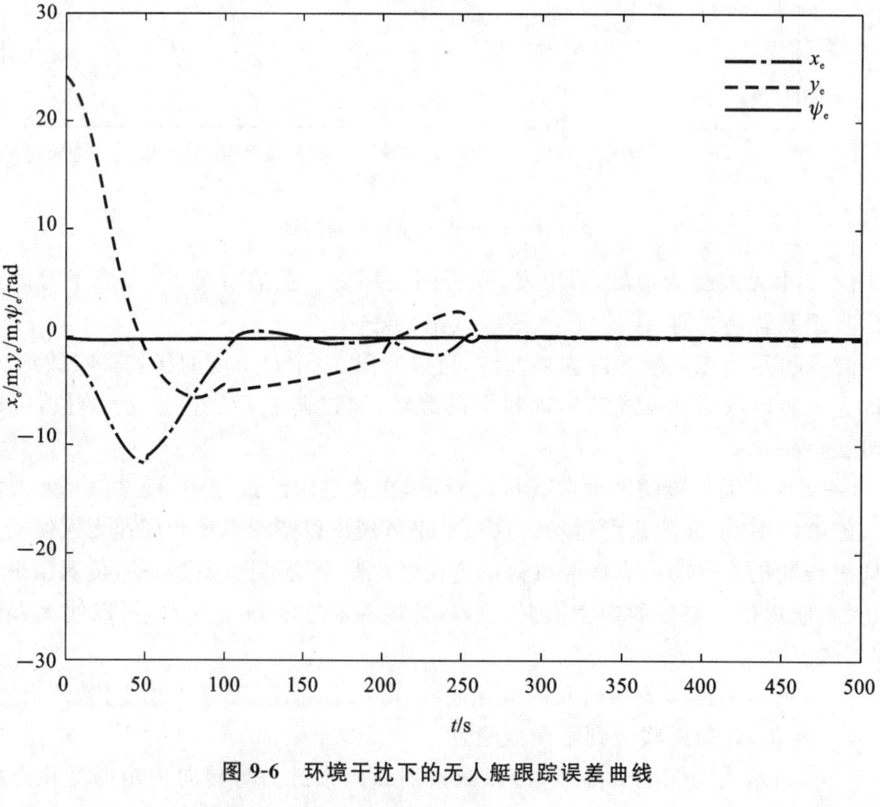

图 9-6　环境干扰下的无人艇跟踪误差曲线

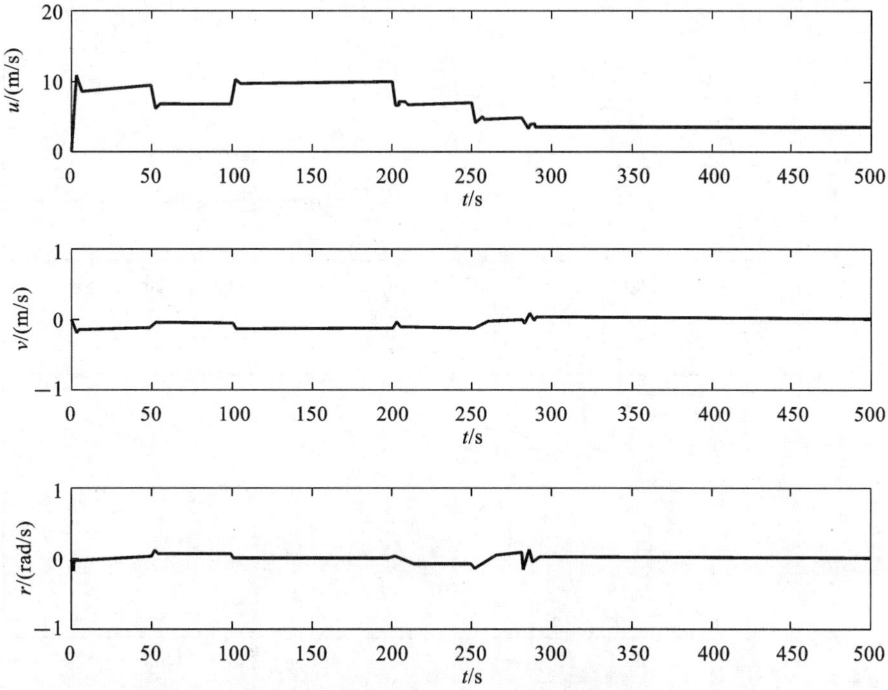

图 9-7　环境干扰下的无人艇速度曲线

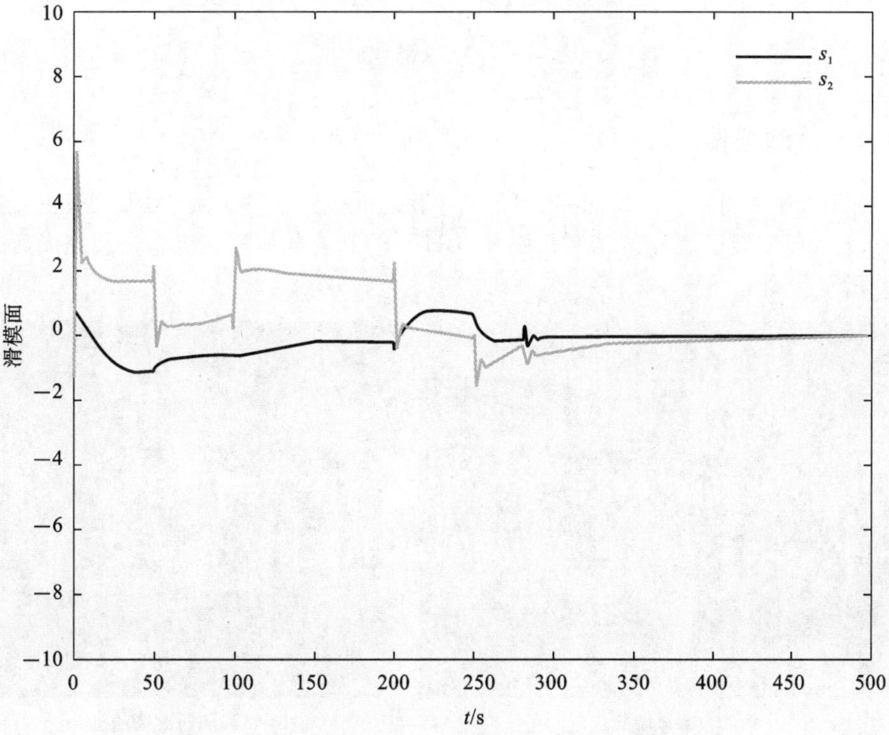

图 9-8　环境干扰下无人艇滑模面随时间的变化曲线

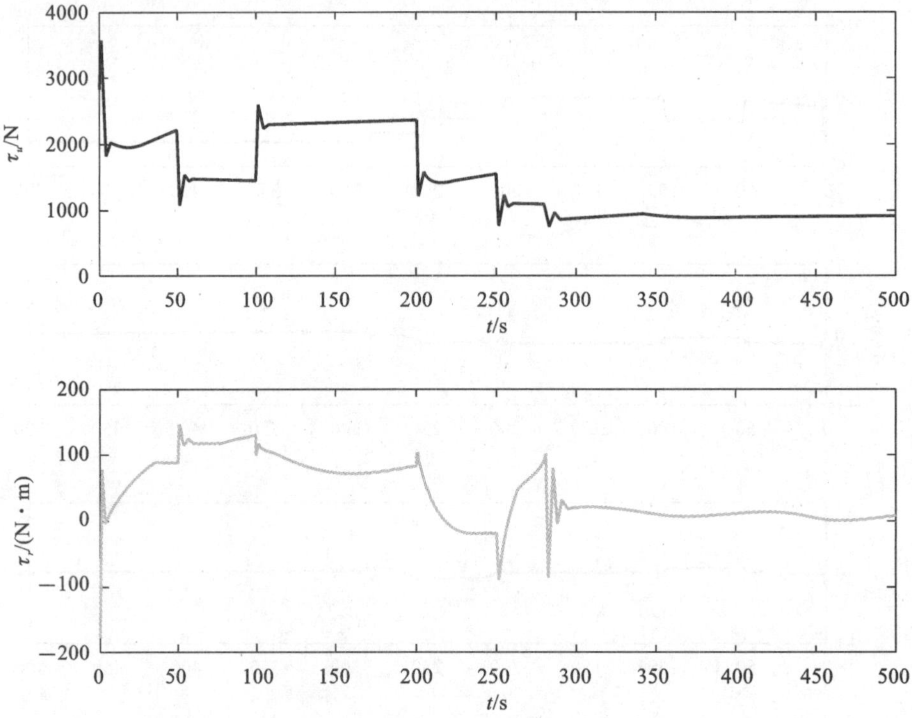

图 9-9　无人艇控制输入曲线

9.3　无人艇试验

9.3.1　试验条件

为验证无人艇的跟踪控制性能，我们搭建了相应的试验条件。其中，无人艇主要参数如表 6-1 所示。无人艇安装了型号为 YANMAR 4LHA-STP 的柴油机主机。安装完成后的无人艇如图 9-10 所示。

(a) 试验艇　　(b) 试验艇所配柴油机

图 9-10　试验艇及所配柴油机

本节目标在于研制可回收的柴油动力海洋无人艇，使其可以实时跟踪母船轨迹，以便于母船对无人艇进行回收作业。由于时间所限，目前供试验的母船尚不具备试验条件，为此，本章首先对无人艇的直线定点跟踪能力开展初步试验。

我们制作了专门的母船模拟艉滑道装置，在母船尚不具备试验条件的情况下，将模拟艉滑道装置固定在江面上，让无人艇跟踪母船艉滑道的中轴线，最终实现冲坡并进入艉滑道内。

图 9-11 所示为试验方案示意图，图 9-12 所示为制作的母船模拟艉滑道装置。采用艇载 GPS(global positioning system，全球定位系统)信号及艇载视觉信息作为跟踪控制系统的测量手段，测量系统设计及调试由课题组其他人员完成。江面试验前，首先进行了湖面试验，图 9-13(a)所示为湖面试验情况。我们在长江鄂州某水域进行了江面试验，如图 9-13(b)所示，其中无人艇上人员为应急预备人员。

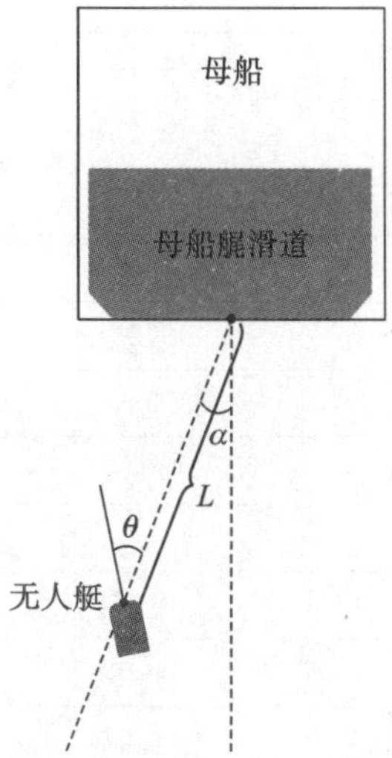

图 9-11　试验方案示意图

图 9-12　母船模拟艉滑道装置

(a) 湖面试验情况

(b) 江面试验情况

图 9-13　无人艇试验情况

9.3.2　试验结果

由于采用了静止的模拟艉滑道,因此试验中无人艇仅以较低速度进行跟踪艉滑道中轴线并实现冲坡进入艉滑道,柴油机工作稳定。试验数据记录如表 9-4 所示(表中的采样间隔为 2.5 s)。

表 9-4　部分试验数据

USV 运动 x 坐标/m	USV 运动 y 坐标/m	小艇航向角/(°)	目标航向角/(°)
19.24	7.25	−8.49	23.91
28.32	9.26	−4.61	13.97
32.42	10.27	−2.60	4.05
44.54	13.29	−1.54	−4.14
51.69	16.31	0.33	−9.25
53.87	18.33	−2.89	−12.38
58.87	20.35	−7.40	−4.53
66.08	21.37	−1.75	0.72
69.33	23.40	−0.91	2.93
72.61	24.43	2.91	16.17
73.94	28.45	9.63	4.44
79.30	33.48	4.40	−3.72
88.68	37.51	−3.40	−14.02
91.08	40.55	−1.73	−11.32
97.48	41.58	−1.73	0.62
105.89	43.62	0.03	1.93
110.30	45.66	2.06	3.25
117.72	47.70	4.96	4.55
124.12	49.74	−2.33	−1.82
129.49	51.79	−6.63	−1.06
137.80	52.84	9.05	−4.27
139.08	53.88	7.52	−2.45
141.32	53.93	0.16	0.61
142.53	53.98	−1.86	1.74
143.71	54.03	−1.49	1.84

无人艇的期望轨迹及实际轨迹如图 9-14 所示。无人艇的航向角偏差变化情况如图 9-15 所示。

由试验路径对比图 9-14 可知,实际跟踪结果与设定路径有一定误差,这是干扰源(太阳、反射光等)对艇载视觉信息采集干扰,风、浪、流对无人艇干扰等综合因素影响的结果。最终无人艇完成对母船模拟艉滑道定点目标的跟踪,并在允许误差范围内实现回收,试验顺利完成。

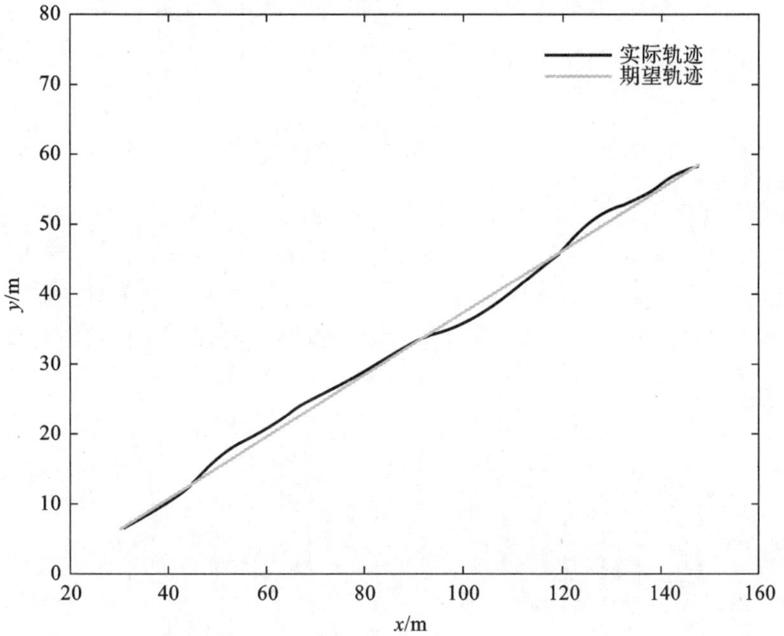

图 9-14　无人艇的期望轨迹及实际轨迹对比

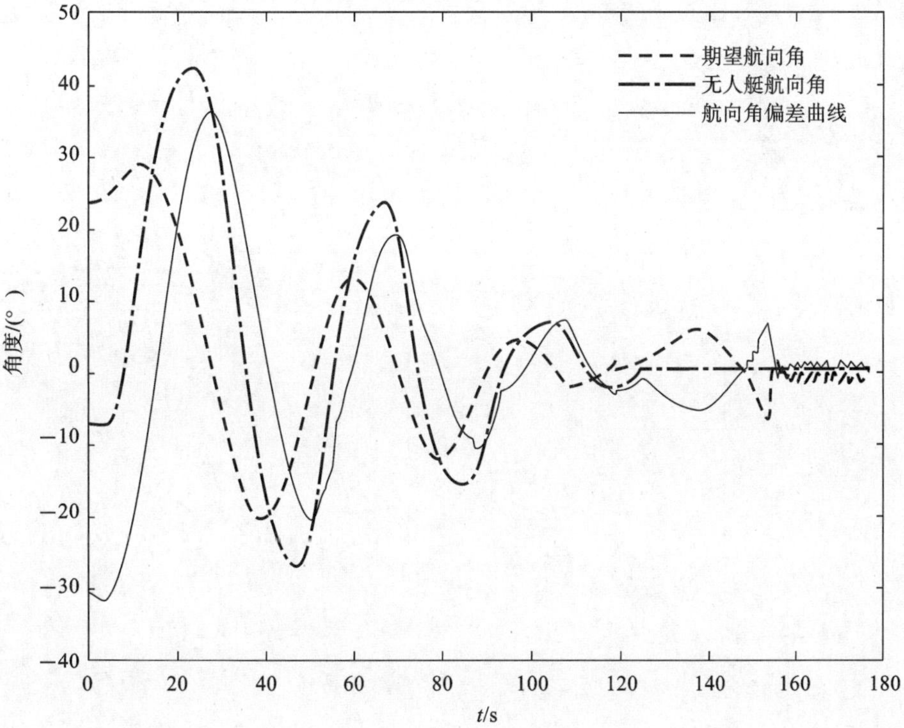

图 9-15　无人艇航向角偏差变化情况

由图 9-15 可知，无人艇航向角偏差在冲坡时基本收敛到 0。根据图 9-11 所示示意图可知，在初始阶段期望航向角与无人艇航向角有明显的从大收敛到小的过程，出现这种状况与启动时母船与无人艇的姿态位置关系有关，初始的姿态位置关系导致视觉系统测量数据偏大，然后通过无人艇自身调节测量数据逐渐减小，最终无人艇以安全冲坡角度（$-30° \leqslant \theta - \alpha \leqslant 30°$）冲入艉滑道。

9.4　本章小结

本章首先进行了无人艇主动力装置与控制方法的联合仿真，仿真结果验证了所搭建柴油机模型与控制方法的可行性。其次进行了无人艇的系统调试。最后进行了无人艇直线跟踪试验，试验结果显示，无人艇系统在湖面自然环境中能够顺利完成对直线的跟踪任务，实现预定的目标，初步验证了本书提出的可回收无人艇主动力装置及控制方法的可行性与有效性。

参考文献

[1] 刘永长.内燃机原理[M].武汉:华中科技大学出版社,2001.

[2] 丁钟江,王永生.相继增压柴油机准稳态建模及仿真研究[J].中国造船,2004,45(增刊):215-220.

[3] 李淑英.船舶动力装置仿真技术[M].哈尔滨:哈尔滨工程大学出版社,2013:160-177.

[4] 周枫.船舶柴油机系统模块化建模与仿真[D].镇江:江苏科技大学,2010.

[5] 张英,常会楷.高强化游艇用柴油机开发[J].内燃机与动力装置,2018,35(04):47-56.

[6] 刘红.船舶原理[M].上海:上海交通大学出版社,2009.

[7] 帅英梅.涡轮增压柴油机电控调速系统的模型与仿真[D].武汉:华中科技大学,2004.

[8] 胡义,杨建国.机桨匹配初步设计软件实现方法研究[J].船海工程,2008,37(06):76-79.

[9] 翁史烈.船舶动力装置仿真技术[M].上海:上海交通大学出版社,1991:286-287.

[10] 王建政.船机桨匹配设计软件开发[D].哈尔滨:哈尔滨工程大学,2012.

[11] 张元涛,王凤霞,石为人.大型低速二冲程船用柴油机建模及仿真[J].船舶工程,2009,31(03):11-14.

[12] 张国庆,张显库,关巍.欠驱动船舶简捷鲁棒自适应路径跟踪控制[J].哈尔滨工程大学学报,2014,35(09):1053-1059.

[13] XU J,WANG M,QIAO L. Dynamical sliding mode control for the trajectory tracking of underactuated unmanned underwater vehicles[J]. Ocean Engineering,2015,105:54-63.

[14] SUN Z,ZHANG G,QIAO L,et al. Robust adaptive trajectory tracking control of underactuated surface vessel in fields of marine practice[J]. Journal of Marine Science and Technology,2018,23(4):950-957.